고등학생 소논문쓰기
어떻게 시작할까?

적성과 꿈 · 도전과 열정 · 인내와 끈기 · 대학 입시 성공까지

고등학생 소논문쓰기 어떻게 시작할까?

소병문 · 백세헌 · 유은혜 · 이승민 지음

씨앤톡 See&Talk

21세기는 과연 어떤 세상일까?

세계 각 지역에는 어떤 나라가 있을까?

그 나라 사람들은 어떻게 살아가고 있을까?

우리가 사는 사회는 어떻게 변할까?

나는 어떤 성격일까? 내가 가장 잘할 수 있는 것은 무엇일까?

무엇을 하면서 살면 가장 행복하게 살아갈 수 있을까?

공부는 왜 해야 할까?

내가 가장 좋아하는 과목은 무엇일까?

다양한 여러 과목은 왜 공부하는 걸까?

대학입시를 앞둔 우리나라 고등학생이 이런 질문을 스스로에게 할 만큼 여유가 있을까 생각해봅니다. 가만히 생각해보면 국·영·수만큼 중요한 질문인데 당장 눈앞에 보이는 대학입시 때문에 마음 한 곳에 묻어둬야 합니다. 어쩌면 이런 질문을 하고 그 답변을 찾아가는 것 또한 진정한 공부인데 말입니다. 수많은 학생들이 초등학교, 중학교, 고등학교를 거치면서 숫자와 평점으로 받는 '과목별 시험성적이 곧 공부다'라는 부정적인 인식을 합니다. 숫자와 평점으로 확인할 수 있는 시험성적을 공부의 전부로 알고 대학에 진학합니다. 대학은 학문의 장이기보단 취업을 위한 스펙 쌓기를 위한 과정이라는 한탄이 오래전부터 들립니다. 그렇게 대학을 졸업하고 사회에 첫 발을 디딥니다.

사회는 끊임없이 변합니다. 지금은 첨단 IT의 발달과 세계화 속에 언제 어디서나 원하는 정보를 수시로 접할 수 있습니다. 어제 알았던 지식이나 기술이 얼마 지나지 않아 새로운 지식과 기술로 대체되는 시대입니다. 이런 시대는 대학을 졸업한 이후에도 계속해서 공부를 해야 하는 평생공부시대입니다. 이런 평생공부시대에 정말 필요한 능력은 기존 지식에 대한 분명한 이해와 그 지식을 기반으로 새롭게 조화하고 창조해내는 겁니다. 이런 능력은 급변하는 시대 속에서 주어진 상황에 능동적으로 대처하고 적용할 수 있는 '자기주도적인 문제해결능력'을 의미합니다. 숫자와 평점으로 확인할 수 있는 시험성적이 공부의 전부라 생각한 이들에게 이런 공부는 매우 큰 충격입니다. 이 책에서 다루는 소논문쓰기는 다른 형태의 자기주도적 문제해결 공부입니다.

텔레비전이 처음 소개됐을 때 많은 사람들이 라디오는 사라질 것이라 했습니다. 귀로 듣는 것보다 눈으로 보는 것이 더 정확하고 재밌기 때문입니다. 그러나 수 십 년이 지났지만 라디오는 사라지지 않고 여전히 사랑받고 있습니다. 귀로 듣는 것 역시 나름의 매력이 있기 때문입니다. 그 매력은 귀로 듣고 다시 머릿속에서 한 번 더 그 모든 상황을 상상하며 해석해내기 때문일 겁니다.

그렇다면 읽기는 어떨까요? 글로 쓰인 책은 눈으로 읽어야 하고 그 읽은 내용을 머릿속으로 다시 한 번 해석해야 합니다. 당연히 읽기로 내용을 파악하고 의미를 해석하는 것이 영상을 보는 것보다, 귀로 듣는 것보다 더 어렵고 더디게 됩니다. 하지만 읽기를 통해 머릿속으로 상상하고 해석하는 과정이 어렵고 더딜수록 우리의 지적능력은 커집니다. 그렇기 때문에 책읽기를 더욱 권하는 것이기도 합니다. 어떻게 보면 이런 읽기 능력이야말로 평생공부시대에 있어서 중요한 능력이라 할 수 있습니다.

이 책의 저자는 서로 다른 네 명의 사서교사입니다. 학위논문을 쓰기 위해 선정한 주제를 보더라도 관심사는 모두 다르지만 학교도서관을 사랑하는 사서교사라는 공통점을 가지고 있습니다. 사서(司書)라는 단어를 한자 그대로 풀이하면 '책을 맡다'입니다. 여기에 '교사'가 더해져 사서교사는 책을 맡은 교사가 됩니다. 사서교사는 여러분이 책을 읽을 수 있도록 최선의 환경을 가꾸고 책을 즐겁게 읽을 수 있도록 도와주는 일을 합니다. 그리고 다양한 학교도서관 자료와 정보활용단계를 적용해 여러분의 소논문 쓰기를 지도합니다.

이 책의 주제인 소논문쓰기 역시 책읽기를 기반으로 한 프로그램입니다. 그간 전국의 많은 고등학교에서 개인과제연구(Individual Research)나 주제연구 등 다양한 명칭으로 불린 소논문쓰기는 이를 지도하는 교사의 개인적 경험에 의존할 수밖에 없었습니다. 그러다보니 연구주제를 어떻게 선정하며 필요한 자료를 어디서 어떻게 찾는가 등 소논문쓰기의 교육내용 편차 또한 학교마다 매우 큽니다.

이 책을 쓴 네 명의 저자는 모두 대학원에서 석사학위논문을 썼습니다. 하지만 이 책은 자신의 개인적 경험을 토대로 하지 않았습니다. 교사 개인의 학위논문 경험보다는 '학교도서관'과 '정보활용단계'를 토대로 고등학생들이 소논문을 접하고 쓰는 것이 더욱 효과적이기 때문입니다. 특히 이 책의 목차이기도 한 정보활용단계는 한국도서관협회 학교도서관교육과정위원회에서 쓴 『도서관과 정보생활 교과 교육과정 기준』이라는 전문단체 수준의 교육과정을 근거로 정하였습니다. 이는 고등학생들이 소논문을 시작하면서 체계적인 교육적 근거를 통해 접하는 것이 바람직하다는 판단에서입니다.

이 책은 학교도서관을 통해 어떻게 '소논문을 쓸 수 있는가'란 주제로 썼습니다. 이 책을 통해 고등학생들이 실제 소논문을 쓰는 것이 최종 목표입니다. 하지만 그보다 더 중요한 것은 소논문을 쓰기 위해 학생 개개인이 어떤 과정을 겪는가 입니다. 이는 우리의 교육현실을 보면 더욱 그렇습니다. 대학을 졸업할 때까지 공인영어시험, 자격증시험, 시회봉시 등 대부분 취업을 위한 스펙 쌓기에 몰두해 전공분야와 관련된 학술논문을 제대로 접하지 못하는 것이 현실입니다.

그런데 고등학생 소논문쓰기 과정은 선행연구를 통해 대학생도 잘 읽지 않는 학술논문을 읽게 됩니다. 그리고 대학에서 학기말에 제출하는 리포트(term paper) 수준으로 소논문이라는 형식에 맞춰 글쓰기를 합니다. 따라서 소논문쓰기를 접하는 고등학생이라면, 다양한 전문분야의 수준 높은 읽기와 형식에 맞춘 글쓰기라는 두 마리 토끼를 함께 잡을 수 있습니다. 그리고 더욱 중요한 것은 소논문쓰기 전 과정을 학생 스스로 진행해야 한다는 것입니다.

소논문쓰기에는 모범 답안도, 과외 선생님도 없습니다. 자기 스스로 연구 주제를 선정하고 필요한 자료를 찾아야 하며, 그 찾은 자료를 자신의 관점으로 분석·해석해야 합니다. 그것이 끝이 아닙니다. 이 모든 과정을 논증적 글쓰기인 논문으로 직접 써야 합니다. 그래서 소논문쓰기는 자기주도학습의 또 다른 유형이고 문제해결능력을 갖출 수 있는 소중한 과정인 것입니다. 물론 여기저기 떠도는 자료를 짜깁기하며 소논문을 쓸 수도 있을 겁니다. 하지만 진정으로 소논문쓰기에 도전한 학생이라면 도전과 열정, 인내와 끈기를 가지고 해나갈 것입니다. 이 책은 고등학생으로서 결코 쉽지 않은 소논문쓰기를 시작하는 여러분을 진심으로 응원하는 도우미가 될 것입니다.

수년간 학교현장에서 소논문쓰기를 지도하며 고민하고 경험한 내용을 담았지만 완벽하다 생각하진 않습니다. 다만 이 책이 소논문쓰기가 학교도서관을 활용한 자기주도학습의 수단으로 자리 잡을 수 있는 시작이었으면 하는 바람입니다.

이 책은 실제로 소논문을 지도하고 있는 많은 학교 선생님들의 도움을 받아 출간할 수 있었습니다. 각자 다양한 시행착오를 겪으며 체계를 잡아가고 있는 소논문쓰기 과정에서 얻은 귀한 정보와 자료를 쓸 수 있도록 흔쾌히 도와주셨습니다. 특히 학생들이 직접 쓴 소논문집을 이 책에 사용할 수 있도록 허락해 준 경기여자고등학교, 고척고등학교, 중앙고등학교와 지

방자치단체로는 처음으로 소논문쓰기를 물심양면으로 지원한 노원구청과
이에 참여한 노원구 소재 15개 고등학교 소논문 연구팀에게 깊은 고마움
을 전합니다. 그리고 이 책의 의미를 충분히 공감하여 흔쾌히 출간을 결정
해주신 씨앤톡출판사 임직원들께도 진심으로 감사의 말씀을 전합니다.

2014. 03 지은이 일동

차례

머리말   004

PART 01
왜 소논문쓰기인가?

1. 대한민국 고등학생에게 공부란 무엇일까?   016
2. 여러분에게 필요한 '또 다른 공부'가 있습니다.   019
3. 소논문쓰기를 통해 무엇을 얻을 수 있을까?   022
    3.1 변화의 계기가 되는 소논문쓰기   022
    3.2 소논문쓰기의 매력   025
4. 나는 소논문쓰기, 이렇게 했어.   031

PART 02
무엇을 쓸까?

1. 연구주제란 무엇일까?   046
    1.1 연구주제의 시작, 제재(題材)   049
    1.2 연구주제의 기본형, '무엇의 어떤 점'   050
    1.3 연구주제 선정을 위한 제재의 확장   052
    1.4 연구주제를 선정하기 위한 조언   055
2. 연구주제를 어떻게 구체화할 수 있을까?   058
    2.1 제재에 대하여 자세히 알기   058
    2.2 제재를 연구주제로 확장하기   070
3. 친구들은 어떻게 '연구주제'를 구체화했을까?   085
    3.1 제재에서 연구주제로 확장한 구체적 사례   085
    3.2 소논문 제목을 통해 살펴 본 연구주제   092

PART
03

어떻게 찾을까?

1. 정보의 바다에서 길 찾기	106
2. 보물지도 찾기	110
2.1 정보원의 유형	110
2.2 도서분류의 원리	112
2.3 정보검색 기법	120
3. 보물자료 찾기	125
3.1 온라인 목록의 활용	125
3.2 원문정보서비스 활용	137
3.3 인터넷 전문정보/학술검색의 활용	144
3.4 주제별 데이터베이스의 활용	148
4. 소논문쓰기의 정보원	153
4.1 인문과학	156
4.2 사회과학	163
4.3 기초과학	171
4.4 응용과학	177

PART
04

**어떻게
분석할까?**

1. 목차를 어떻게 세울까?	190
1.1 선행연구 검토를 통한 목차구성	191
2. 나의 연구는?	197
2.1 양적연구인가? 질적연구인가?	197
2.2 나의 연구가설 세우기	207
2.3 나의 연구방법 설계하기	211

PART
05

어떻게 쓸까?

1. 글쓰기에 대한 생각 정리하기	244
2. 일반적인 논문형식 알아보기	246
3. 소논문쓰기에 있어 꼭 알아야할 글쓰기 원칙	252
3.1 본문을 기술할 때는 최대한 사실을 객관화해야 합니다.	253
3.2 서술어에 중심을 두고 써야합니다.	255
3.3 문장은 짧게 쓰는 것이 좋습니다.	256
3.4 문장의 주어와 서술어는 호응이 일치해야 합니다.	258
3.5 문장을 쓸 때 영어 번역투로 쓰지 마세요.	259
4. 논문 작성 도구	262
4.1 흔글(HWP)이용하여 논문 작성하기	263
5. 기호 및 구두점	269
5.1 순서기호	269
5.2 구두점	270
5.3 로마숫자	272
6. 설문지 작성	273
6.1 설문지 작성 과정	273
6.2 구글 드라이브를 이용하여 설문지 작성하기	276
7. 저작권과 참고문헌 기술	281
7.1 저작권	281
7.2 참고자료 이용방법	289
7.3 참고문헌 기술방식—APA 스타일	296

부록

[논문 1] 한국 인디음악의 대중성 확보와 발전방안에 관한 연구   304

[논문 2] 아스파탐의 유해성 연구   336

나의 적성과 꿈을 키우는 소논문쓰기 전개 과정   368

참고문헌   370

색인   372

소논문쓰기 프로그램은 참여방법과 대상에 따라

⟨IR-Individual Research⟩, ⟨R&E-Research & Education⟩으로

학교에 따라 다양하게 불립니다.

프로그램의 결과물 역시 ⟨학생과제연구 논문집⟩, ⟨프로젝트 논문집⟩,

⟨개인탐구과제보고서⟩, ⟨과제연구 자료집⟩ 등 학교에 따라 다릅니다.

"소논문을 어떻게 쓰는가"란 내용을 담은 이 책에서는

이러한 연구 활동을 ⟨소논문쓰기⟩란 명칭으로 통일 했습니다.

어떤 명칭으로 프로그램 이름이 불리더라도 결과물은 결국 논증적 글쓰기인

소논문 형식을 따르기 때문입니다.

요즘 고등학교에서 ⟨소논문쓰기⟩가 많이 확산되는데

그 이유는 무엇일까요? 이는 학생들이 자신의 적성과 재능에 맞게

미래를 설계하고 급변하는 시대에 적극적으로 대처할 수 있는 능력을 키우는데 있습니다.

학생들은 ⟨소논문쓰기⟩에 참여하면서 자신의 꿈과 끼를 키우고,

선행연구를 통해 다양한 견해를 읽고 해석하면서 높은 수준의 읽기 능력은 물론

남의 생각을 존중하고 함께하는 소중함을 배우게 됩니다.

호기심을 가지고 주제를 흥미롭게 연구하면서 창의성과 함께

자기주도적 문제해결능력을 키우기도 합니다.

'시작이 반이다'라고 했습니다. 소논문쓰기 하려고 마음을 먹은 순간,

여러분은 연구자로서 출발선에 서있는 것이나 마찬가지입니다.

마라톤과 같은 ⟨소논문쓰기⟩라는 어려운 경주,

멋지게 시작합시다!

PART 1

왜 소논문쓰기인가?

1. 대한민국 고등학생에게 공부란 무엇일까?

서울 강남의 중학교에서 전교 1, 2등을 놓친 적 없는 A(22·여)씨. 하지만 하버드대를 목표로 미국의 명문 사립고교 필립스 엑시터 아카데미에 입학한 후 그는 절망했다. 무엇보다 학생 12명이 원탁에 앉아 각자의 문제풀이법을 토론하는 수학 수업은 충격이었다. 교사는 문제 제시 후 토론을 지켜볼 뿐 '암기 천재'가 기대한 '수업'은 하지 않았다. 〈중략〉

2008년 재미교포 새뮤얼 김씨의 컬럼비아대 박사학위 논문 '한인 명문대생 연구'에 따르면, 하버드 예일 코넬 컬럼비아 등 14개 미국 명문대에 입학한 한국인 학생들의 중퇴율이 44%에 달했다. 유학 컨설턴트 박영희 세콰이어 그룹 대표는 "사교육에 길들여진 한국 수재들은 막대한 분량의 텍스트를 읽고 토론해야 하는 미국 대학 1,2학년 교양과정에 쉽게 적응하지 못한다"며 "아이비리그 학생 중에서도 학업과정을 못 따라가 학점 따기 쉬운 서울의 명문대로 교환학생을 오거나 군입대를 하는 경우가 많다"고 귀띔했다.

〈한국일보 2011. 4. 5〉

미국의 대통령 버락 오바마는 우리나라의 높은 대학 진학률과 고등학생의 놀라운 학업성취도를 예로 들며 우리나라 교육제도를 칭찬합니다. 하지만 위 기사에 나온 A씨의 미국 유학생활이나 미국 명문대 유학생 중퇴율을 보면 좀 다르게 생각할 수도 있습니다. 여러분은 어떻게 생각하십니까? 많은 교육전문가가 우리나라 교육의 가장 큰 문제점으로 문제풀이, 암기 위주의 수업방식을 지적합니다. 가만히 생각해보면 우리는 '그게 왜 그렇지? 그걸 이렇게 생각할 수 없을까? 난 그렇게 생각하지 않는데…'란 문제의식으로 수업을 들어본 적이 없습니다. 설령 그런 생각이 들어도 손을 들고 질문을 하거나 선생님과 진지하게 토론을 한 적이 없습니다. 그렇기 때문에 위 기사의 사례처럼 고등학교 수학 토론 수업이나 방대한 분량을 읽고 토론해야 하는 미국 대학교육에 우리나라 학생 누구라도 적응하기 쉽지 않을 겁니다. 물론 미국의 교육제도가 최선은 아닙니다만 이를 또 다른 기준으로 삼아 우리나라 교육을 돌아본다면 무엇을 얻을 수 있을까요? 고등학교까지 오면서 '공부'라고 믿었던 외우는 능력과 문제를 푸는 능력이 우리가 사는데 필요한 진짜 '공부'인지 처음부터 생각해보면 어떨까요?

공부(工夫)란 쉽게 말하면 '살아가는 데 필요한 지식이나 기술을 배우고 익히는 활동'을 말합니다. 이와 같은 공부를 통하여 자신의 재능과 적성을 발견하면서 꿈과 목표를 세워야 합니다. 하지만 현실은 그렇지 않습니다. 고등학교 현장으로 시선을 돌려봅시다. 학생들에게 공부를 왜 하는지 아주 솔직하게 물어봅니다.

공부를 잘하고 싶지, 못하고 싶은 사람이 어디 있나요. 하지만 공부가 너무 힘들어요. 솔직히 때려치우고 싶어요. 공부 못해도, 대학 안 나왔어도 뭔가 하나만 잘해 성공한 사람이 많잖아요. 더하기 빼기 곱하기 나누기만 잘해도 사는데 별 문제 없잖아요. 그렇다고 글을 못 읽나요? 말을 못하나요.

이런 공부에 대한 부정적 인상은 고등학교 시절에 절정에 이릅니다. 대학 입시를 앞둔 대한민국 고등학생에게 학업에 얽매이는 부담감과 지겨움은 상상을 초월합니다. 결국 수많은 학생들이 초중고를 거치면서 공부는 대학 진학을 위한 도구에 불과하다고 생각하게 됩니다. 공부에 대한 이런 부정적 인상은 평생학습시대에 큰 손해입니다.

2. 여러분에게 필요한
'또 다른 공부'가 있습니다.

지금은 첨단 IT산업의 발달로 언제 어디서나 원하는 정보를 얻을 수 있는 시대입니다. 컴퓨터나 스마트폰만 있으면 굳이 밖으로 나가지 않아도 앉은 자리에서 해결할 수 있는 일이 많습니다. 어제 알았던 지식이나 기술이 얼마 지나지 않아 새로운 지식과 기술로 대체되는 시대입니다. 이렇게 빠르게 변하는 시대에 정말 필요한 것은 문제해결능력, 탐구능력, 비판적이고 창의적인 사고 능력, 자기주도적 학습능력입니다.

이 말들을 잘 살펴보면 모두 공통점이 있습니다. 바로 능력(ability)입니다. 이런 능력은 교과서에 수록된 보편타당하고 고정된 절대지식이 아니라 다양한 경험과 체험을 통해 스스로 내면화해야 배울 수 있는 것들입니다. 바로 이런 능력을 배우는 것이야 말로 빠르게 변하는 현 시대에 필요한 또 다른 공부입니다. 이런 능력을 기르려면 어떻게 해야 할까요?

- 문제 해결을 위해 자신의 정보요구와 정보과제를 분명하게 알아야 한다.
- 문제해결에 필요한 정보를 효과적으로 찾을 수 있어야 한다.
- 문제해결을 위해 찾은 정보를 효과적으로 분석, 해석, 종합할 수 있어야 한다.
- 분석, 해석, 종합한 지식과 정보를 자신의 문제해결에 적용하고 새로운 지식과 정보를 표현, 전달할 수 있어야 한다.

이런 일련의 과정을 통해 기를 수 있는 능력이 바로 문제해결능력이고, 자기주도적 학습능력입니다. 이를 고등학교 수준에 맞춰 적용한 것이 소논문쓰기입니다. 소논문쓰기는 여러분이 알고 싶고 관심 있는 주제(정보요구/정보과제)가 도서관 등 다양한 정보원에서 찾은 필요한 자료와 관련이 있는가를 분석, 해석, 종합해 소논문 형식에 맞춰 글로 표현하는 과정입니다. 소논문쓰기에서는 어떤 과제를 하라고 지정하지 않습니다. 여러분 스스로가 찾아야 합니다. 그리고 어떤 참고서, 어떤 책을 보라고 알려주지도 않습니다. 여러분 스스로가 찾아야 합니다. 이 모든 것은 여러분 스스로 해야 하는 겁니다. 소논문을 쓸 주제를 정하기 위해 많은 고민을 할 겁니다. 그리고 처음으로 전문서적, 학술논문이라는 어려운 자료를 읽으면서 비판적이고 분석적인 활동을 할 겁니다. 이렇게 읽은 다양한 자료를 여러분의 관점으로 요약, 정리해 소논문 형식에 맞춰 글로 쓸 겁니다. 그동안 참고서에서 정해준 결론만 외우거나 공식과 법칙을 배워 문제를 푸는 공부와는 전혀 다른 공부입니다.

여러분보다 먼저 '또 다른 공부'를 한 선배들은 소논문쓰기에 대하여 아래와 같이 말합니다.

- 꿈과 끼를 발견하고 키워주는 활동!
- 자신의 미래를 의욕적으로 설계할 수 있게 도움을 주는 활동!
- 다양한 의견을 존중하고 함께하는 것의 소중함을 일깨워주는 활동!
- 호기심과 함께 스스로 탐구하고 연구하는 활동!
- 창의성과 문제해결능력을 키워줄 수 있는 활동!

소논문쓰기가 아무리 좋은 프로그램이고 교육기획이라 해도 모든 학생이 만족할 수는 없습니다. 요즘처럼 개성이 강하고 다양성을 접하는 여러분에게 더욱 그렇습니다. 그리고 어떤 특정 프로그램도 한 사람의 삶 그 자체를 근본적으로 변화시킬 수는 없습니다. 하지만 개인차에 따라 아주 작은 계기가 변화의 근본적인 시발점이 되기도 하고 미미한 영향을 주기도 합니다. 소논문쓰기를 통해 또 다른 공부의 즐거움을 알게 된다면 아마 여러분의 공부인생에 긍정적인 변화를 이끌어 낼 수 있을 것입니다.

3. 소논문쓰기를 통해
무엇을 얻을 수 있을까?

3.1 변화의 계기가 되는 소논문쓰기

고등학생이 소논문을 쓴다? 상당히 낯설 뿐 아니라 그게 가능한가라는 반문할 수 있습니다. 대학을 졸업할 때 쓰는 학사논문조차 이젠 취업을 위해 졸업시험으로 대체된 현실을 두고 볼 때 어쩌면 당연한 이의제기일 수 있습니다. 이렇게 생각하는 이유는 논문이란 단어가 주는 위압감 때문입니다. 그만큼 논문쓰기는 쉬운 글쓰기가 아닙니다. '논문'이란 용어는 흔히 학술논문 또는 학위논문을 지칭하는데, 이화여자대학교 국어국문학과의 박창원 교수는 『논문작성법』이란 책에서 논문을 아래와 같이 정의했습니다.

논문은 특정한 주제에 관하여 연구자가 자신의 의견 및 주장이 포함된 학문적 연구결과를 일정한 형식과 논리적인 과정에 맞추어 체계적으로 작성한 글을 말한다.

그런데 어떤가요? 고등학교 수준에서 쓰는 논문은 엄밀한 의미에서 학술논문이라고 하기 어렵습니다. 하지만 대학교수나 석·박사 학위소지자가 쓰는 글만 논문이라고 하지는 않습니다. 여러분이 쓰는 논문 역시 논문입니다. 어설픈 초기단계이지만 연구자로서 자신의 학문적, 지적 호기심을 연구주제로 설정하고 다양한 참고자료를 통해 설명이나 주장하는 논증적 글쓰기이므로 역시 논문에 해당이 됩니다. 다만 기존 학술논문처럼 새로운 가설, 학설을 제시할 수 있을 만큼의 학문적 연구결과를 기대하기란 결코 쉽지 않기 때문에 〈소논문〉이란 용어를 사용합니다.

요즘 고등학교에 많이 확산되고 있는 소논문쓰기는 학교에 따라 〈학생과제연구 논문집〉, 〈SS프로젝트 논문집〉, 〈개인탐구과제보고서〉, 〈과제연구자료집〉 등으로 다양하게 불립니다. 또한 연구자의 참여방법과 대상에 따라 〈IR-Individual Research〉, 〈R&E-Research & Education (조사, 연구를 통해 공부한다는 뜻으로 학생들이 대학이나 연구소 등 외부 연구기관과 협력해 진행하는 연구 프로젝트)〉 등의 이름으로 나뉩니다.

현재 고등학교에서는 다양한 이름으로 소논문쓰기와 같은 프로그램을 진행하고 있습니다. 이런 활동은 공통적으로 하나의 연구주제에 대해 다양한 자료로 자기주장의 타당성을 증명하는 논증적 글쓰기 과정입니다. 따라서 이 책에서는 이런 논증적 글쓰기를 일관되게 〈소논문쓰기〉라는 용어로 통일합니다. 그럼 처음 소논문쓰기를 접한 학교현장을 보겠습니다.

"국·영·수하기도 바쁜데 소논문은 뭐고 개인과제연구는 또 뭐야."

대학도 진리탐구를 위한 학문연구 활동보다는 취업준비를 위한 과정이라는 비난을 받는 현실에서 대학입시에 모든 열정을 쏟는 여러분에게 어쩌면 이 말은 당연하기도 합니다. 하지만 개인과제연구(IR), R&E(Research & Education), 동아리 탐구활동 등의 소논문쓰기가 여러분에게 주는 순기능은 참으로 많습니다.

여러분이 자기주도적으로 소논문을 쓰는 단계마다 하게 되는 고민 하나하나가 자신을 알아가고 찾아가는 과정일 수 있습니다. 즉 단계별 연구 및 탐구과정을 거치다 보면 여러분은 기대 이상의 긍정적인 결과를 자연스럽게 얻게 됩니다. 비록 처음에는 논문을 쓰고 연구한다는 것이 부담스럽고 어려워 짜증이 나 포기하고 싶기도 하지만 마침내 〈소논문집〉이라는 결과물을 만들어내는 순간 변화의 계기가 될 것입니다. 다양한 오류 속에서 분석하고 종합하고 정리한 결과물이 어설프고 허점이 많아도 상관없습니다. 특목고, 자사고, 일반고, 특성화고 등 다양한 유형의 고등학교 특성을 고려할 때 소논문의 결과 수준과 논문으로서 가치를 이야기하는 것은 의미가 없습니다. 각 학교마다 또 학생마다 차이가 있다는 것을 인정한다면 소논문쓰기의 즐거움과 이를 통해 찾은 자신의 꿈, 미래 그것만으로 의미가 있습니다.

설마하며 전혀 예상하지 못한 가운데 소논문쓰기를 통해 자신이 원하는 대학 진학의 계기를 마련할 수도 있습니다. 또한 그것을 통해 스스로 과제를 설정하고 풀어간 경험을 가지고 10년 후, 20년 후 멋지게 자신의 미래를 펼칠 수 있습니다. 어쩌면 아무도 예상치 못한 학생이 미래에 새로운 이론이나 획기적인 아이디어로 세상을 깜짝 놀라게 할 수도 있습니다.

소논문쓰기는 단지 〈소논문집〉이라는 결과물을 만드는 것이 목표가 아닙니다. 그 결과물도 중요하지만 소논문을 쓰는 모든 과정이 더 중요합니다. 여러분이 쓰는 소논문에는 아래와 같은 다양한 흔적이 남습니다. 그래서 더욱 값어치가 있습니다.

- 무엇을 연구할지 다양한 탐색이나 토론을 통해 고민한 흔적(개인별/팀별 연구과제)
- 어떤 과정을 거쳐야 결과를 얻을 수 있을지 고민한 흔적
- 단계별 과정을 거치며 새로운 지식이나 정보, 이론을 찾으려고 노력한 흔적
- 하나의 결과를 얻기 위해 직접 탐문하고 찾아다니며 조사한 흔적
- 함께 아웅다웅하면서도 이해와 협동으로 조화롭게 끝까지 과정을 함께한 흔적(팀별 연구과제)
- 끝까지 포기하지 않고 자기주도적으로 문제해결능력을 발휘하며 끈기와 인내로 결과물을 도출해낸 흔적
- '나도 할 수 있다'는 열정, 자신감

3.2 소논문쓰기의 매력

개인별이든 팀별이든 처음 소논문쓰기를 할 때 가장 막히는 단계가 주제 선정입니다. 이는 지도하는 선생님도 마찬가지입니다. 자유 주제를 선정해 여러분이 원하는 관심사로 정하든, 대주제를 주고 그와 관련된 연구주제로 정하든 마찬가지입니다. 어떤 주제를 정할지 앞이 깜깜하고 빈 종이와 연필이 처량하기만 합니다.

- 요즘 환경문제가 심각하다고 하는데. 원자력, 방사능 심각하잖아.

- 중국의 황사문제는 어떨까?

- 나는 축구를 좋아하니까 스포츠산업?

- 컴퓨터게임, 무지 좋아하잖아. 게임산업의 전망?

- 애니메이션 영화 하나로 엄청난 이익을 얻는다는데.

- 요즘 영화를 보라고 CG(Computer Graphics), 대단하잖아.

- SNS! 미래는 바로 SNS시대인데~~~.

- 우리나라 출산율의 저하도 심각하다고 하는데.

- 중국의 동북공정 역사왜곡 문제도 다뤄볼 만하지 않을까?

- 게임중독, 왕따, 청소년 자살 문제도 우리와 직접 연관이 있잖아.

- 엊그제 뉴스를 보니까 우리나라 독서량이 형편없다는데.

- 세계화시대에 폭발적인 한류 문화 이것도 좋은 주제가 아닐까?

- 김치의 세계화를 하려면?

- 독도를 포함한 영토문제는?

- 남북통일? 고령화 시대? 생명공학? 컴퓨터공학? 관광산업? 기타 등등

가. 첫 번째 매력 : 관심과 적성과 끼의 발견

소논문쓰기의 시작인 주제 선정은 그 자체가 엄청난 스트레스입니다. 더구나 주제 선정을 왜 하게 됐는지 선정 이유를 써야하니 머리가 복잡합니다. 따라서 학생들이 주제 선정을 할 때 가장 핵심이 되는 질문이 있습니다.

"가장 관심이 있는 것이 무엇일까?"

"내가 가장 즐겁고 재미있게 할 수 있는 것이 무엇일까?"

"가장 알고 싶은 것은 무엇일까?"

"후에 무엇을 하고 싶니? 무슨 일을 하고 싶니?"

첫술에 배부를 수 없는 것은 어느 경우나 마찬가지입니다. 어렵고 힘들게만 여겨지는 소논문쓰기지만 출발점을 〈나〉의 관심사, 하고 싶은 것, 되고 싶은 것이 무엇인지로 시작하면 그 고민은 매우 진지해집니다. 단순히 또 하나의 과제물 내지 수행평가가 아닌 자신에 대한 궁금증을 푸는 계기가 됩니다. 자신의 미래에 대해 그동안 막연하게 생각한 것과 한번이라도 진지하게 고민해본다는 것의 차이는 매우 큽니다. 그것은 바로 여러분 스스로의 목표가 생기는 계기가 되기 때문입니다.

나. 두 번째 매력 : 지식과 시야의 확대

여러분은 소논문쓰기 연구주제 선정과정을 통해 하나하나 자신의 관심사가 무엇인지 열거하게 되고 좁혀가게 됩니다. 또한 자신, 가정, 학교, 지역, 국가, 세계로 관심사와 궁금한 것을 정리하고 확대해 갑니다. 그리고 선정한 연구주제와 관련된 다양한 자료나 정보를 수집하게 됩니다.

그동안 공부라고 하면 시키는 대로, 가르치는 대로 수동적으로 외우고 문제를 풀며 지식을 쌓았습니다. 하지만 소논문쓰기를 통해서는 자료를 조사하고 수집하는 과정에서 관련된 다양한 분야의 지식을 자연스럽게 습득하게 됩니다. 이런 과정을 통해 쌓은 지식은 단순히 문제를 풀기 위해 암기한 지식이 아니라 여러분이 직접 고민하고 해석해낸 응용되는 지식, 살아있는 지식으로 남게 됩니다. 그리고 그 지식을 통해 또 다른 궁금증을 품으면서 시야가 확대됩니다.

다. 세 번째 매력 : 자기주도적인 문제해결능력

문제해결능력은 여러분에게 주어진 다양한 문제를 새로 얻은 지식과 자료를 통해 스스로 방법을 찾아 해결할 수 있는 능력을 말합니다. 여러분의 생활 주변에서 문제를 찾고 선택함으로써, 학습과 생활을 결합하여 문제해결능력을 기를 수 있습니다.

요즘은 그야말로 자료와 정보의 홍수시대입니다. 이렇게 넘쳐나는 정보 가운데 어떤 것을 선택하고 버리느냐에 따라 결과가 달라집니다. 소논문 쓰기를 통해 얻을 수 있는 가장 큰 장점은 자신의 주제에 맞는 수많은 자료와 정보가 어디에 있는지를 찾아내고, 또 어떻게 수집하고 조사해야 하는가에 대한 고민에서 시작됩니다. 이런 고민을 통해 수집하고 조사한 내용은 또 주제와 관련이 있는지 검토하면서 분석해야 합니다. 거기서 끝나는 것이 아니라 분석한 자료를 정리하고 자신이 파악한 근거나 논리를 제시해가며 논문형식에 맞게 글로 써야 합니다. 똑같은 과제나 주제라 할지라도 일련의 과정 하나하나를 수행하면서 다양하게 습득한 자료, 정보, 지식이 다르기 때문에 차이가 있게 마련입니다. 그것은 학교나 사회, 학생이나 회사원, 연구원 등도 마찬가지입니다. 자신이 수집한 자료나 정보를 어떻게 해석하고 적용하느냐에 따라 개인의 창의성이 발휘됩니다. 독창적 아이디어가 멀리 있는 것이 아니라 그러한 연구 탐구과정에서 나오고 그것을 통해 문제해결능력, 즉 남다른 경쟁력을 기르게 됩니다.

라. 네 번째 매력 : 끈기와 인내, 협동과 조화능력

대부분 그렇듯 영어나 수학 문제집을 준비하고 언제까지 다 풀겠다고 다짐합니다. 하지만 그 기간이 되었을 때 1/3, 1/5, 1/10만 한 경우가 허다합니다. 이는 뭔가 해보겠다고 결심한 어른들 또한 예외가 아닙니다. 고인이 되신 박완서 선생님의 〈꼴찌에게 보내는 갈채〉라는 글이 지금도 스테디셀러로 남는 이유는 바로 인생사가 그렇다는 공감 때문 아닐까 합니다. 여러분이 소논문쓰기 할 때 가장 힘든 점이 바로 전 과정을 거치며 소논문이라는 결과물을 내야한다는 것입니다.

"너무 어려운 주제를 잡았어."

"도대체 뭐가 이렇게 자료가 많아."

"자료는 수집했는데 이것을 어떻게 분석하고 정리하라는 거야."

"설문지 작성은 어떻게 해야 하지."

"어디 가서 설문을 조사하지."

기타 등등 하다보면 벽에 부딪히는 경우가 한두 번이 아닙니다. 선생님께 도움을 청해 보지만 그때는 뭔가 알 수 있을 것 같은데 다시 돌아오면 여전히 제자리입니다. 중간에 포기하고 싶은 마음이 굴뚝같습니다. 이뿐만이 아닙니다. 개인이 아닌 팀별 과제를 수행할 경우 의견이 분분합니다. 의견을 모으고 결정하는 과정 하나하나가 어떤 때는 살벌하기까지 합니다. 과제 수행을 분담하면서 눈에 보이지 않는 질투와 묘한 신경전을 벌이기도 합니다. 더구나 중간에 포기하겠다는 친구도 함께 끌고 가야합니다. 그야말로 산 넘어 산인 경우가 허다합니다.

하지만 그 힘난한 과정을 이겨내고 소논문을 씨 냈을 때 무엇보다도 그게 느끼는 것이 성취감과 함께 끈기와 인내, 이해와 협동, 조화능력입니다.

마. 다섯 번째 매력 : '나도 할 수 있다'는 자신감

여러분이 소논문쓰기를 하면서 은근히 나타내는 표정은 '과연 할 수 있을까?'라는 것입니다. 말이 쉽지 소논문도 논문이기 때문입니다. 일정한 형식과 근거를 토대로 연구해 결론을 내야 하는 논문이라는 단어 자체에 엄청난 압박과 부담을 느끼게 됩니다.

그러나 어설프고 뭔가 부족하지만 다양한 과정을 통해 마침내 소논문을 써 냈을 때 기쁨은 엄청납니다. 더욱이 고등학생이기에 큰 성취감을 얻습니다. 석사, 박사라는 학위를 얻는 것은 아니더라도 소논문을 쓴 그 주제만큼은 다른 친구들과 비교할 수 없을 만큼 전문가라는 자신감이 생깁니다. 중요한 것은 자신감이 자신감으로 끝나지 않는다는 것입니다. 모든 학생이 그런 것은 아니지만 그 자신감은 더 전문적인 영역을 연구하고 탐구하고 싶은 계기가 됩니다. 그리고 그런 계기는 자신의 목표가 되고 이루고 싶은 꿈으로 연결되기도 합니다.

대학입시의 성공!

앞에서도 언급했지만 여러분에게 이보다 중요한 것은 없습니다. 문제는 그 입시 성공이 질적으로 매우 탁월한 선택으로 자신의 미래를 밝히는 과정이 되느냐는 것입니다. 소논문을 쓸 때 각각의 과정이 따로 분리되어 있는 것 같지만 매우 밀접한 관련이 있습니다. 어떤 과정이 빠지거나 부실했을 때 결과물은 진정성이 약합니다. 비록 어설프고 부족하더라도 최선을 담고자 노력한 여러분의 소논문쓰기는 그래서 더욱 의미가 있습니다. 결과물 자체에도 의미가 있지만 자신의 미래를 밝힐 수 있는 소중한 계기가 되기에 멋진 도전을 해보길 바랍니다.

4. 나는 소논문쓰기, **이렇게 했어.**

소	논	문	쓰	기	,		
내 가		갈		길 을		찾 다	.

1학년 문주희

논문명 : 인간복제에 대한 윤리적 고찰

결국 소논문 후기를 쓰는 날이 오다니.

도서관에서 소논문 인원을 모집하던 날, 우리 반 아이들과 함께 자기소개서를 작성했다. 이 소논문 활동이 대학 입학에 있어 스펙이 될 거라는 말들은 자주 들었다. 하지만 나는 스펙보다는 논문 쓰는 법을 배우고 싶었다. 그 당시 진로는 아직 정해시지 않았지만 대학원에 들어가고 싶은 마음이 있었기에 내게 논문은 꼭 해야 할 의무이며 내 꿈과 관련된 일이므로 매우 관심이 있었다.

내 소논문의 주제는 '인간복제에 대한 윤리적 고찰'이며, 이과와 관련된 주제는 나와 혜정이가 처음이라고 한다. 이과, 문과를 정하는 과정 중에 담당교과 선생님이 내게 공상과학소설을 추천해주셨고 도서실로 달려가 사서선생님의 추천을 받은 책이 바로 낸시 파머의 〈전갈의 아이〉이다. 이 책은 복제인간인 주인공 마트의 이야기를 담고 있으며 읽는 내내 내가 지금 사는 이 세계와 다른 배경에 신기하고 놀라웠다.

순간적인 흥미로 주제를 정한 것이다. 하지만 선생님은 내게 다른 아이들에 비해 어려울 거라고 말씀하셨고, 나는 너무나도 흥분한 상태여서 무슨 말씀인지 이해를 못했다. 주제가 어려운 것인지 아니면 나의 지독한 게으름 때문인지는 몰라도 글 쓰는 과정에서 내가 쓰는 글이 과연 논문인가 싶었다. 자연스럽게 내 글과 다른 아이들의 글을 비교하게 되고 '정말 잘 썼다.' 하는 생각이 들수록 힘들었던 것 같다. 이 논문들 사이에 내가 괜히 질을 떨어뜨리는 것이 아닐까 하는 생각마저 들었다.

그래서 사실 소논문을 포기할까 라는 고민도 해보았으나 이게 무슨 책임감 없는 짓인지 왜 항상 나만 이러는지 한심했다. 그럴 때마다 선생님은 나에게 위로를 정말 아낌없이 해주셨다. 이 소논문 후기에 내가 그동안 있었던 일들과 그 과정 속에서 느껴왔던 감정들을 말하기에는 너무나도 많아 다 얘기할 순 없지만 이 소논문 활동을 통해 느끼는 바가 정말 많다는 것은 확실하다. 또한 생명공학 중 생명복제분야에 대해 직접 찾아보면서 '앎'에 대한 즐거움을 느꼈고 현재 나는 '용산구 공교육 특화 프로그램'을 통해 생명공학 및 의약품 개발에 관한 강의를 듣고 있다.

철학과에 가는 것이 꿈이었던 내가 이과를 선택하면서 꿈을 찾아가는 중에 이 소논문 활동은 내게 큰 도움이 되었다. 내가 현재 관심 있는 학과는 생체공학과, 원자력학과, 생명공학과이며 내 꿈은 연구원이다. 돌이켜보면 초등학교 때 과학상상화 그리기를 통해 꿈꿔왔던 21세기의 모습은 지금과 같은 모습이 아니었던 것 같다. 하지만 소논문을 쓰면서 생명공학 중 생명복제분야에 있어서는 앞으로 무궁무진하게 발전할 가능성이 있다고 난 확신한다.

이를 위해 정부의 전폭적인 지지를 바라며 법적 규정에 대해 다시 한 번 생각해보았으면 한다. 내가 생명공학분야로 진로를 정할 지는 아직 모르지만 모든 연구원들의 마음은 하나라고 생각한다. 마지막으로 '대학은 직업을 위한 훈련학교로 되어가고 있다. 왜냐면 교양 따위에는 전혀 무관심한 전권주의자들이 요청하고 있기 때문이다.'라는 버트런드 러셀의 말처럼 부디 대학이 취업을 위한 곳이 아닌 학문을 위한, 우리나라의 큰 발전을 위한 청소년들의 꿈이 되길 바란다.

성취감과 또 다른 성장

1학년 한수민

논문명 : 고등학교 선택에 영향을 주는 요인에 관한 연구

학교에서 하는 프로그램 중 할 수 있는 건 일단 신청하고 보자는 마음이었다. 주제도 미리 생각해두지 않고 급하게 정하고 신청서를 내며 뽑히지 않

을 걸 직감했다. 그러나 뽑혔다는 소식을 듣고 충격에 휩싸였고 첫 수업을 듣고 사실 후회했다. 선생님이 만만치 않은 수업이 될 것이라고 하셔서 겁을 먹었기 때문이다. 그래도 일단 뽑혔으니 해보자 하는 마음으로 주제를 바꾸려 고민하는데 쉽게 생각이 나지 않아 힘들었다. 선생님도 함께 고민해주셨다. 결국 주말을 보낸 후 선생님이 새로운 주제를 던져주셔서 덥석 물게 됐다. 목차를 작성하던 날 처음부터 깊게 생각한 주제가 아니기 때문에 논문의 방향을 잡지 못해 힘들었다. 계속 선생님과 얘기해보고 수정하고를 반복한 결과, 어느 정도 틀이 잡히니 쓰기가 수월해졌다.

다른 친구들도 그랬었는지는 모르겠지만 목차를 완성하고 난 후 본격적인 글을 쓸 때 굉장히 즐거웠다. 여러 논문을 읽어보고 평소엔 들어갈 수 없는 국회도서관도 가보니 마치 대학생이 된 기분이었다. 물론 항상 즐겁진 않았다. 다른 일을 하거나 놀다가 마감시간에 쫓겨 밤도 많이 새워봤다. 한 번은 마감시간이 새벽 6시까지여서 밤을 지새우고 쓰다가 5시 반에 잠들고, 마감 시간을 지키지 못한 그 다음날 밤 11시에 낸 적도 있었다. 예전에는 잠을 6시간 자도 하루 종일 피곤에 절어 있었는데, 소논문을 한창 쓸 때는 잠을 2~3시간만 자도 피곤하다는 생각을 하지 않게 됐다.

작년에 수업을 들은 선배들의 소논문 후기를 보며 밤을 지새운다는 사실이 굉장히 부담스러웠는데 익숙해지니 신기했다. 일차적으로 완성 한 후 심사를 준비 할 때 굉장히 떨렸다. 논문개요를 다른 사람 보여주기에 부끄럽게 적은 것 같아 고치고 싶었지만, 시간이 부족해 일단 발표했다. 친구들의 예상치 못한 질문에 대답을 할 때는 속으로 굉장히 당황하기도 했다. 그래도 심사를 마치고 나니 끝났다는 안도감이 들었다.

심사 받을 때 말고 다른 친구들을 심사할 때 약간 아쉬운 부분이 있다면,

다른 조들은 먼저 칭찬을 하고 비판했는데 우리 조는 바로 비판부터 한 점이 미안했다. 심사 전에 읽을 때 굉장히 감탄하면서 읽었는데 칭찬해주지 못한 점이 아쉽기도 했다. 심사를 하며 깨닫게 된 것은 남을 판단하고 비판하는 일이 굉장히 힘들다는 사실이었다. 소논문을 쓰느라 여름방학 때 가족끼리 여행 한 번 못가고 친구들과 놀지 못해서 속상했을 때 항상 엄마가 해주신 말씀이 있다.

"소논문 다 쓰고 나면 굉장한 성취감을 얻을 거야. 어려운 논문도 썼는데 이제 뭔들 못하겠니?"

엄마의 격려는 정말 큰 힘이 됐다. 1학기 때 월요일 9교시로 들었던 논술 수업 때 자료 준비하면서 힘들어 했던 내 모습이 부끄러웠다. 겨우 그 정도 일 가지고 투정부렸던 모습을 반성하게 됐다. 분명 지금 모두 해낼 수 있다는 마음가짐이 곧 사라질지 몰라도 언제나 내 힘으로 소논문을 써냈다는 성취감은 잊지 못할 것이다. 이런 수업을 마련해 준 학교에 감사하고, 부족한 나를 이끌어주신 선생님께 매우 감사드린다.

인내, 노력, 성실의 가치

1학년 정유진

논문명 : 학교 홈페이지 활성화를 위한 방안 연구

고등학교 입학 전 우연한 기회로 선배 언니들이 쓴 2012년 소논문을 보았다. 소논문을 다 읽고 '나도 고등학교에 입학하면 꼭 소논문을 써야겠다.'라고 생각했다. 시간이 지나 담임선생님께서 소논문쓰기에 대한 안내를 해 주셨고 망설임 없이 소논문쓰기에 신청했다. 소논문쓰기 합격자 명단에서 나의 이름을 확인한 후 예전부터 하고 싶었던 소논문쓰기를 하게 되어 매우 설레고 기뻤다. 선생님과 친구들이 많이 힘들 거라고 하며 앞으로의 고생길을 걱정해 주었지만 이미 앞으로의 고생에 대해 예상하고 굳은 다짐을 하여 그리 걱정되거나 두렵지 않았다.

소논문쓰기는 그리 순탄치 않았다. 소논문쓰기에 신청한 주제는 선생님의 제안으로 바뀌었다. 원래는 광고·홍보와 직접적인 관련이 있는 주제였는데 너무 보편적인 주제이고 선생님의 제안이 참신한 주제이면서 '보성기자단'활동에 도움이 될 것이라고 생각하여 주제를 바꾸었다. 다른 친구들과 달리 논문의 주제가 보성여자고등학교에 한정되어있기 때문에 참고자료도 부족하고 내가 직접 비교·분석해야 한다는 부담이 매우 컸다.

하지만 나의 논문주제가 가장 실용적이고 직접적 적용이 가능할 것이라는 선생님의 말씀을 듣고 나의 주제에 더욱 애착을 가지고 객관적이고 구체적인 비교·분석을 통해 논문의 질을 높이고자 노력했다. 소논문을 쓰면서 밤을 새는 날도 계획대로 생활을 하지 못한 날도 많았다. 그러면서 '내가 지금 제대로 하고 있는 것이 맞나?' 라는 생각을 하며 혼란스러워했다. 그리고 무엇보다 방학이 되고 심해진 아토피와 싸우며 논문을 쓰는 것이 너무 힘들었다. 이러한 과정 속에서 처음의 마음과 달리 나의 결정에 대해 후회하기도 했다.

약 한 달이 지나자 논문의 모습이 보이기 시작했고 몸은 지쳤지만 마음은 점점 가벼워졌다. 대망의 심사날 나는 친구들의 논문을 끝없이 비판해 주었다. 나의 비판이 친구들의 논문 발전에 큰 도움을 줄 것이라고 생각하고 마음을 굳게 먹고 한 비판이었다. 심사 후 친구들의 논문에 칭찬 한마디 해 주지 못한 나의 모습에 반성하기도 했다. 나의 논문이 심사 받을 때 매우 떨렸다. 하지만 '친구들의 비판을 달게 받아들이겠다.'는 마음을 먹고 심사에 임했다. 최대한 침착하고 성실하게 답변하기 위해 노력했다. 지금 생각해 보면 심사에 대한 답변보단 논문을 소개하는 발표에서 침착한 자세를 보여주지 못한 것이 정말 아쉽다.

소논문쓰기는 나에게 새로운 도전이었다. 항상 처음은 설레지만 힘든 것 같다. 하지만 '첫 단추를 잘 끼워야 한다.'는 말이 있듯이 처음은 나중에 우리가 가야할 길의 나침판이 된다. 그러므로 나는 처음이 힘들어도 참고 견디며 열심히 노력해야 한다는 것을 안다. 이번 소논문쓰기도 이러한 마음으로 무조건 열심히 했다. 그 결과 생애의 첫 소논문을 무사히 마치고 인내, 노력, 성실들의 가치를 조금 알고 느끼게 되었다. 또한 앞으로 가야할 길의 든든한 나침판을 얻게 되어 기쁘고 더욱 발전할 나의 모습을 살며시 기대해본다.

나를 성장시키는 소중한 공부법

2학년 박건우

논문명 : 풍력발전의 문제와 해결 방안

논문이라는 것을 도전하고 쓰면서 정말 많은 경험을 한 것 같습니다. 특히 일반고 학생으로서 하기 힘든 경험들을 한 것 같아서 매우 흥미로웠었습니다. 먼저 수동적으로 가르침을 받는 공부가 아닌, 내가 직접 자료를 찾고, 분석하고, 해석하는 식의 접근이 큰 의미가 있었습니다. 마치 선생님들이 교과 수업 준비하는 과정을 거치는 듯한 공부를 해 보게 되었습니다. 더욱 큰 소득은 소논문쓰기를 진행하면서 자료조사를 위해 난생 처음으로 논문이란 것을 읽어 보게 되었다는 점입니다.

다음은 논문대회를 팀으로 참여하다보니 여러 가지 장점과 단점을 파악할 수 있었습니다. 먼저 장점은 고등학생으로서 흔치 않은 기회인 토론을 통한 공부를 하게 된 것입니다. 대부분 일반고가 그렇듯이 창체 독서시간에만 토론식 수업이 가끔 진행되고 거의 모든 수업은 일관되게 듣는 수업이었습니다.

하지만 소논문쓰기 대회에 참여하면서 논문을 쓰기 위해 팀원들과 모여서 상의하고, 자료에 대하여 토론을 한 점이 논문을 쓰는 과정 중의 최고의 수확이었습니다. 서로의 의견이나 아이디어를 조합하고 수정하여 수용하는 과정에서 이전에는 생각지 못했던 다양한 부분을 접할 수 있었습니다. 단점이 있다면, 역시 혼자 하는 것이 아닌 여럿이서 같이 하는 것이다 보니 시간조정과 만나는 장소 결정 등이 정말 힘든 일 이었습니다.

고등학생으로서 소논문쓰기는 다양한 장점과 어려운 점이 있었는데 나에게 중요했던 측면은 스스로 문제를 제시하면서 해결하는 능력을 배웠다는 점입니다. 이것은 후에 사회생활을 할 때, 논리적인 생각이 필요할 때 나 자신뿐만 아니라 참여했던 친구들 모두에게 큰 도움이 될 것이라 생각합니다. 소논문쓰기 경험은 미래를 생각할 때 나를 성장시키는 훌륭한 공부법이라는 것을 알게 되었습니다.

이화여자대학교 인문학부 합격 임수현

논문명 : 한국 인디음악의 대중성 확보와 발전방안에 관한 연구

나의 소논문 주제는 '한국 인디음악의 대중성 확보와 발전방안에 관한 연구'였습니다. 평소 인디음악에 관심이 많았기 때문에 자연스레 관련된 주제를 정하게 되었습니다. 저는 소논문을 쓰면서 좋아하는 분야를 연구한다는 것이 어떤 일인지 짧게나마 경험할 수 있었습니다. 또한 제가 관심 있는 인디음악, 영화 등의 철학적인 측면을 탐구하면서 미학이라는 분야도 알게 되었습니다. 소논문쓰기를 마치고 미학을 공부해 문예평론가가 되고 싶다는 꿈도 품게 되었습니다.

이후 대학입시도 진로와 관련된 분야로 준비하게 되었습니다. 그리고 마침내 인문학도로서 장차 철학과에 진학해 미학을 배우고자 지원하게 되었습니다. 특히 소논문쓰기 활동은 자기소개서에 매우 도움이 된 활동이었습니다. 항상 자기소개서에 있는 항목 중 진로와 연계된 활동이나 관련하여 노력한 부분을 묻는 항목이 있었기 때문입니다.

대학입시 면접에서도 소논문쓰기 활동과 관련된 질문을 받았습니다. 그때 배우고자하는 학문에 대해 진지하게 접근해 본 경험이 있다는 것이 좋은 인상을 남기는데 도움이 되었다고 생각합니다.

물론 대학에 진학한 이후에도 소논문쓰기 활동은 저에게 많은 도움이 될 것이라 확신합니다. 이미 고등학교 시절에 심화적인 글쓰기를 미리 경험할 수 있었기 때문입니다. 소논문을 직접 쓰는 과징도 그렇지만 주제와 관

련된 자료를 검색하고, 정보를 처리하는 과정은 앞으로의 대학생활에 있어 많은 도움이 될 것이라 기대합니다. 논문이나 통계 등을 어떻게 해석하고, 글에 활용할 수 있는지를 미리 경험할 수 있었기 때문입니다.

| | 내 | 가 | | 흥 | 미 | 롭 | 게 | | 공 | 부 | 할 | | 수 | | 있 | 는 | |
| | 분 | 야 | 를 | | 찾 | 았 | 던 | | 소 | 중 | 함 | | 과 | 정 | | | |

연세대학교 사학과 합격 노영서

논문명 : 독도 영유권 분쟁의 실태와 이에 관한 대응방안 연구

고등학교 1학년 여름방학에 처음 접했던 소논문쓰기 강좌는 나의 많은 것을 바꿔놓았습니다. 먼저 그동안 앞으로의 진로나 실제 입시에 있어서 큰 고민을 하지 않는데 많은 도움과 큰 힘이 되어 주었습니다.

내가 흥미롭게 공부할 수 있는 분야를 찾게 되면서 진로를 찾고 방향을 잡도록 도와주었습니다. 처음 연구주제를 잡는 것은 어려운 과정이었습니다. 선생님의 조언을 통해 다양한 분야의 내가 관심 있는 것을 끄집어내어 하나하나 좁혀가는 과정은 의미 있는 과정이었습니다. '독도!' 최종적으로 연구주제로 정한 독도에 대한 흥미는 역사를 공부하고 싶다는 마음으로 더욱 발전되었습니다.

그리고 〈독도 영유권 분쟁의 실태와 이에 관한 대응방안 연구〉라는 주제로 소논문을 썼습니다. 자료조사를 하고 논문을 쓸수록 이 분야에 흥미가 더욱 커졌고 자신감이 생긴다는 느낌도 커졌습니다. 더욱이 고등학교 3학년 때에 자기소개서나 면접에서 소논문쓰기는 더욱 큰 도움이 되었습니

다. 교내활동인 소논문쓰기가 역사에 대한 흥미는 물론이고 진행과정의 노력에 성과를 토대로 펼쳐보일 수 있었기 때문입니다.

듣기만 하는 방과 후 수업이 아니라 논문에 대한 기초를 배우고 스스로 성과물을 낸 경험은 실제 면접에서 큰 무기가 되었습니다. 고등학교 생활에서 역사학자라는 진로를 정해 노력했던 경험을 차별화시켜 언급할 수 있었습니다.

개인적인 의견이지만 소논문 수업은 진로와 지적 흥미에 비중을 더 두고 주제를 생각해 완성한다면 성취감과 함께 자아 성장, 진로 선택, 입시 등에 큰 도움이 된다고 생각합니다.

내 꿈에 첫 발을 내딛게 해준 소논문쓰기

숙명여자대학교 한국어문학부 합격 박새람

논문명 : 다문화가정의 여성결혼이민자가 한국 사회에 적응하는 과정에서
겪는 갈등 요인에 대한 연구

1학년 여름 방학 때 소논문 활동에 참여했습니다. 소논문쓰기를 진행하면서 도서관에서 자료를 찾으며 결과물을 제출하기 위해 밤을 샌 적이 한 두 번이 아니었습니다. 힘든 시간을 보내고 완성한 소논문은 다문화가정의 여성결혼이민자에 대한 관심을 가지게 해준 계기가 되었습니다.

나는 이태원 주변에 살면서 외국인과 다문화가정을 자주 보았습니다. 저희 아래층 집에도 동남아시아에서 온 여성결혼이민자가 살고 계십니다. 1

학년 때 접했던 뉴스에서는 다문화가정에 대한 좋지 않은 소식을 보았습니다. 하지만 이와 다르게 행복하게 사시는 아랫집 아주머니를 보면서 다문화가정의 여성결혼이민자에 대해 관심을 갖게 되었습니다. 사회적인 문제와 주변을 떠올리며 자연스럽게 소논문 주제로 다문화가정의 여성결혼이민자에 대한 연구를 하게 되었습니다.

이 활동을 통해 나는 다문화, 다문화가정의 등장 배경에서부터 여성결혼이민자가 겪는 문제점과 해결방안을 연구하고 공부했습니다. 단지 호기심으로 시작했던 다문화가정에 대한 관심은 소논문쓰기를 하면서 내가 앞으로 다문화가정을 위해 어떤 활동을 할 수 있을 지와 대학에서 어떤 공부를 할지에 대한 발판이 되어주었습니다.

3학년 때에는 직접 스터디그룹을 만들어 다문화가정에 대한 칼럼을 스크랩하고 제 의견을 발표하며 친구들과 토론하는 활동도 했습니다. 그러면서 1학년 때 소논문으로 시작된 다문화가정에 대한 관심이 더욱 발전되고 확대되었습니다. 우리나라의 다양한 사회적 문제점과 세계화과정 등 다양한 시각을 갖게 되었습니다.

이렇게 활동들을 하면서 나의 꿈이 분명해졌습니다. 앞으로 다문화가정에 대해 글을 쓰는 작가가 되어야겠다고 생각했습니다. 이런 구체적인 꿈을 가지게 된 가장 큰 계기는 소논문에서 비롯된 것이었습니다. 자신의 꿈에 대해 얼마나 많은 준비를 했으며 앞으로 어떤 대학 생활을 할지 구체적으로 요구하는 자기소개서에 당연히 저는 소논문을 언급할 수밖에 없었습니다.

모의 면접에서도 제 꿈을 가지게 된 질문이라던가, 가장 인상 깊은 활동에 대한 질문에서 저는 소논문쓰기 활동을 말했습니다. 왜냐하면 다문화가정에 대한 관심을 가지게 해준 첫 번째 걸음이자 이후 다문화가정에 대해 글을 쓰는 작가라는 꿈을 가지게 해준 활동이기 때문입니다. 이렇듯 소논문 쓰기는 대학 입시를 준비하면서 내 꿈에 첫 발을 내딛게 한 소중한 경험이었습니다.

소논문쓰기 첫 시간입니다. 여기저기 웅성웅성~~~.

나름 용기를 내어 도전하는 소논문에 대해 아직 정확한 개념도 없습니다.

과연 끝까지 잘해낼 수 있을지 걱정이 되기도 합니다.

하지만 소논문쓰기가 나름 다양한 매력이 있으니 일단 부딪혀보고

한번 해보자는, 그리고 잘할 수 있다고 다짐합니다.

자, 이제부터 시작입니다.

소논문쓰기가 낯선 것이기에 처음 하기가 어렵습니다만

시작하면 분명 잘 할 수 있습니다.

방법을 알게 되면 생각하고 기대한 것 이상의 깨달음과 가치를 얻을 수 있습니다.

"먼저 소논문에 도전하는 여러분을 진심으로 환영합니다.

아마 소논문도 논문이기에 나름 고민이 많았을 것입니다.

무엇을 연구할 지도 고민했을 것입니다.

그렇다면 그동안 자신이 생각한 것에 지금부터

설명하는 것을 잘 대입해보았으면 합니다."

PART 2

무엇을 쓸까?

1. 연구주제란 무엇일까?

소논문을 쓰기 위해 여러분들이 겪을 어려움 가운데 하나가 모르는 용어들이 많이 나온다는 겁니다. 전문학술지를 보게 된다면 영어와 한문이 뒤섞인 어려운 용어 때문에 그 내용을 정확하게 이해하고 해석하기가 쉽지 않게 될 것입니다. 그래서 소논문쓰기의 어려움을 토로하는 친구들을 많이 봅니다. 하지만 다양한 참고자료를 활용해 이런 어려움을 극복한다면 다른 친구들보다 높은 수준의 독해능력을 갖추게 됩니다.

'무언가 연구를 한다' 할 때 가장 기본이면서도 중요한 것이 용어의 정확한 뜻을 아는 것입니다. 영어를 공부할 때 단어의 뜻을, 수학을 공부할 때 공식을 알아야 해석하거나 문제를 풀 수 있는 것처럼 용어에 대하여 분명하게 알아야 소논문을 쓸 수 있습니다. 이 장에서 처음으로 설명할 용어는

'연구주제'입니다. 그 다음으로 연구주제를 구체화하고 이에 맞는 목차를 구성 및 작성하는가를 알아볼 것입니다. 연구주제 선정은 매우 중요합니다. 이는 좋은 연구주제가 소논문의 질을 결정하기 때문입니다.

학위논문을 쓰신 적이 있는 선생님께 논문쓰기에서 가장 어려운 점이 무엇인지 여쭤보세요. 아마 대부분의 선생님들께서 논문의 본문을 쓰는 것만큼 연구주제를 정하는 것도 어렵다는 말씀을 하실 겁니다. 왜냐하면 대부분 지도교수님으로부터 연구주제가 적당하지 않다는 지적을 받고 여러 번 고친 경험이 있기 때문입니다. 선생님들께조차 결코 쉽지 않은 연구주제 선정은 분명 고등학생인 여러분에게도 쉽진 않습니다. 하지만 여기서 제시하는 다양한 방법으로 연구주제를 고민한다면 자신이 원하는 주제를 선정하는데 도움이 될 것입니다.

다음 소개하는 글은 한 예능프로그램에 나온 〈이글떡볶이〉라는 야참을 소개한 신문기사입니다.

> 김성수 이글 떡볶이가 야간매점 제4호 메뉴로 채택됐다. 16일 방송된 KBS2TV '해피투게더3'의 코너 '야간매점'에 출연한 김성수가 '이글 떡볶이'라 명명한 자신의 야식을 선보여 출연진들의 큰 호응을 얻었다.
> 김성수 이글 떡볶이는 고추장이 주재료인 일반 떡볶이와는 달리 김치볶음과 조화된 떡볶이다. 먼저 팬에 기름을 둘러 김치를 볶은 후 떡도 따로 노릇하게 볶아준다. 떡은 따로 볶아야 질펀해지지 않는다. 이어 떡과 김치를 함께 볶아주면 이글 떡볶이가 완성된다.
> [서울신문 2012. 8. 17]

떡볶이는 남녀노소 구분하지 않고 좋아하는 간식입니다. 떡볶이에 대한 내용을 담은 위 기사의 주제는 무엇일까요? 이전에 신문기사를 읽을 때는 '아 그렇구나' 정도만 생각해도 됩니다. 하지만 이제는 '무슨 내용이지? 주제가 뭐지?'라는 문제의식을 갖고 읽어야 합니다. 문제의식을 갖고 자료를 읽는 능력이야 말로 소논문쓰기와 같은 논증적 글쓰기에 꼭 필요한 기본자세이자 자질입니다. 아울러 이런 능력은 언어영역의 비문학 지문이나 논술지문을 읽는데 꼭 필요합니다.

정보검색을 통해 찾은 연구주제 관련 자료를 읽을 때 내용과 주제를 정확하게 파악하지 못하면 소논문쓰기에 도움이 되지 못합니다. 소논문쓰기를 시작한 여러분이라면 이제부터 달라져야 합니다. 신문기사든, 전문서적이든 어떤 자료를 읽더라도 주제를 정확하게 파악해 글쓴이가 말하고자 하는 바가 무엇인지 초점을 두고 읽어야 합니다.

다시 처음으로 돌아옵니다. 위 신문기사의 주제는 뭘까요? 잠시 집중해서 위 기사를 다시 한 번 읽어보시길 바랍니다. 아마도 위 신문기사의 주제를 이렇게 정리할 수 있을 것입니다.

이글떡볶이 조리법 (어떻게 이글떡볶이를 만드는가)

그렇다면 이 주제는 어디에서부터 시작됐을까요? 바로 '떡볶이'입니다. 위 기사의 주제를 거꾸로 추적하면 다음과 같습니다.

떡볶이	〉	이글떡볶이	〉	이글떡볶이 조리법
(제재)		(제재 확장)		(연구주제 확정)

위 신문기사의 경우, 예능프로그램에서 화제가 된 이글떡볶이라는 특정 요리를 소개하려는 목적이 있습니다. 따라서 제재로써 떡볶이에 대한 확장 없이 곧바로 '어떻게 이글떡볶이를 만드는가!'라는 기사를 쓴 겁니다. 그것이 가능한 것은 위 예능 프로그램에서 제공한 보도자료 등 사전 예비자료가 있기 때문입니다.

처음 소논문을 쓰는 여러분이 위 기사를 쓴 기자처럼 곧바로 연구주제를 확정하여 본문을 쓰기란 쉽지 않습니다. 제재에 대한 고민 없이 연구 주제를 바로 선정 할 수 있는 경우는 해당 분야에 대한 충분한 사전지식이 있는 연구자입니다. 하지만 여러분은 이제 막 소논문을 쓰려고 하는 초보연구자입니다. 지금부터 어떻게 연구주제를 선정하는지 그 과정에 대하여 차근차근 알아보겠습니다.

1.1 연구주제의 시작, 제재(題材)

논증적 글쓰기의 최상위 수준인 논문 쓰기에서 가장 중요한 단계는 연구주제 설정과 그에 따른 목차 구성입니다. 석·박사 학위가 있는 연구자에게조차 언구주제를 선정하는 것은 결코 쉬운 게 아닙니다. 이는 연구자 스스로가 제재에 대한 문제의식과 기존 선행연구에 대한 충분한 사전지식이 있어야 좋은 연구 주제를 선정할 수 있기 때문입니다. 연구 주제를 선정하기 앞서 먼저 생각해야하는 것은 연구 주제의 재료가 되는 제재입니다. 제재(題材)의 정의는 다음과 같습니다.

제재는 예술 작품이나 학술 연구의 바탕이 되는 재료 (표준국어대사전)

제재는 연구주제를 선정할 때 생각해야 할 최소의 단위입니다. 소논문은 바로 이 제재에서 시작합니다. 그렇다면 제재가 무엇인지 가장 쉽게 알 수 있는 방법은 무엇일까요?

내가 무엇에 대하여 소논문을 쓸 것인가를 스스로에게 물어보는 것

이때 '무엇'에 해당하는 것은 대부분 단답형 단어인데 바로 그 '무엇'이 바로 제재입니다. 연구주제를 선정하기 전에 우선 제재에 대해 정확히 이해해야합니다. 이 장은 '무엇을 쓸 것인가'에 대하여 자세히 이야기를 합니다. 이때 '무엇'은 앞서 말한 제재라기보다 연구주제를 말합니다. 지금은 연구주제를 선정하기 위한 첫 단계인 제재를 알아보는 것이지 연구주제를 바로 알아보려는 것이 아닙니다. 즉 제재에 대하여 좀 더 고민하고 소논문을 쓰려는 연구주제를 확장해야 합니다. 이를 정리하면 〈제재⊂연구주제〉로 도식화할 수 있습니다.

1.2 연구주제의 기본형, '무엇의 어떤 점'

산에서 자전거를 타는 것이 취미인 분들이 있습니다. 비탈진 산길을 걷기도 쉽지 않은데 무거운 자전거를 끌고와서 산길을 타는 분들을 볼 때마다 힘들지 않을까란 생각을 해봅니다. 산에서 타는 자전거는 우리가 타는 보통의 자전거와 완전히 다릅니다. 그래서 특별히 산악자전거(MTB)라 부릅니다.

산악자전거 타기가 취미인 분들은 울창한 숲길 사이에 온갖 장애물을 넘

고 힘차게 질주하며 탈 때 느끼는 희열이 참 좋다합니다. 또한 MTB 자체의 기계적 매력도 상당히 커서 주요 부품을 구매해 직접 조립하거나 수리, 정비도 한답니다. 그렇게 좋아하는 MTB를 재제로 소논문을 쓴다면 어떨까요? 아무리 MTB에 관심이 많고 좋아한다 하더라도 MTB하나만 두고 소논문을 쓰려하니 너무 광범위하게 느껴집니다. 더구나 쓰기 위한 내용도 매우 추상적입니다. 그렇다면 여기에 무언가를 더해야 좀 더 분명해질 것 같습니다.

제재인 MTB에다 '어떤 점'을 더해야 소논문을 쓸 수 있는 연구주제로 확대할 수 있을까라는 생각입니다. '무엇'에 '어떤 점'을 더하면 좀 더 구체적으로 됩니다. 연구주제 선정은 제재에다 '어떤 점'을 더해 단어와 단어가 모인 구(phrase, 句)로 구체화하는 작업입니다. MTB를 좋아하는 연구자가 '어떤 점'을 더해 소논문을 쓴다면 다음과 같은 연구주제가 될 것 같습니다.

> - MTB 구동계열 변천사
> - MTB 서스펜션 제작 회사별 특징에 대한 비교 연구

이전보다 좀 더 구체적으로 되었습니다. 이렇게 제재를 구체화한 '무엇의 어떤 점'은 연구주제의 기본형이라 할 수 있습니다. 모든 소논문의 연구주제가 이렇게 표현되는 것은 아니지만 이렇게 출발할 수 있기에 '연구주제의 기본형'이라 부릅니다.

1.3 연구주제 선정을 위한 제재의 확장

제재에서 연구주제로 확장하는 과정을 한 번 예시를 통해 확인해보겠습니다. 여러분과 같은 고등학생이 직접 쓴 소논문의 제목으로, 연구주제와 제재를 거꾸로 따라가 보겠습니다.

- 모래시계에 가장 적합한 물질에 관한 연구 – 2013년 중앙고등학교 연구과제
- 커피 음용 시 카페인의 성인 일일섭취권장량을 고려한 클로로겐산의 다이어트 기대 효과에 관한 연구 – 2013년 우신고등학교 개인과제연구

우선 제목만 보고 제재와 연구주제를 구분할 수 있습니까? 그렇다면 제재와 연구주제의 관계를 분명하게 이해한 것입니다. 그렇지 못했다면 같이 생각해봅시다.

▶ 연구주제 – 모래시계에 가장 적합한 물질에 관한 연구

제목에서 단답형 단어를 추려보니 대략 '모래시계, 물질' 정도입니다. 이 두 단어 가운데 제목을 아우르는 것은 어떤 것일까요? 아무래도 모래시계라고 할 수 있습니다. 그렇다면 위 소논문은 '모래시계'라는 제재에서 시작되었다고 할 수 있습니다. 연구주제의 기본형인 '무엇의 어떤 점'으로 볼 때 '무엇'은 바로 모래시계가 된다는 것이지요.

따라서 제재인 모래시계에 관심이 있다면 아주 다양한 '어떤 점'을 생각할 수 있습니다. 연구자마다 모래시계에 대한 궁금증은 매우 다양합니다. 경우에 따라 국가별 디자인, 모래시계의 역사나 기계적 원리 등이 궁금할 것 같습니다. 그렇다면 위 제목은 모래시계의 '어떤 점'이 궁금하여 연구하고

싶은 것일까요?

지구 중력을 받아 떨어지는 속도를 시간으로 정한 모래시계의 속성을 고려할 때 모래시계의 '재료'로 어떤 물질이 좋은가를 연구하고 싶은겁니다. 그렇다면 '모래시계의 재료'가 연구주제라 할 수 있습니다. 모래시계(제재)〉 모래시계의 재료(연구주제)로 확대된 것입니다.

▶ 연구주제 – 커피 음용 시 카페인의 성인 일일섭취 권장량을 고려한 클로로겐산의 다이어트 기대효과에 관한 연구

제목을 두고 보면 정말 복잡합니다. 앞선 방법처럼 제목의 단답형 단어를 추려봅니다. 이번에는 상당히 많습니다. '커피음용(飮用), 카페인, 성인 일일섭취권장량, 클로로겐산, 다이어트, 기대효과'. 그렇다면 이 단어들 가운데 소논문을 쓰는 연구자 입장에서 관심이나 지적호기심의 대상이 되는 것은 무엇일까요?

커피음용? 성인 일일섭취권장량? 기대효과?

그런데 이 정도의 일반적인 정의(定義)나 내용은 이미 많이 알려졌기에 연구주제로서는 지적 호기심이 생기지는 않을 것입니다. 그러면 '카페인'이나 '클로로겐산'이 남았습니다. 고등학생 수준에서 이들 단어는 쉽게 접할 수 없기 때문에 지적호기심이 충분히 생길 것 같습니다. 여기서 자세히 위 소논문의 제목을 보길 바랍니다. 바로 카페인이나 클로로겐산을 중심으로 두 개의 서로 다른 문장이 있습니다.

〈문장 1〉'커피 음용시 카페인의 성인 일일섭취 권장량을 고려한다.'
〈문징 2〉'클로로겐산의 다이어트 기대효과에 긘하여 연구한다.'

마치 국어 문법을 설명하는 것 같아 복잡한가요? 하지만 이렇게 문장으로 나눠보니 제재에 대한 무게 중심이 분명하게 드러납니다. 연구자는 〈문장 1〉을 '제한된 조건'으로 〈문장 2〉에 대하여 알고 싶은 것입니다. 즉 위 소논문의 제재가 클로로겐산임을 알 수 있습니다. 그렇다면 클로로겐산의 '어떤 점'을 연구하려는 걸까요? 바로 〈문장 2〉에 관심을 둔다면 연구자는 바로 '다이어트 기대효과'가 궁금한 것입니다. 이를 정리하면 다음과 같은 소논문의 연구주제가 됩니다.

> '클로로겐산의 다이어트 기대효과'

그렇다면 〈문장 1〉의 카페인은 무엇이며 어떤 역할을 하는 걸까요? 아마 클로로겐산의 다이어트 효과라는 연구주제가 워낙 광범위할 수 있기 때문에 연구범위를 제한하는 조건 역할을 하는 것입니다. 지금까지 과정을 정리해 본다면 소논문제목은 다음과 같이 확대된 것이라 할 수 있습니다.

> 클로로겐산(제재) 〉 클로로겐산의 다이어트 효과(연구주제)

정답을 거꾸로 추적하는 과정이었기에 약간은 어렵게 느낄 수 있었습니다. 하지만 가만히 생각해보면 제재에 '어떤 점'을 추가하니 연구주제가 된다는 단순한 과정이었습니다.

다음은 여러분이 연구주제를 선정할 때 어떻게 하면 좀더 친숙하게 접근할 수 있을 지를 알아보겠습니다.

1.4 연구주제를 선정하기 위한 조언.

소논문쓰기의 연구주제는 궁금증에서 시작합니다. 연구주제 선정은 소논문의 내용을 결정하는 아주 중요한 요소입니다. 대학생을 대상으로 논문작성법을 쓴 박창원 교수(이화여대)의『논문작성법』에서 논문주제를 정하는데 반드시 스스로에게 물어야 하는 질문을 다음과 같이 정리했습니다. 원문이 대학생을 대상으로 하기에 고등학생 수준으로 바꿔봤습니다.

가. 구상하는 연구주제에 대하여 평소에 관심과 호기심이 있는가?

소논문을 처음 쓰는 고등학생 입장에서 관심과 호기심이 없다면 소논문 연구를 지속적으로 수행하기 어렵습니다. 보고 듣는 데에 익숙한 여러분에게 읽고 쓰는 것은 결코 쉽지 않습니다.

더구나 소논문은 읽고 쓰는 대상이 자신이 하고자 하는 주장을 입증하기 위해 객관적인 근거자료를 가지고 쓰는 논증적 글쓰기입니다. 따라서 관심과 호기심이 있는 연구주제를 선정해야 열정과 의지를 가지고 끝까지 유지할 수 있습니다. '~해야만 하는' 연구주제보다는 '~하고 싶은' 연구주제를 찾아야 소논문쓰기가 즐겁습니다.

나. 구상하는 연구주제는 여러분이 해결할 수 있는 주제인가?

어려운 주제였지만 정말 자신이 연구하고 싶은 주제로 소논문을 쓰려 한 A 학생이 있습니다. 기계를 좋아하는 A의 연구주제는 'K1전차의 완충장치 개선방안' 이었습니다. 그 학생은 단순한 소논문을 쓰기 위한 관심이나 호기심에서 연구주제를 선정한 것이 아니었습니다. 군장비를 만드는 방위산업을 전공하고 싶은 밀리터리 마니아였기에 이 연구주제는 자신의 진로와 관련이 있었습니다.

그런데 이 연구주제는 고등학교 교육과정에서 다룰 수 없어 육군사관학교 도서관에 다양한 참고질문을 통해 필요한 자료 도움을 받았습니다. 나름 진행되는 연구과정에서 자신이 직접 설계하고 실험을 하기 위해 목업(mock up) 금형까지 제작하려 했지만 현실적으로 쉽지 않았습니다. 결국 자신의 제안을 검증을 할 수 없다는 큰 벽 앞에서 멈춰야 했습니다.

아쉬운 결과였습니다. 하지만 그 과정은 상당히 의미가 있었습니다. A의 연구과정을 지도하고 지켜본 입장에서 스스로 해결할 수 없는 한계에 직면해 소논문을 완성할 수는 없었습니다. 그러나 연구 과정이 대단히 성실했기에 연구주제를 선정한 의미는 충분했습니다.

다. 연구할 만한 가치가 있는 주제인가?

소논문쓰기에 있어 누군가를 염두에 두지 않고 쓴다면 자신의 연구주제에 대한 가치는 스스로 판단하면 됩니다. 하지만 결국 여러분이 쓰는 소논문은 발표와 검증을 목표로 하기 때문에 연구주제에 대한 가치는 한 번 생각해봐야 합니다.

이미 널리 알려진 사실을 연구주제로 삼았다면 기존의 연구 성과를 요약하거나 확인하는 정도 밖에 쓸 수 없습니다. 물론 다양한 자료를 고등학생 관점으로 해석하고 정리하는 것만으로도 충분히 의미가 있지만 논문의 성격으로 볼 때 지향할 바는 아닙니다.

연구주제에 대한 가치는 여러분이 객관적으로 판단하기는 쉽지 않습니다. 아무래도 고등학생이 생각하는 연구주제는 학교에서 배우는 교과 수준에서 구상하기 때문입니다. 따라서 연구주제를 선정할 때 관련 교과 선생님을 찾아가 도움을 구하는 것이 바람직합니다. 대학에서도 보통 석·박사 학위논문을 쓰기 위해 선정한 연구주제는 선배나 지도교수로부터 검증을 받습니다.

고등학생인 여러분은 처음 논문을 쓰려고 하는 초보연구자입니다. 선생님을 찾아가는 것을 부담스러워하거나 부끄럽게 생각하지 말아야 합니다. 시행착오를 줄일 수 있는 장점도 있지만 무엇보다 선생님으로부터 받는 조언과 방향 제시는 연구주제에 대한 관심을 확대할 수 있는 다양한 관점을 접하는 계기가 되기 때문입니다.

2. 연구주제를
어떻게 구체화할 수 있을까?

2.1 제재에 대하여 자세히 알기

소논문쓰기의 시작은 '나는 무엇에 대하여 자세히 알고 싶어'라고 했습니다. 그때 '무엇'에 해당하는 것이 바로 제재라고 했습니다. 그러면 지금 여러분 머릿속에 있는 제재를 한 번 열거하거나 상상해보시길 바랍니다.

스마트폰, 반도체, 로켓, 로봇, 줄기세포, 한류, SNS, 복지, 환경, 통일,스포츠, 영화 등.

아마 상당히 광범위하고 추상적일 것입니다. 그런데 그 제재가 여러분이 관심이 있고 좋아하기 때문에 스스로 잘 알고 있다고 생각하기 쉽습니다. 하지만 막상 소논문쓰기를 시작하면 대체적으로 잘 모르는 경우가 많습니다. 좀 더 정확하게 지적하면 여러분이 생각하는 수준의 제재는 친구들과 이야기하는 정도의 수준이지 소논문을 쓸 수 있을 만큼 구체화된 제재가 아닙니다. 그렇다면 지금부터 제재를 어떻게 연구주제로 확대할 수 있는 가를 구체적으로 알아보겠습니다.

연구주제의 출발점인 제재를 찾는 것은 어렵지 않습니다. 소논문쓰기에 참여하는 전제가 바로 제재에 대한 관심, 호기심이기 때문입니다. 제재를 찾는 것은 어렵지 않은데 제재를 구체화하는 과정으로 브레인스토밍을 하고 마인드맵을 그리다보면 금방 그 한계에 직면하게 됩니다. 제재에 대하여 충분히 알고 있다고 생각했는데 그것이 소논문쓰기로 이어질 만큼 지식이 전문적이지 않다는 것입니다. 다시 말해 소논문을 쓰기 위한 수준으로 제재를 확장해야 합니다.

제재의 '어떤 점'에 대하여 연구할 것인가를 정하려할 때 제재 자체에 대한 충분한 정보가 없으면 이 역시 어렵습니다. 그렇다면 어떤 방법으로 제재에 대한 기본 정보를 얻을 수 있을까요?

가. 인터넷 포털의 검색 서비스 활용하기

▶ 기본 검색 활용하기

지금 여러분 머릿속에 떠오르는 다양한 궁금증을 해결하려고할 때 가장 먼저 어떤 방법이 떠오르나요? 아마 십중팔구는 스마트폰을 꺼냅니다. 네이버, 다음, 구글 같은 인터넷 포털에 접속해 검색할 것입니다. 사실 이런 방법은 여러분만 아니라 거의 대부분 그렇습니다. [인터넷 포털이 정보요구를 쉽게 해결할 수 있게 된 가장 큰 이유는 스마트폰을 통해 시간과 공간의 제약을 받지 않고 너무나 쉽게 인터넷에 접근할 수 있기 때문입니다.] 그만큼 지금은 매체와 통신의 발달로 자신이 원하는 제재에 대하여 매우 쉽게 정보를 얻을 수 있습니다.

자, 그러면 인터넷 포털의 첫 화면에 나오는 검색창에 자신이 선정한 제재를 입력하여 원하는 정보를 찾아보기 바랍니다. 제재에 대한 검색 결과는 포털별 검색서비스 분야가 다르기 때문에 결과도 다릅니다. 앞에서 신문기사로 소개한 제재인 '떡볶이'를 검색어로 설정하여 블로그로 한정해서 검색해보았습니다.

〈표 2-1〉 주요 포털 검색서비스 블로그 검색 결과   [cited 2013. 12]

네이버	다음	구글
812,852	약 1,000,000	259,000

어떤가요? 막상 검색결과를 보면 여러 생각이 드는 동시에 착잡합니다. 도대체 저렇게 많은 검색결과 가운데 연구주제 확장을 위해 참고할 내용이 과연 몇 건이나 있을지 걱정이 앞섭니다. 이 점이 여러분이 일반적으로 연구주제 확장을 위해 접근하는 방법인 인터넷 포털 검색서비스의 한계입니다.

게다가 포털의 검색 결과를 두고 우열을 판정할 수도 없습니다. 왜냐하면 포털마다 제재의 검색 범위와 방법이 모두 다르기 때문입니다. 또한 이용자 자신의 정보요구에 대한 충족이나 만족도도 지극히 주관적이기 때문입니다. 따라서 포털마다 다양한 서비스 분야와 그 특징을 고려해 자신이 선정한 제재에 맞는 포털 검색엔진을 사용하는 것이 좋습니다. 〈표 2-2〉는 우리나라에서 많이 이용하는 포털의 검색 서비스 분야입니다.

〈표 2-2〉 주요 포털 검색서비스 분야

네이버	다음	구글
이미지	블로그	어학사전
블로그	사이트	이미지
어학사전	이미지	지도
지식백과	카페	동영상
동영상	지식	뉴스
뉴스	게시판	도서
카페	지도	블로그
사이트	웹문서	게시판
지도	트위터	Q&A
쇼핑	뉴스	애플리케이션
지식iN	뮤직	특허
실시간 검색	동영상	
웹문서	My 소셜	
매거진	전문자료	
뮤직	책	
책	어학사전	
전문정보		
뉴스라이브러리		
오픈캐스트		

나. 인터넷 백과사전 서비스 활용하기

백과사전의 한자어 百科事典에는 숫자 100이 있습니다. 뜻 그대로 해석을 하자면 100가지 종류에 대한 사전이란 뜻입니다. 그러나 다루는 항목을 정확하게 100가지 종류로 한정하는 것은 아닙니다. 백(百)이란 한자어는 '상당히 많다'는 의미로써 사회가 발전할수록 백과사전에서 다루는 분야와 종류는 더 늘어나고 다양해질 것입니다.

인터넷이 등장하기 전에 단답형 제재에 대한 정보를 찾는 일반적인 방법은 무엇이었을까요? 바로 백과사전이라는 정보원을 이용하는 것이었습니다. PC통신이 전부였던 90년대 대학을 다닌 선생님들을 봅시다. 아마 인물이나 역사적 사건에 대한 정보를 찾기 위하여 대부분 도서관 참고열람실에서 백과사전을 찾았을 것입니다. 백과사전은 '학문, 예술, 사회, 경제 따위의 과학과 자연 및 인간의 활동에 관련된 모든 지식을 압축하여 부문별 또는 자모순으로 배열하고 풀이한 책'(표준국어대사전)을 말합니다.

백과사전은 단답형 단어로만 원하는 정보를 찾을 수 있습니다. 백과사전에서 정보를 찾을 때는 '떡볶이의 종류'와 같이 단어(떡볶이)와 단어(종류)가 결합된 구(句)로 접근할 수 없다는 점입니다. 백과사전 역시 국어나 영어사전처럼 사전의 한 종류이기 때문에 표제어는 단답형 단어로 한정됩니다. 그렇다면 단답형 단어로만 정보를 검색할 수 있다는 것이 꼭 단점일까요? 먼저 '떡볶이'라는 동일한 단답형 제재를 검색어로 설정했다고 가정합시다. 백과사전의 경우 표제어로 등재되었다면 1건에 대하여 잘 정리된 정보를 찾을 수 있습니다.

하지만 인터넷 포털 검색서비스는 〈표 2-1〉에서 보는 것처럼 최소 26만 건에서 최대 100만 건의 정보를 찾을 수 있습니다. 어떤 것이 좋습니까?

제재와 관련해 필요한 정보만 수록한 백과사전입니까? 수 십만 건의 정보를 직접 찾아야 하지만 다양한 내용을 담고 있는 인터넷 포털 검색서비스입니까? 이에 대한 정답은 없습니다. 연구자의 상황에 따라 필요한 방법을 선택하면 됩니다. 다만 제재에 대한 정보를 얻기 위해 백과사전을 이용한다면 제재가 표제어로 등재되었는가 여부를 확인해야 합니다.

종이책으로 출판된 백과사전은 접근성, 휴대성, 최신성이 떨어집니다. 그러다보니 자연스럽게 인터넷 홈페이지나 스마트폰 어플 등으로 다변화하는 경우가 많습니다. 세계최고의 백과사전인 『브리태니커 백과사전(Encyclopaedia Britannica)』은 1999년 인터넷을 통한 온라인 서비스를 제공하기 시작했는데 출판한 지 244년만인 2012년 3월 종이책 출판을 중단했으니까요. 학생들이 제재를 확장하기 위해 참고할 수 있는 대표적인 인터넷 백과사전으로는 '위키피디아'와 '네이버캐스트'가 있습니다.

▶ 위키피디아

인터넷을 통해 접근할 수 있는 백과사전 서비스로 가장 대중적인 것이 위키피디아(http://ko.wikipedia.org/wiki/)입니다. 위키피디아는 표제 항목에 대해 누구나 자유롭게 글을 쓸 수 있는 사용자 참여형 온라인백과사전입니다. 누구나 표제항목 집필을 할 수 있는 개방성은 악의적인 편집, 부정확한 내용, 책임성의 부재 등의 문제가 따릅니다. 하지만 다양한 방면의 지식이 방대한 분량으로 자세히 수록되었고 내용에 대한 끊임없는 수정과 검증을 통해 한계를 극복하려 하기에 많이 이용되고 있습니다.

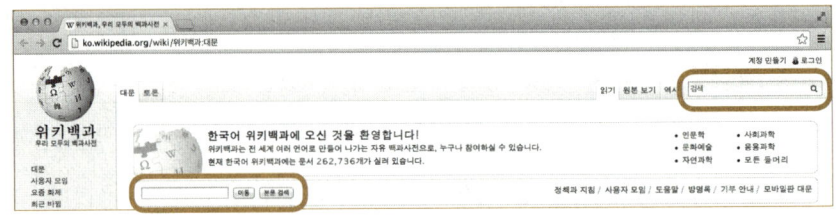

〈그림 2-1〉 위키피디아 첫 화면

첫 화면에는 인터넷 포털의 검색서비스와 마찬가지로 제재를 입력할 수
있는 검색창이 있습니다. 이 검색창에 제재를 입력하면 〈그림 2-2〉와 같
이 본문 내용과 목차가 나옵니다. 따라서 제재에 대하여 자신이 잘 모르는
부분만 선택해서 읽으며 제재를 확장하는데 활용할 수 있습니다.

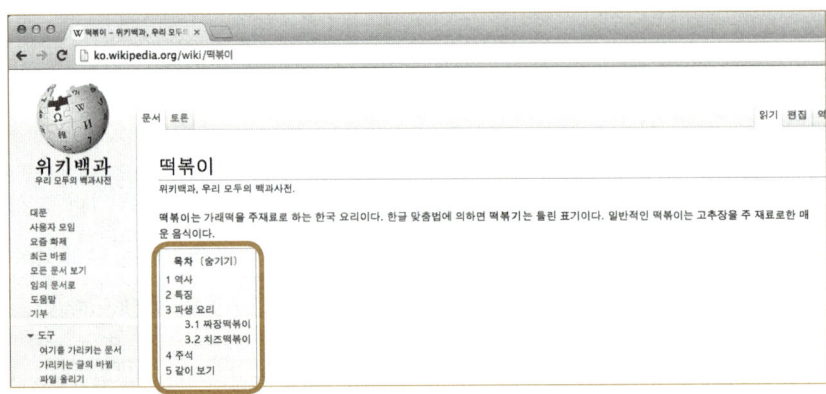

〈그림 2-2〉 위키피디아 본문 내용—목차

여기서 중요한 것은 위키피디아 본문을 읽을 때 출처 유무를 확인하는 것
입니다. 위키피디아는 본문 내용에 대한 객관성과 전문성이 부족하다는
한계를 극복하기 위하여 본문 내용의 출처 등을 분명히 밝히고 있습니다.

따라서 위키피디아 본문을 참고하여 제재에 대한 기본 정보를 확장하려면 출처여부 등을 꼭 확인해야 합니다.

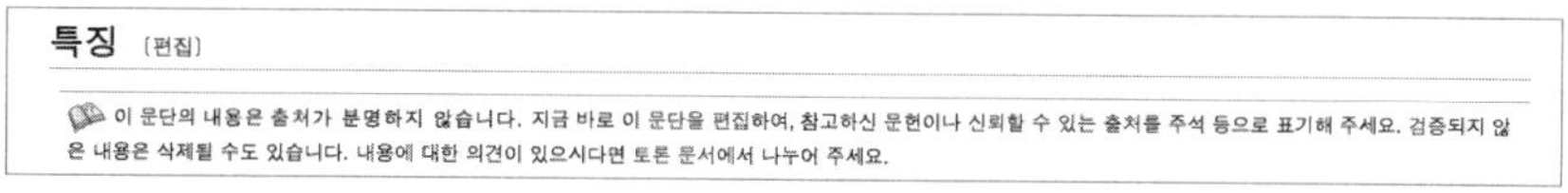

특징 [편집]

이 문단의 내용은 출처가 분명하지 않습니다. 지금 바로 이 문단을 편집하여, 참고하신 문헌이나 신뢰할 수 있는 출처를 주석 등으로 표기해 주세요. 검증되지 않은 내용은 삭제될 수도 있습니다. 내용에 대한 의견이 있으시다면 토론 문서에서 나누어 주세요.

〈그림 2-3〉 위키피디아 본문 내용

내용에 따라 〈그림 2-3〉과 같이 '출처가 분명하지 않고 없음'에 대한 안내가 나오는데 이런 내용은 참고해서는 안 됩니다. 출처가 불분명한 내용은 별도의 다른 정보원을 통해 검증을 받은 후에 제재에 대한 내용으로 정리해야 합니다.

▶ **네이버캐스트**

우리나라 인터넷 포털이 외국과 많이 다른 점이 있습니다. 바로 다양한 상품이 한 장소에 진열된 백화점처럼 이용자가 원하는 다양한 서비스를 포털 안에서 제공한다는 것입니다.

컴퓨터나 스마트폰에 google.com이니 yahoo.com의 외국 포딜과 naver.com이나 daum.net의 국내 포털 첫 화면을 비교해보시면 차이를 분명히 확인할 수 있습니다.

그리고 그 서비스 중에 많이 사용되는 분야가 〈지식검색 서비스〉입니다. 초기 지식검색 서비스는 이용자가 궁금한 것을 질문하고 또 다른 이용자가 그것에 답변을 하는 게시판 수준에서 시작했습니다. 그런데 점점 지식검색 서비스에 대한 수요가 늘어나자 주요 포털에서 질문을 유형별로 체계화하고 전문가가 정보를 제공하는 서비스를 개설하여 많은 호응을 받고 있습니다. 그 대표적인 것이 네이버캐스트(http://navercast.naver.com/)입니다.

네이버캐스트는 가장 많이 검색되거나 주요 이슈가 되는 표제어를 주제별/기획별로 분류해서 제공하는 지식서비스입니다. 네이버캐스트에서 제공되는 캐스트(표제별 정보)는 주제별/기획별로 최소 주 1회에서 주7회까지 정기적으로 판올림 되기에 최신 지식을 파악할 수 있습니다. 네이버캐스트는 위키피디아와 같은 백과사전이 아니기에 검색되는 항목의 수는 적습니다. 하지만 자신이 선정한 제재가 속한 주제를 정확하게 안다면 주제 안에서 다양한 방법으로 추가 정보를 얻을 수 있습니다.

예를 들어 '떡볶이'란 제재를 검색어로 정해 원하는 캐스트가 있는지를 찾을 수도 있습니다. 그런데 떡볶이란 제재가 음식이란 주제에 속하기에 음식관련 주제의 캐스트를 더 찾아보면 관련 정보를 더욱 다양하게 얻을 수 있습니다. 이런 식으로 선정한 제재가 주제별/기획별 범주에서 다뤄진다면 다른 어떤 정보원보다 제재를 확장하는데 유용할 수 있습니다.

네이버캐스트 첫 화면입니다. 위키피디아와 같이 현재는 좌측 상단에 원하는 정보를 입력할 수 있는 검색창이 있습니다. 여기에 단답형 단어인 제

〈그림 2-4〉 네이버캐스트 첫 화면

재를 입력해 네이버캐스트에 등록된 정보를 확인할 수 있습니다. 좌측에는 네이버캐스트에 등록된 정보캐스트를 [기획별]/ [주제별]로 분류해 서비스하고 있습니다. 검색된 캐스트마다 내용이 관련이 있는 또 다른 캐스트로 연결해주는 연관캐스트를 제시해 제재와 관련된 추가정보를 얻을 수 있다는 점이 제재 확장에 유용하게 활용할 수 있습니다.

소논문쓰기에서 네이버캐스트를 활용한다면 제재를 직접 검색창에 입력해 해당 캐스트를 검색하여 필요한 정보를 얻을 수 있습니다. 또 다른 방법으로 제재가 포함된 관심분야가 네이버캐스트의 [기획별]과 [주제별] 분류에 속했는가를 통해 제재관련 분야에 대한 정보를 얻는 방법입니다.

〈표 2-3〉 네이버캐스트 분류영역

기획별	주제별
건축기행	건강/의학
공연스테이지	기관/단체
교양 경제학	기술/공학
매일의 디자인	동물/식물
상식백과	문화예술
스포츠 월드	사회과학
아름다운 한국	생활/레저
옛날신문	역사
오늘의 과학	인문과학
오늘의 문학	인물
오늘의 미술	자연과학
오늘의 심리학	지역/지리

오늘의 집	컴퓨터/통신
오늘의 체조	
오늘의 클래식	
인물과 역사	
지구촌 산책	
철학의 숲	
취미의 발견	
키친 스페셜	
테마와 리스트	
테크놀로지월드	
포토 스페셜	
화제의 인물	

다. 원문정보서비스 활용하기

▶ KRpia – 한국의 지식 콘텐츠

원문정보서비스는 영역과 항목의 전문성 때문에 무료서비스인 위키피디아와 네이버캐스트와 달리 유료서비스가 많습니다. 현재 고등학교 수준에서 인문계열 학생들의 소논문쓰기에 많이 활용되는 원문정보서비스는 〈한국의 지식컨텐츠 KRpia(www.krpia.co.kr)〉가 대표적입니다.

KRpia는 백과사전과 원문DB가 결합된 인문사회과학계 원문정보서비스입니다. 소논문쓰기에 활용할 수 있는 분야는 역사/예술/한국문화/총서류/사회과학/문학/철학사상/자연동식물·과학/한의학/종교·신화/인물 등 전체 11개 주제로 분류해 327종의 컨텐츠를 제공하고 있습니다. 이들 11개 주제는 고등학교 수준의 소논문쓰기 영역을 모두 포함할 만큼 방대합니다.

특히 KRpia와 같은 원문정보서비스는 논증자료로 활용하기 위해 반드시 검증을 해야 하는 위키피디아, 네이버 지식iN 등 인터넷 지식 검색과 달리 학계의 검증받은 컨텐츠란 점입니다.

〈그림 2-5〉 KRpia의 첫화면

전문분야 지식서비스의 경우 원하는 정보를 찾기가 쉽지 않습니다. 하지만 KRpia는 소장 컨텐츠에 대한 다양한 색인을 키워드로 검색할 수 있도록 선택사항을 두었기때문에 제재에 대한 다양한 정보를 쉽게 찾을 수 있습니다. KRpia의 검색화면에서 선택할 수 있는 '키워드'가 바로 단답형 단어로 제재와 일치하기 때문에 원하는 관련 자료를 바로 찾을 수 있습니다. 제재를 키워드로 설정하여 관련 분야의 다양한 컨텐츠를 직접 검색할 수 있다는 점에서 KRpia는 제재 자체에 대한 정보를 얻는데 유용하게 활용할 수 있습니다.

2.2 제재를 연구주제로 확장하기

지금까지 제재에 대한 정보를 얻기 위해 자세히 파악했다면 이제는 그 제재의 '어떤 점'을 소논문으로 쓸 것인가를 생각해야 합니다. 제재와 관련된 다양한 정보를 파악하는 과정에서 여러분이 관심이 가고 좀 더 자세하게 알고 싶은 제재의 '어떤 점'을 찾아야 합니다. 선정한 제재를 좀 더 확장할 수 있는 다양한 방법을 알아보겠습니다.

가. 연관검색어를 통해 제재 확장하기

여러분이 어떤 의문이나 문제를 가장 쉽게 해결하는 방법으로 활용하는 것이 인터넷 포털 검색입니다. 인터넷 포털 검색창에는 즉답형 문제(ready reference question)에 대한 활용 이외에 연관검색어를 미리 찾아주는 '자동완성/서제스트'란 기능이 있습니다.

쉽게 말해 이용자가 검색하려는 단어와 직접적으로 연관이 있는 주제어를 인터넷 포털이 미리 안내해주는 것입니다. 이런 연관검색어 기능은 인터넷 포털에서 아무렇게나 연결하는 것이 아닙니다. A라는 검색어를 찾은 후 그 결과들 가운데 이용자가 클릭한 횟수, 즉 페이지 뷰를 기반으로 연관검색어를 설정합니다. 또한 주기적으로 갱신되기에 나름 의미가 있습니다. 그리고 연관검색어는 인터넷 포털마다 모두 다 다릅니다.

인터넷 포털에서 연관검색어는 어떻게 확인할 수 있을까요? 우선 주요 인터넷 포털 사이트 검색창에 검색어 '논문'을 입력했습니다. 〈그림 2-6〉과 같이 팝업처럼 검색어 '논문'을 포함한 또 다른 다양한 검색어가 나타납니다. 이 검색어들은 자사(自社)에서 정한 기준을 토대로 검색어 '논문'과 직접적으로 관련이 있다고 예상해 이용자가 참고하라고 알려주는 연관검색어입니다.

〈그림 2-6〉 네이버 연관 검색어

앞 본문에서 예시를 들었던 제재들 (산악자전거/떡볶이/모래시계/클로로겐산)이 주요 포털에서 어떤 연관검색어로 확대되는지 확인해보겠습니다. 포털 검색서비스는 네이버를 설정했으며, 기준일은 2013년 12월입니다.

우선 산악자전거와 떡볶이란 제재를 두고 연관검색어를 찾았습니다. 이들 검색어는 제재와 연구주제 선정에 대한 설명을 위해 임의로 정한 것이었습니다. 먼저 제재 '산악자전거' 연관검색어를 검토해 보겠습니다.

대략 14개의 연관검색어를 확인할 수 있는데 연구주제까지 확장이 가능한 연관검색어를 찾아본다면 '산악자전거 기술, 의류, 용품 종류' 정도가 될 것입니다. 이들 연관검색어는 제재를 확장하는데 많은 도움이 될 수 있습니다.

- 산악자전거를 타는데 어떤 기술이 필요한가?
- 그런 기술이 근력 형성에 어떤 영향을 미칠까?
- 산악자전거를 탈 때 외부 충격으로부터 보호받을 수 있는 용품은 무엇이며 어

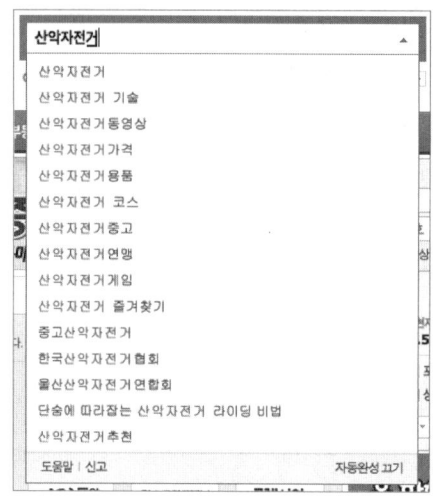

〈그림2-7〉 네이버 연관 검색어 예시

떤 기술이 적용이 되었을까?

- 기능성 의류로써 산악자전거 의류는 어떤가? 등

연관검색어를 중심으로 다양한 질문을 해보며 연구주제로 확장 가능성을 확인할 수 있습니다. 떡볶이 역시 마찬가지입니다. 연관검색어를 중심으로 다양한 질문을 한다면 연구주제로 확장이 가능합니다.

하지만 '모래시계'와 '클로로겐산'의 연관검색어 결과를 본다면 모든 제재가 연관검색어를 통해 확장되진 않는다는 점도 알 수 있습니다.

제재 '모래시계'는 '모래시계의 재료'로 연구주제가 확장되어 「모래시계에 가장 적합한 물질에 관한 연구」란 소논문 제목으로 이어졌습니다. 그렇다면 모래시계란 검색어를 연관검색어로 설정했을 때 '모래시계의 재료'까지 제재를 확장할 수 있어야 합니다. 그렇게 확장할 수 있는 단서가 연관검색

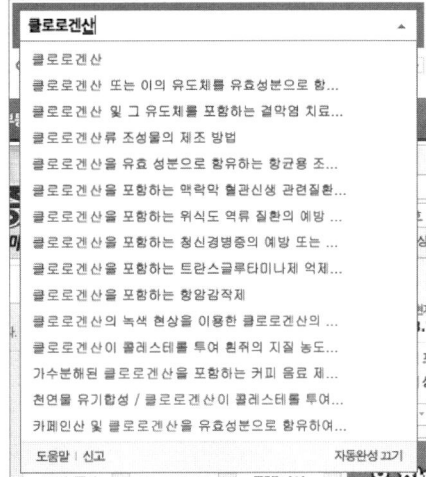

〈그림2-8〉 네이버 연관 검색어 예시

에서 찾을 수 있다면 도움을 얻을 수 있습니다.

하지만 〈그림2-8〉에서 보는 것과 같이 모래시계의 연관검색어들은 연구주제 '모래시계의 재료'로 확장할 수 있는 단서는 거의 없습니다. 오히려 네이버 검색서비스 이용자들에게 모래시계하면 예전에 선풍적인 인기를 끌며 방영된 TV 드라마 '모래시계(1995년 작)'가 먼저 떠오르고 그와 관련된 정부가 검색됩니다.

또 다른 제재 '클로로겐산'은 어떨까요? '클로로겐산의 다이어트 효과'로 연구주제가 확장되어 「커피 음용 시 카페인의 성인 일일섭취 권장량을 고려한 클로로겐산의 다이어트 기대효과에 관한 연구」라는 소논문 제목으로 이어졌습니다. 14개에 이르는 연관검색어는 대부분 전문연구 논문제목입니다. 사실 검색어인 클로로겐산은 그 자체가 일반인에겐 생소합니다. 그렇기 때문에 연관검색이가 모두 전문용이로 구성된 것입니다.

모래시계는 동 제목의 TV 드라마가 연관검색어를 독점했고, 클로로겐산은 일반인들이 접근하기 어려운 특정분야의 전공용어입니다, 모두 제재에서 연구주제로 확장할 수 있는 단서를 찾기가 쉽지 않습니다. 그러면 다른 포털에서는 어떨까요?

〈표 2-4〉는 포털검색 서비스 다음과 구글의 연관검색어 결과입니다. 어떤가요? 연관검색어 수 자체도 차이가 있지만 서비스 성격으로 볼 때 네이버의 연관검색어와 큰 차이 없습니다. 모래시계의 경우 네이버와 마찬가지로 대부분 TV 드라마와 직접적으로 관련이 있었고, 클로로겐산의 경우

〈표 2-4〉 다음과 구글의 연관검색어 예시

Daum.net		Google.com	
모래시계-13건	클로로겐산-0건	모래시계-2건	클로로겐산-0건
모래시계 OST		모래시계 OST	
모래시계 아역		모래시계 다시보기	
모래시계 백학			
모래시계 동영상			
모래시계 1회			
모래시계 주제곡			
모래시계 줄거리			
모래시계 시청률			
모래시계 만들기			
모래시계 커튼			
모래시계 홍준표			
모래시계 고현정			
모래시계 이정재			

에는 연관검색어가 한 건도 나오지 않았습니다. 포털의 성격은 다르더라도 검색서비스를 이용하는 이용자의 관심 수준이 거의 비슷함을 알 수 있습니다. 연관검색어를 통해 제재를 확장할 때에는 제재 성격에 따라 편차가 크다는 것을 알 수 있습니다.

나. 브레인스토밍을 통한 연구주제 파악하기

창의적 아이디어를 모을 때 많이 사용하는 방법 중에 하나가 브레인스토밍(brainstorming)입니다. 교육심리학용어사전(2000)은 브레인스토밍을 아래와 같이 정의합니다.

> 두뇌에 폭풍을 일으킨다는 의미로 기발하고 창의적인 아이디어를 얻는 방법이다. 당면한 문제를 해결함에 있어서 판단이나 비판을 하지 않고 머리 속에 떠오르는 아이디어들을 종이에 적거나 말로 표현해 본 후 자유연상을 통하여 아이디어들을 결합시키거나 개선하여 논리적으로 체계화시켜 나가는 방법이다. 연구자로서 연구의 주제 등을 결정해야 하는 문제, 또는 문제를 해결해야 하는 상황에 처했을 때 연구자는 혼자서 또는 자신의 동료 등과 함께 모여 머리에 스쳐 가는 모든 아이디어들을 수집하여 문제의 해결을 시도할 수 있디.

사실 브레인스토밍은 새롭거나 어려운 방법은 아닙니다. 혼자 해도 좋지만 될 수 있는 한 동일 제재에 대해 여러 사람이 함께 하는 것이 효과적이라는 점입니다. 이때 중요한 것은 제재에 대한 서로의 정보를 공유하기 위해 이야기하거나 논의하지 않는 것이 원칙입니다. 그렇다면 브레인스토밍은 어떻게 하는지 알아보겠습니다.

▶ 1단계 : 내가 아는 모든 정보를 표현하기

브레인스토밍은 규격화된 양식이 없습니다만 최소한 시각적으로 표현할
수 있는 종이 한 장은 필요합니다. 그 종이에 제재와 관련이 있다고 생각
하는 모든 정보를 적습니다. 단어도 좋습니다. 또 구(句), 문장으로 표현해
도 좋습니다. 아주 소소한 것이라도 그것이 제재와 관련 여부의 중요성을
떠나 무조건 적습니다.

브레인스토밍 원어의 뜻처럼 제재와 관련하여 머릿속에서 폭풍처럼 떠오
르는 모든 것을 대상으로 합니다. 다시 강조하지만 제재와 관련 여부에 대
한 가치(價値)를 판단할 필요가 없습니다. 질(質)보다는 양(量)이 중요합니
다. 어느 CF 광고 문구처럼 '묻지도 따지지도 말고' 제재와 관련된 모든 정
보를 모아봅니다. 브레인스토밍은 낙서와 비슷합니다.

▶ 2단계 : 상대의 정보와 비교해 보기

브레인스토밍은 혼자 하는 것보다 동일제재를 두고 여러 사람이 하는 것이
효과적이라고 했습니다. 미처 내가 생각하지 못한 정보를 상대가 생각할
수 있기 때문입니다. 제재에 대해 상대가 적어놓은 다양한 정보를 상호 비
교합니다. 그리고 제재와 관련하여 자신이 미처 생각하지 못한 정보를 상
대가 알고 적었다면 그것들이 어떤 것인지 추려서 더 적어보길 바랍니다.

▶ 3단계 : 질문을 통한 상대의 배경지식 확인하기

이제 같은 제재로 브레인스토밍을 한 상대방과 다양하게 이야기를 나눠
보세요. 자신이 생각하지 못한 제재에 관련 정보가 있다면 정리해보세요.
그리고 그것이 제재와 어떤 관련이 있는지 질문하여 확인해보길 바랍니

다. 질문을 통해 배경지식을 확인하는 동안 좀 더 많은 정보와 단서를 얻을 수 있습니다.

이와 같이 브레인스토밍은 같은 제재를 두고 미처 자신이 생각하지 못한 또 다른 정보를 함께 공유할 수 있습니다. 이렇게 소논문의 주제 선정은 제재를 좀 더 구체화할 수 있는 정보를 가능한 한 많이 모아야 합니다. 그리고 더욱 중요한 것은 직접 작성해보고 상대에게 질문해봐야 한다는 것입니다. 수학문제를 눈으로 풀면 실력이 늘지 않는 것과 똑같습니다.

다. 마인드맵을 통한 연구주제 정리하기

위키피디아는 마인드맵(mind map)을 마치 지도를 그리듯이 자신이 지금껏 배웠던 내용이나 자기 관리 등을 할 수 있는 방법으로 정의합니다. 기록을 하면 시야가 넓어지고, 적는 습관은 두뇌의 종합적 사고를 키우는 장점이 있기에 많이 사용됩니다. 주제를 한 눈에 파악하거나 정리할 때 유용하게 사용되는 마인드맵은 이미 고등학생인 여러분도 많이 해봤을 것입니다. 구체적인 예를 통해 작성하는 방법과 이를 어떻게 활용하는지 알아보겠습니다. '애플'(Apple.Inc)이란 IT 회사를 들어보셨을 겁니다. 이 애플을 중심제재로 두고 마인드맵을 작성하는 과정을 살펴보겠습니다. 중심제재인 [애플]을 생각했을 때 다양한 관련 단어들이 떠오를 겁니다.

- 애플에서 만든 휴대폰을 쓴다면 [아이폰]을 연상
- 애플에서 만든 mp3 player를 가지고 있다면 [아이팟]을 연상

이 두 제품을 각각 연결관계를 고려해 묶는다면 [애플] 〉 [아이폰]과 [애플] 〉 [아이팟]이 됩니다. 그렇다면 [아이폰]과 [아이팟]의 공통점이 없을까요? 공통점이 있어 그것을 별도의 항목으로 설정해 '중간고리'에 넣을 수 있다면 둘로 나뉜 연결 관계를 하나로 묶을 수 있습니다.

[애플] 〉 [중간고리] 〉 [아이폰] / [아이팟]

공통점을 두지 않았을 때에는 [애플] 〉 [아이폰]과 [애플] 〉 [아이팟]으로 둘로 나뉘지만 [하드웨어]라는 공통점을 중간고리로 넣어 연결관계를 정리한다면 좀 더 단순해지고, 항목간의 위계(位階)가 분명합니다.

[애플] 〉 [하드웨어] 〉 [아이폰] / [아이팟]

꼭 애플에서 생산하는 기기가 아니더라도 관련 인물을 생각할 수도 있습니다. 그렇다면 2011년 세상을 떠난 설립자 [스티브 잡스]가 먼저 생각나겠죠. 그의 전기나 영화를 봤다면 같은 창업자이자 친구인 [스티브 워즈니악]도 떠오를 겁니다. 아니면 애플사의 라이벌 회사인 [마이크로소프트]와 [구글]을 생각할 수도 있습니다. 이렇게 찾은 다양한 항목들 역시 연결관계를 고려해 묶는다면 다음과 같이 정리할 수 있습니다.

[애플] 〉 [관련인물] 〉 [스티브 잡스] / [스티브 워즈니악]
[애플] 〉 [경쟁관계] 〉 [마이크로소프트] / [구글]

앞서 살펴본 브레인스토밍은 제재와 관련이 있는 모든 정보를 모으는 것이 중요했습니다. 상대가 제시한 제재관련 정보에 대하여는 가치를 판단하지 말고 무조건 많이 모으자고 했습니다. 그래서 브레인스토밍에서는 질보다 양이 중요하다고 했습니다.

즉 마인드맵에서는 중심제재와 관련된 정보를 모두 모은다는 점에서 브레인스토밍과 같지만 정보들 사이의 상관관계를 고려하여 공통점으로 묶어 상하 또는 포함관계로 위계를 세운다는 점에서 차이가 있습니다. 지금까지 [애플]이란 중심제재를 두고 마인드맵을 작성하는 방법에 대하여 이야기를 해봤습니다. 그렇다면 실제로 이를 마인드맵으로 만들어보면 어떨까요?

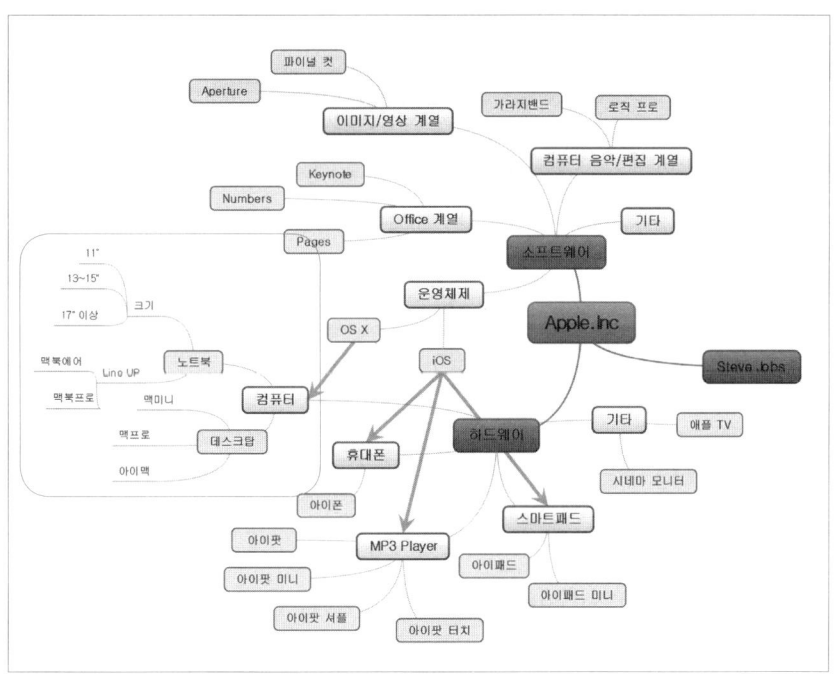

〈그림 2-9〉 마인드 맵 예시 : 중심제재 [애플]

위의 마인드맵에서 약간 오른쪽으로 치우쳤지만 가운데에 [애플 Apple. Inc]란 중심제재가 있습니다. 가운데에 있는 [애플 Apple.Inc]을 중심으로 밖으로 멀어질수록 좀 더 세분화된 정보라 할 수 있습니다. 마인드맵에서 중요한 것은 중심제재에서 소항목으로 확대될 때 얼마나 많은 나뭇가지를 치듯 다수의 하위항목을 확보하느냐 입니다.

하위항목이 많으면 많을수록 중심제재와 관련된 정보가 많아진다는 의미이며, 이들 정보는 연구주제로 확장하는데 참고할 수 있는 자료가 됩니다. 항목 간의 위계를 좀 더 자세히 살펴보기 위하여 위 마인드맵의 한 꼭지만 떼어내 아래의 표와 같이 정리해봤습니다.

〈표 2-5〉 표를 통한 마인드맵의 위계 정리

| 〈대항목〉 | | | | | 〈소항목〉 |
①	②	③	④	⑤	⑥
애플	하드웨어	컴퓨터	데스크탑	분리형	맥프로
					맥미니
				일체형	아이맥
			노트북	line-up	맥북에어
					맥북프로
				크기	11″
					13~15″
					17″이상

〈표 2-5〉는 대항목 〉소항목으로 세분화하는 과정을 보기 쉽게 표로 정리한 것입니다. [애플]이라는 제재는 [하드웨어]를 두고 볼 때 4단계의 하위항목으로 세분화할 수 있습니다.

[컴퓨터] 〉 [데스크탑] 〉 [분리형] 〉 [맥프로]

마인드맵 그림을 보면 이런 식의 세분화된 항목이 [하드웨어]란 공통점에 모두 8개의 하위항목이 있습니다. 여러분들은 이미 항목①에서 항목⑥까지 이미 결론이 난 마인드맵을 보고 있습니다. 하지만 실제로 직접 마인드맵을 작성할 때에는 항목①에서 항목②로 한 단계 넘어가는 세분화하는 과정에서 항목 간 연관성 등에 대하여 많이 고민해야 합니다. 바로 그 고민이 제재를 확장하는 과정과 직접적으로 관련이 있기 때문입니다.

〈그림 2-9〉나 〈표 2-5〉는 마인드맵을 설명하기 위해 [애플]이라는 아주 간단한 제재를 두고 마인드맵을 작성한 것이지만 여러분이 소논문을 쓰기 위해 선정한 제재는 이와 같이 간단하지 않을 것입니다.

다음으로 마인드맵을 작성할 때 놓치면 안 되는 것이 있습니다. 바로 대항목에서 소항목으로 확장해 가지를 뻗을 때 항목 사이의 타당성입니다. 〈그림 2-9〉의 마인드맵을 [애플] 〉 [하드웨어] 〉 [스티브 잡스]로 세분화했다면 어떤가요? 한 번 생각해보시기 바랍니다.

하드웨어의 사전적 정의는 '컴퓨터를 구성하는 기계장치의 몸체를 통틀어 이르는 말'(표준국어대사전)입니다. 그렇디면 [하드웨어] 다음에 세분화된 하위항목으로서 [스티브 잡스]는 타당하지 않습니다.

잘 아시는 것처럼 [스티브 잡스]는 [애플]의 창립자이기 때문에 [하드웨어] 항목에 포함될 수 없습니다. 중심제재에서 하위 항목으로 연결 관계를 고려해 점차 확대될 때에 다수의 소항목 확보와 함께 항목 간의 타당성도 함께 검토해야 함을 잊어서는 안 됩니다. 이런 훈련은 소논문쓰기에서 가장 중요한 단계인 목차구성과 식섭적으로 관련이 있습니다.

연구주제는 결국 소논문의 목차로 표현되어야 합니다. 〈표2-6〉의 〈학교 옥외 쉼터 조성에 관한 연구〉란 제목으로 쓴 소논문의 목차로 본다면, [Ⅱ 본론] 〉 [1.조성의 필요성] 〉 [가. 학생들의 여가활동 시간 부족]처럼 모두 3개 항목으로 구성되었음을 알 수 있습니다. 앞선 [애플]이란 제재를 두고 마인드맵을 작성했을 때보다 항목수는 적지만 단어가 중심이 아니라 단어와 단어가 연결된 구(句)의 형식으로 이뤄져 더 복잡합니다. 즉 여러분들이 연구주제를 두고 최종적으로 써야 할 목차는 이런 형식이 됩니다.

〈표 2-6〉 목차 구성에 있어서 위계 간의 타당성 (2010 수능)

연구주제 : 학교 옥외 쉼터 조성에 관한 연구
Ⅰ. 서론
Ⅱ. 본론
1. 조성의 필요성
가. 학생들의 여가활용 시간 부족
나. 자연 친화적 성격의 공간 요구
2. 조성의 장애요인
가. 학교 휴식 공간에 대한 사회적 무관심
나. 자연 친화적 공간 활용 계획 수립
다. 재원 확보의 어려움

마인드맵을 작성할 때 항목과 항목 사이의 타당성을 고려해야 한다고 강조했습니다. 마인드맵을 작성할 때 항목 간 확대에서 타당성을 고려했다면 〈표2-6〉의 소논문 목차에서 연결 관계가 타당하지 않은 것이 있다는 것을 바로 찾을 수 있습니다. 그렇다면 〈표 2-6〉의 소논문 목차에서 항목 사이의 위계 즉, 연결 관계를 고려했을 때 타당하지 않은 항목은 무엇일까요?

[II 본론 / 2. 조성의 장애요인]
학교옥외쉼터를 조성하는데 장애가 되는 것들은 이 항목 아래 모아야 함.

[가. 학교 휴식 공간에 대한 사회적 무관심]
[다. (학교 휴식 공간 조성을 위한) 재원 확보의 어려움]
⇨ 바로 학교 옥외 쉼터를 조성하는데 장애가 됨(O)

[나. 자연 친화적 공간 활용 계획 수립]
⇨ 학교 옥외 쉼터를 조성하는데 상관이 없어 위계 관계가 성립되지 않음(×)

[애플] 〉 [하드웨어] 〉 [스티브 잡스]가 항목과 항목 사이의 연결 관계가 타당하지 않음을 정확하게 알고 있다면 〈표 2-6〉처럼 목차를 작성할 때 연결 관계를 정확하게 짚을 수 있을 것입니다.
다시 마인드맵으로 돌아오겠습니다. 마인드맵 자체를 작성하는데 의미를 두지 마십시오. 마인드맵을 설명한 블로그 등을 보면 상당히 화려한 예시들이 참 많습니다. 소논문쓰기에 있어 마인드맵은 중심제재에 대한 다양

한 정보를 얻고 그것들의 공통점과 각각의 항목마다 상관관계를 정리하는
작업입니다.

기억하시기 바랍니다. 소논문쓰기에 있어서 마인드맵은 중심제재를 가운
데 두고 그것과 관련된 모든 항목들을 추출해 연결 관계를 고려해 꼬리에
꼬리를 물어 확대하는 것입니다. 이 과정에서 연구주제로 확대할 수 있는
많은 단서를 얻을 수 있습니다.

3. 친구들은 어떻게 '연구주제'를 구체화했을까?

X 금까지는 소논문쓰기의 첫 발걸음인 '연구주제 선정과 확대'에 대하여 알아봤습니다. 아직도 막연한 연구주제 선정에 대하여 가장 정확하고 빠르게 이해할 수 있는 방법은 여러분과 같은 또래 친구들이 직접 연구주제를 구체화하는 과정을 살펴보는 것입니다.

3.1 제재에서 연구주제로 확장한 구체적 사례

연구주제 선정은 소논문을 쓰려는 대상, 즉 제재에 대한 다양한 정보를 확보하고 그것들 가운데 내가 관심있는 영역이 무엇인가를 찾아 연구주제의 기본형인 '무엇의 어떤 섬'으로 표현해야 한다고 했습니다. 세새인 '무엇'에 대한 정보를 최대한 얻기 위한 방법으로 브레인스토밍과 마인드맵을 소개했습니다. 그렇다면 실제로 어떻게 제재에서 연구주제로 확장했는가 구체적인 사례를 살펴보겠습니다.

가. 브레인스토밍을 통해 제재 정보를 한 눈에 파악하기

'역사'에 대한 관심이 있는 두 명의 고등학생이 대한제국을 제재로 소논문을 쓰려합니다. 우선 위키피디아, 네이버캐스트, KRpia 등과 같은 정보원에서 대한제국에 대한 기본정보를 확인합니다. 정보원을 보는 시각이 저마다 틀리기 때문에 받아들인 정보도 다릅니다. 이런 배경을 토대로 브레인스토밍을 통해 어떻게 제재에 대한 정보를 확장할 수 있는가를 확인하겠습니다.

▶ 1단계 : 내가 아는 모든 정보를 표현하기

브레인스토밍의 첫 단계는 자신이 알고 있는 모든 정보를 적는데서 시작합니다. 브레인스토밍을 표현할 수 있는 워크시트에 제재인 대한제국과 관련하여 알고 있는 모든 사실을 적어봅니다. 이때 아주 소소한 것이라도 모두 적습니다. 질보다 양에 초점을 두고 적어봅니다. 같은 제재를 두고 브레인스토밍을 했지만 아래의 워크시트를 보면 개인이 알고 있는 정보들이 모두 다르다는 것을 확인할 수 있습니다. 편의상 왼쪽을 [워크시트 A]로, 오른쪽을 [워크시트 B]로 칭하겠습니다.

[워크시트 A]
광무개혁, 고종, 명성황후, 흥선대원군, 불평등조약, 독립협회, 전쟁, 의

병, 한반도 중립론, 개혁, 척화파, 동도서기론, 메이지유신, 독립협회

[워크시트 B]

고종, 일제강점기, 헤이그특사, 이완용, 순종, 명성황후, 국호변경, 아관파천, 을미사변, 임오군란, 신미양요, 병인양요, 네덜란드, 황성신문, 대한매일신보, 제국신문, 베델, 광혜원, 이인영, 엘런, 이준

▶ **2단계 : 상대가 적은 정보 모아 비교해보기**

개별적으로 쓴 브레인스토밍 내용을 서로 비교해봅니다. 대한제국에 대하여 자신이 알고 있는 정보와 상대가 알고 있는 정보가 일치하진 않을 겁니다. 자신이 미처 생각하지 못한 대한제국 관련 정보를 오른쪽 빈 공간에

모아봅니다. 이를 단서로 제재에 대하여 자신이 미처 알지 못했던 다른 정보를 더할 수 있습니다.

[워크시트 A]

광무개혁, 고종, 명성황후, 흥선대원군, 불평등조약, 독립협회, 전쟁, 의병, 한반도 중립론, 개혁, 척화파, 동도서기론, 메이지유신, 독립협회

- 더해진 정보 - 헤이그특사, 이완용, 순종, 국호변경, 아관파천, 을미사변, 임오군란, 신미양요, 병인양요, 황성신문, 대한매일신보, 제국신문, 베델, 광혜원, 이인영, 엘런, 이준

[워크시트 A]   [워크시트 B]

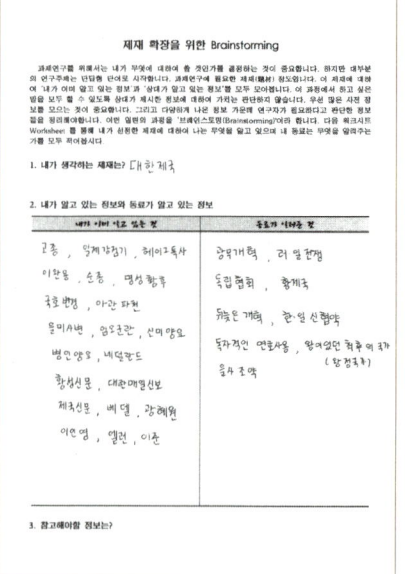

88

[워크시트 B]

고종, 일제강점기, 헤이그특사, 이완용, 순종, 명성황후, 국호변경, 아관파천, 을미사변, 임오군란, 신미양요, 병인양요, 네덜란드, 황성신문, 대한매일신보, 제국신문, 베델, 광혜원, 이인영, 엘런, 이준

- 더해진 정보 – 광무개혁, 러일전쟁, 독립협회, 황제국, 뒤늦은 개혁, 한일신협약, 연호사용, 을사조약

▶ 3단계 : 질문을 통한 상대의 배경지식 확인하기

[워크시트 A]와 [워크시트 B]는 대한제국이라는 공동의 제재를 선정해 브레인스토밍을 했지만 결과는 차이가 있습니다. [워크시트 A]는 대한제국 시절 일어난 전쟁과 조약, 의병, 독립협회 등 대일(對日) 항쟁에 초점을 두었지만, [워크시트 B]는 대한제국 시절에 일어난 주요 사건들과 언론에 초점을 두고 브레인스토밍을 했습니다. 서로 다른 관점에서 본 제재에 대하여 대한제국의 어떤 점을 염두하고 브레인스토밍을 했는지 질문과 답변을 통해 확인해봅니다. 예를 들어 [워크시트 A] 작성자는 임오군란, 을미사변 등이 대한제국과 어떤 관계기 있는기에 대한 질문을 통해 자신이 적은 대일 항쟁사에 대한 정보를 확장할 수 있습니다. 이런 식으로 자신이 미처 생각하지 못한 사항에 대하여 상대의 배경지식을 질문을 통해 확인해 제재인 대한제국에 대한 정보를 확장해나갑니다.

나. 마인드맵을 통해 제재 정보를 한 눈에 파악하기

브레인스토밍이 제재와 관련된 정보를 모두 모은다는 점에서 비슷하지만

모은 정보들 사이의 연결 관계를 고려해 위계를 세운다는 점에서 다릅니다. [워크시트 A]와 [워크시트 B]가 어떻게 마인드맵이 작성되는지 알아봅시다.

[워크시트 A]를 작성한 연구자는 대한제국 시절에 일어난 사건을 중간고리로 설정해 정보들을 묶었습니다. 자신이 좀 더 파악하지 못한 대한제국의 주요 사건들은 [워크시트 B]를 통해 [병인양요], [신미양요], [헤이그 특사] 등을 보강해 제재 대한제국과 관련된 정보를 확대했습니다.

[워크시트 B]를 작성한 연구자는 제재 대한제국과 관련된 많은 정보를 두

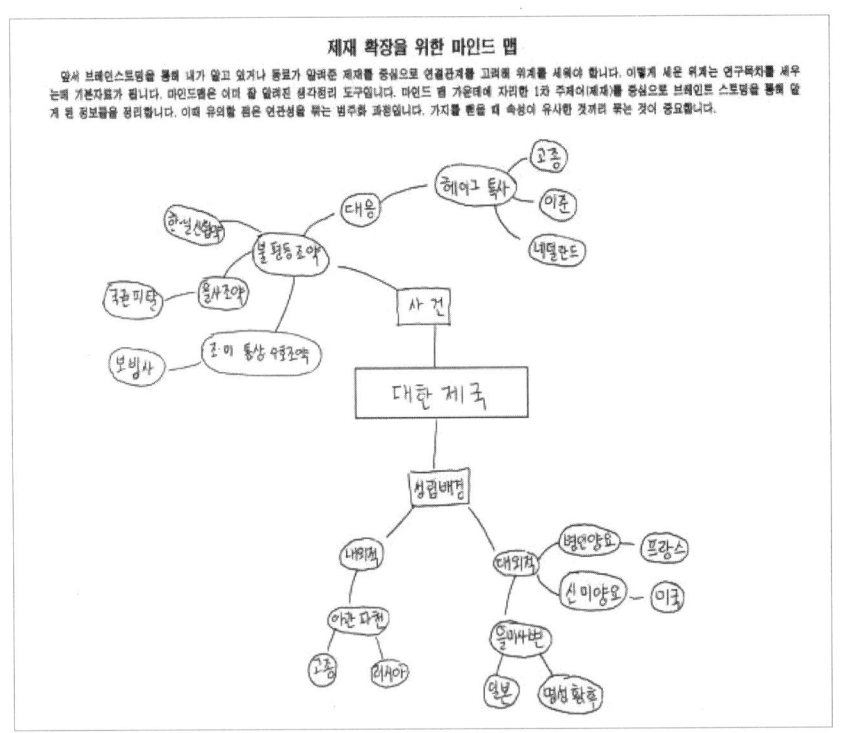

〈그림2-10〉 워크시트 A를 표현한 마인드맵

고 대한제국의 통치자인 고종으로 제재를 확장했습니다. 〈그림2-11〉은 [대한제국과 고종]으로 연구제재를 좀 더 확장해 작성한 마인드맵입니다. 마인드맵을 구성하는 항목들을 가만히 살펴보면 [워크시트 B]에서 다룬 정보들의 공통점을 기준으로 나뭇가지처럼 확장했습니다. 특히 왼쪽에서 가장 바깥고리에 있는 항목들을 가만히 살펴보면 [명성황후]는 [고종과 관련된 인물]로 중간고리를 묶으면서 누락된 [흥선대원군]을 더해 확대합니다. 또한 [워크시트 A]에서 찾은 [의병]과 [불평등 조약] 등이 중간고리가 되어 더 많은 하위 정보로 확대됨을 확인할 수 있습니다.

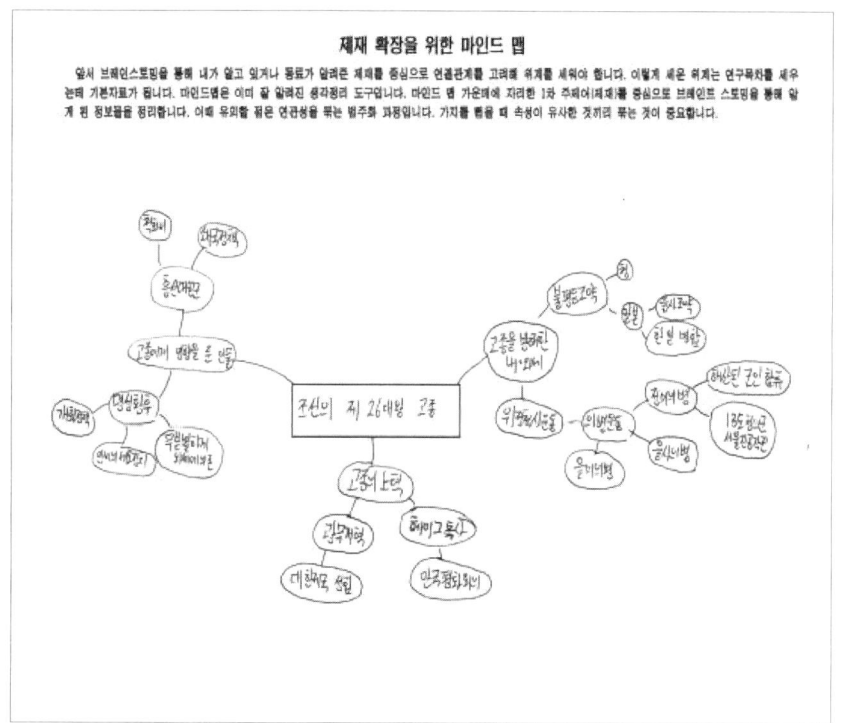

〈그림2-11〉 워크시트 B를 표현한 마인드맵

브레인스토밍을 통해 확보한 다양한 정보들은 제재에 대한 연구자의 관심에 따라 연결관계를 고려해 재구성될 수 있습니다. 이런 재구성 과정은 목차 구성과도 직접적으로 관련이 있으니 이들 연결관계를 관심있게 보시기 바랍니다.

3.2 소논문 제목을 통해 살펴 본 연구주제

학술논문집/개인과제연구/프로젝트연구 등 학교마다 명칭은 다르게 불리는 소논문자료집을 모아 제목을 정리해봤습니다. 단순하게 소논문 제목을 제시하기보단 제재에서 연구주제로 확대되었는가를 살펴보겠습니다. 이 장에서 다루는 소논문 제목은 경기여고, 고척고, 보성여고, 우신고, 중앙고 등에서 진행된 소논문쓰기 프로그램을 참고했습니다.

가. 동일주제에 대한 다양한 연구주제

2013년 서울시의 노원구에서 관내 고등학교를 대상으로 소논문쓰기대회를 개최했습니다. '독서(讀書)'라는 동일제재를 두고 학교마다 다양한 연구주제를 선정해 소논문을 쓰는 이번 대회는 15개 팀이 참가하였습니다. 이 대회의 결과물로 나온 소논문집은 독서라는 제재가 어떻게 다양한 연구주제로 확대되는가를 보여주는 좋은 예입니다.

- 청소년 독서 프로그램의 발전 방향 : 노원구 중심으로
- 스마트폰을 활용한 독서 활성화 방안
- 대중문화가 독서에 미치는 영향과 이를 통한 독서 활성화 방안

- 심리학적, 인지과학적으로 제고한 독서의 효용성에 관한 연구

- 학교 도서관의 전자책 활성화 방안:공공도서관의 사례를 바탕으로

- 독서인증제가 학생들의 독서활동에 미치는 영향에 관한 연구

- 프랑스 혁명 속 독서의 역할

- 직업윤리로서의 불인지심의 필요성 및 접근법과 함양법에 관한 연구

- 마케팅으로 본 독서 활성화 방안

- 동북공정으로 인한 우리나라 역사왜곡과 그 대응책에 관한 연구

- 취업을 위한 특성화고 학생의 독서 활동

- 고등학생의 권장도서 목록 활용 실태 및 활성화 방안에 관한 연구

- 고등학교 '릴레이 독서 프로그램' 활성화를 위한 연구

- 독서와 이성(異性)의 상관관계에 대한 다각적 연구 : 사회적, 심리적 관점을 중심으로

- 노원구청에서 주도하는 독서진흥정책의 개선 방안

위의 소논문은 모두 '독서'를 제재로 하지만 연구자의 관심과 흥미에 따라 모두 다르게 연구주제로 확대되었습니다. 연구주제의 기본형을 '무엇의 어떤 점'이라 할 때, 위의 15편 소논문을 뒷페이지 〈표2-7〉과 같이 정리힐 수 있습니다.

서로 다른 성격의 15개 소논문 제목은 모두 독서라는 동일한 제재에서 시작했습니다. 이들 소논문의 제목과 목차를 두고 유사점을 묶어보니 대략 2개의 연구주제를 추릴 수 있습니다. '독서의 활성화 방안'을 연구주제로 확장해 쓴 소논문은 10편, '독서에 영향을 주는 외부요소'로 확장해 쓴 소논문은 2편, '녹서가 영향을 준 외부사건'은 1편입니다. 동일 제재를 두더

〈표2-7〉 '독서'라는 동일 제재를 확대한 15개 학교 연구 주제

무엇		어떤 점
독서	활성화 / 활용방안	마케팅으로 본 독서 활성화 방안
		스마트폰을 활용한 독서 활성화 방안
		고등학생의 권장도서 목록 활용 실태 및 활성화 방안에 관한 연구
		고등학교 '릴레이 독서 프로그램' 활성화를 위한 연구
		독서인증제가 학생들의 독서활동에 미치는 영향에 관한 연구
		대중문화가 독서에 미치는 영향과 이를 통한 독서 활성화 방안
		학교 도서관의 전자책 활성화 방안
		청소년 독서 프로그램의 발전 방향
		취업을 위한 특성화고 학생의 독서 활동
		노원구청에서 주도하는 독서진흥정책의 개선 방안
	외부요소 / 사건	독서와 이성(異性)의 상관관계에 대한 다각적 연구
		심리학적, 인지과학적으로 제고한 독서의 효용성에 관한 연구
		프랑스 혁명 속 독서의 역할
그 외		직업윤리로서의 불인지심의 필요성 및 접근법과 함양법에 관한 연구
		동북공정으로 인한 우리나라 역사왜곡과 그 대응책에 관한 연구

라도 이렇게 다양하게 연구주제로 확대될 수 있습니다.

물론 '무엇의 어떤 점'으로 끝난 것은 아닙니다. 예를 들어 '독서의 활성화 방안'이라는 연구주제도 '활성화 수단'을 스마트폰에 초점을 두느냐(스마트폰을 활용한 독서 활성화 방안) 경영학의 마케팅 기법을 도입하느냐(마케팅으로 본 독서 활성화 방안)에 따라 그 세부 내용이 달라질 수 있습니다. 제재에서 연구주제로 확대했다고 끝이 아닙니다. 이 연구주제는 다시 연구목차로 좀 더 세분화해야 합니다.

나. 학업성취와 관련있는 소논문제목

소논문을 쓰는 주체가 고등학생이기에 독서, 토론, 논술과 같은 학업성취와 관련있는 주제를 연구주제로 선정하는 경우도 있습니다. 연구자 자신이 공부를 하는 과정에서 품은 문제의식에서 출발한 경우가 많아 자신이 겪은 사례나 친구들을 대상으로 설문을 실시해 소논문을 씁니다.

- 토론기법 비교연구
- 다양한 독후 활동과 독서의 관계
- 입학사정관제의 정착을 위한 개선 방안에 관한 연구
- 고등학교의 진로 실태 및 해결 방안 연구
- 독서와 토론이 논술 능력에 미치는 영향
- 토론 활동과 신문스크랩 활동이 청소년에게 미치는 긍정적인 영향
- 인문계 고등학생의 진로 결정과정과 직업 가치관
- 효과적인 스터디그룹 활동을 위한 연구

다. 학교생활과 관련있는 소논문제목

학업성취만큼 관심있는 분야가 학교생활을 하면서 겪는 다양한 문제입니다. 물론 국어나 영어처럼 학교에서 배우는 과목과 직접적으로 관련이 없지만 소논문쓰기 주제로 충분한 의미가 있습니다. 오히려 일상생활에서 일어나는 다양한 현상에 대하여 문제의식을 갖고 소논문쓰기 주제로 선정했다는 것이 더 값집니다. 이와 같은 연구주제는 연구자가 속한 동료집단의 경험과 사례를 중심으로 인터뷰나 설문, 사례 연구 등 다양한 조사 방법을 활용해 소논문을 씁니다.

- 스키니진이 여고생의 몸에 끼치는 영향

- 청소년들의 화장품 사용실태에 대한 개선방안과 부작용 해결방안에 관한 연구

- 학생들의 증명 기피 현상에 대한 해결방안 모색

- 방송반 활성화 방안

- 학교 매점 식품첨가물의 실태와 교육을 통한 인식 개선

- 학교 홈페이지 활성화를 위한 방안 연구

- 고등학교 선택에 영향을 주는 요인에 관한 연구

라. 사회 이슈와 관련있는 소논문제목

소논문쓰기의 가치가 자신의 의견과 주장을 논증적으로 담는 글쓰기라 할 때 다양한 해석을 할 수 있는 사회적 이슈와 논술주제는 소논문쓰기의 주된 주제가 됩니다. 독도영유권, 동북공정 등 역사문제에서부터 유전자, 인간복제 등 생명윤리에 이르기까지 범위 또한 매우 넓으며 주제에 대한 찬성과 반대, 또는 옳고 그름의 구별이 분명한 경우가 많습니다.

사회 이슈를 소논문쓰기 주제로 삼았을 때 유의해야 하는 것은 연구자 자신은 어떤 입장에 있으며 무엇을 말하고 싶은가에 대한 분명한 관점이 있어야 한다는 겁니다. 자칫 다른 선행연구자의 입장만 정리하는 수준으로 소논문을 쓴다면 좋은 주제를 잘 풀어내지 못하게 됩니다. 사회 이슈를 주제로 정한 경우는 자신이 하고자 하는 내용을 학위논문이나 학술논문과 같은 선행연구성과를 중심으로 논증해야 하기에 대부분 문헌연구로 소논문을 씁니다.

- 현 등록금의 실태와 현실적인 등록금 인하 방안

- UCC 제작을 통한 사회참여
- 언론의 공공성으로 보는 종합편성채널의 문제점
- 한미 FTA 찬반 논란에 관한 연구
- 한미 FTA가 10대에게 미치는 영향과 10대 인식 연구
- 고등학생의 독도에 관한 지식 및 인식에 대한 연구
- 독도 영유권 분쟁관련 내·외국인의 인식 조사
- 해외사례를 통해 본 독도영유권분쟁 해결책 및 향후 한일관계 연구
- 동북아의 대외관계에 대한 연구
- 한중일 배타적 경제수역 관련 정책의 변천과 대한민국의 추구점
- 다문화가정 지원 정책의 개선방안에 관한 연구
- 문화재 반환 협상에 관한 대응방안 연구(외규장각 의궤와 그 반환 협상을 중심으로)
- 구직자의 공무원 취업 결정 요인에 관한 연구
- 게임 중독이 청소년들의 폭력성에 큰 영향을 미치는가?
- 청소년의 인터넷 게임 과몰입 방지를 위한 정책방안 연구
- 교권침해의 실태분석을 통한 교권확립 방안 연구
- 청소년의 스마트폰 중독을 줄이기 위한 예방 방안 연구
- 청소년 범죄 처벌에 대한 고찰과 대안 연구
- 국내 온라인 커뮤니티 사이트의 현황과 개선방향
- 청소년들의 성의식
- 초중고등학교 학생들의 학교폭력 인식 및 경험과 예방 프로그램 효과 분석
- 아동성폭력에 대한 실태와 예방 방안
- 청소년 대상 성범죄자에 대한 처벌에 관한 연구
- 청소년성범죄자들에 대한 처벌과 한계

- 외국인 노동자에게 국적을 주어야 하는가?
- 학교폭력 방지 포스터의 광고효과와 개선 방안
- 아동 성범죄자 처벌제도의 효과적 개선방안에 관한 연구
- 남북한 언어의 이질화와 동질성 회복 방안에 대한 연구
- SNS가 가진 파급력 연구
- 언론 운영의 문제점과 대책
- 김정일 사후 동북아시아 변화에 관한 연구
- 유전자 조작기술 탐구
- 줄기세포에 관한 윤리적 고찰
- 인간복제에 대한 윤리적 고찰

마. 고등학교 교육과정과 관련이 있는 소논문 제목

고등학교에서 배우는 다양한 교과를 공부하면서 관심이 가거나 좀 더 알고 싶은 주제를 소논문쓰기 대상으로 하는 경우가 많습니다. 사회 이슈를 주제로 소논문을 쓰는 경우 자신의 의견과 주장을 논증적으로 담는다면, 사회나 과학과 같이 수업시간에 배우는 것 이상으로 좀 더 전문적이고 깊이 있는 내용을 담아야 합니다. 그러기 위해서는 기존 선행연구성과를 분명하게 이해하고 해석해야 합니다. 그런 점에서 사회 이슈와는 조금 차이가 있습니다.

예를 들어 보겠습니다. '사회 이슈'를 주제로 한 "독도 영유권 분쟁관련 내·외국인의 인식 조사"란 소논문은 연구결과를 토대로 독도에 대한 교육을 강화해야 한다는 의견을 담을 것입니다. 하지만 '문학'과목을 주제로 한 "한국환상문학에 영향을 끼친 유럽 신화연구-이우혁과 이영도를 중심으

로"란 소논문은 연구자가 한국환상문학을 좀 더 깊게 알고 싶어 유럽 신화와 비교하는 내용입니다. 이런 주제에는 연구자가 어떤 의견을 주장하기보단 주제에 대하여 좀 더 깊은 정보를 담을 겁니다.

고등학교 교육과정에서 배우는 교과는 매우 다양합니다. 이 말은 여러분이 수업 중에 조금이라도 관심이 있고 재밌을 것 같은 내용은 바로 소논문쓰기의 주제가 될 수 있다는 것을 의미합니다. 또한 교과와 연계된 연구주제는 깊은 연구를 위해 참고할 자료가 많으며 다양한 의문을 풀어줄 교과 선생님께서 주변에 계시다는 것도 큰 매력입니다.

교과를 소논문쓰기의 주제로 정한 경우는 사회이슈를 주제로 정한 경우와 마찬가지로 학위논문이나 학술논문과 같은 선행연구 성과를 깊이 이해, 분석해야 하기에 대부분은 문헌연구로 소논문을 씁니다. 그렇다면 또래 친구들은 어떤 주제로 소논문을 썼는지 확인해봅시다. 쉽게 이해하기 위해 편의상 교과를 기준으로 정리했습니다.

▶ **국어교과 관련 소논문제목**

- 설문지 분석을 통한 여성이민자를 위한 한국어 교재 분석
- 한국어의 역사에 관한 고찰
- 한국환상문학에 영향을 끼친 유럽 신화연구 (이우혁과 이영도를 중심으로)

▶ **사회교과 관련 소논문제목**

- Teen Marketing

- 북촌 주변 상권 분석 및 창업 방안 연구
- 국내에서 경제상황이 패션에 미치는 영향에 관한 연구
- 소비자 파악을 통한 효과적인 PPL광고 연구방안
- 오리온 초코파이의 해외진출 연구
- 자본주의의 변화와 사랑받는 기업 유형에 관한 연구
- 세계대공황과 금융위기에 관한 연구
- 빈곤에 대응하는 개발NGO의 구호활동 분석과 개선방안
- 스토리텔링 활용 광고의 심리학적 분석 – 2012~2013 광고대상자들을 중심으로
- 사회적 기업의 유형분석을 통한 RCY 봉사활동의 발전적 방향 모색
- 청소년들의 통일의식의 변화 고찰
- 공약 중심 선거문화 정착을 위한 매니페스토 운동에 대한 제언
- 미디어의 영향력과 파급효과 연구
- 인터넷 광고의 문제점과 개선방안에 관한 연구
- TV 드라마 속의 실존인물 분석을 통한 인식변화 연구
- 21세기 한국 사회 광고
- 청소년들이 받는 스트레스의 유형과 그 해결책
- 교육과정의 분석에 따른 개선방안에 관한 연구
- 퓨전사극과 실제역사의 비교 연구(드라마 '주몽'과 '태왕사신기'를 중심으로)
- 명성황후와 대원군이 고종에게 끼친 정치적 영향에 관한 연구
- 대한제국이 체결한 불평등 조약 연구
- 정의의 판단에 있어 도덕이 차지하는 비중
- 풍수지리설의 지리학적 타당성 연구
- 여고생의 저작권 인식 실태와 방안

- K1전차 무한궤도 전면 완충장치 효과 개선을 위한 제언

- 장애인 인권문제에 대한 실태 및 개선방안에 관한 연구

- 감각 통합 치료가 발달 장애 아동의 행동에 미치는 영향에 관한 연구

▶ **수학교과 관련 소논문제목**

- 수학의 심미적 요소를 중심으로 한 학생들의 흥미도 증감 연구

- 회전 정사영(正射影)에 관한 고찰

- 수직교차방정식에 대한 고찰

▶ **과학교과 관련 소논문제목**

- 농도에 따른 피톤치드의 항균력 연구

- 녹차 추출물의 항균작용이 대장균에 미치는 영향에 관한 연구

- 아스파탐의 유해성 연구

- 중금속 흡착제로서 조류 알껍데기의 활용 가능성 검토

- GMO에 대한 고찰

- 동물의 시력

- 노화의 원인에 관한 생물학적 고찰

- 약물전달시스템에 대한 연구

- 무게중심의 변화에 따른 빗면에서의 속력변화 연구

- 반응 속도에 영향을 미치는 요인과 분석 및 교과서 실험과 SSC 실험의 비교

- 태양, 달, 목성의 스펙트럼 연구

- Sporosarcina Pasteurii 균을 이용한 방해석 석출연구

- 풍력발전사고 및 해결방안 고찰

- 원자력 에너지를 대체 할 대체 에너지

- 기후 변화가 식량과 식품 안전에 미치는 영향

- 수소에너지 활용에 관한 연구

- 아폴로 계획에 대한 음모론

- 바이오 연료가 식량경제에 미치는 영향

- 정유추출과 성능에 대한 실험적 연구

- 흑마늘의 항산화 능력 연구

- 커피 음용시 카페인의 성인 일일섭취권장량을 고려한 클로로겐산의 다이어트 기대 효과에 관한 연구

- 바이오에탄올 추출과정에서의 변인에 따른 결과 분석 및 추론

▶ **기술·가정 관련 소논문제목**

- 음식물 찌꺼기에 관한 주방세제로서의 활용도 연구

- 펠티어 소자를 이용한 폐열 재활용 연구

- 나노분산 화장품의 대량생산 고찰

- 새로운 시각으로 바라본 신사임당

- 악성코드프로그램과 백신프로그램의 상관관계 연구

▶ 예체능 교과 관련 소논문제목

- 한글글꼴 제작을 위한 앰비그램의 활용방안

- 중요무형문화재의 보존실태와 개선방안에 관한 연구

- 한국적 건축의 발전방향 모색을 위한 전통건축과 근대건축의 흐름 연구

- 상처 회복에 관한 연구

- 소아아토피 피부염에 관한 연구

- 학교 내 규칙적 운동이 자율신경계에 미치는 영향

- 현대정보화사회에서 적합한 스포츠 마케팅 기법에 대한 고찰

"연구주제 잡았어? 목차는?"

"응, 잡긴 잡았는데 처음 소논문을 쓰는 거라 막막하네."

"나도 주제를 잡고 인터넷 검색을 해봤는데."

"벌써 찾아봤어? 많이 나와?"

"많이 나오는 부분도 있고 그렇지 않은 것도 있고.

중학교 때 수행평가하려고 자료 찾는 거하고는 완전 다른 거 같아."

"좋은 방법이 없을까?"

이는 소논문을 처음 쓰는 고등학생이라면

누구나 한번쯤은 겪는 문제입니다.

제3장에서는 여러분이 정보의 바다에서 헤매지 않고

필요한 정보를 잘 찾을 수 있도록 유용한 방법을 알려주고자 합니다.

이를 위해 보물지도로 활용할 수 있는 한국십진분류법 및

청구기호의 원리와 정보검색 기법을 소개하겠습니다.

또한 보물지도를 가지고 직접 보물을 찾으러 갈 수 있도록

도서관 온라인 목록과 웹 데이터베이스 활용 방법 및

다양한 주제별 정보원을 안내해 드리겠습니다.

여러분이 직접 해야합니다.

"아 이렇게 찾는 거구나"하고 생각만 하면 안됩니다.

직접 도서관을 찾아가 서가를 둘러보거나

원문정보서비스에 접속해 웹 데이터베이스를 봐야 합니다.

그래야 여러분 것이 됩니다.

PART 3

어떻게 찾을까?

1. 정보의 바다에서 길 찾기

연구하고자 하는 소논문의 주제가 결정되면 그 다음으로 무엇을 해야 할까요? 바로 주제와 관련있는 자료를 수집하여 정리하는 일입니다. 지금은 그야말로 정보의 홍수 시대입니다. 자신의 연구주제에 적합한 정보를 잘 선택하여 활용하는 능력은 매우 중요합니다. 특히 소논문쓰기의 자료수집은 주제의 구체화 및 목차 작업에도 꼭 필요합니다. 본격적인 연구진행과 논문작성과정에도 자료수집은 수시로 이루어지게 됩니다. 따라서 정보검색전략을 잘 수립하여 필요한 정보에 효과적으로 접근할 수 있는 요령이 필요합니다.

연구주제를 선정했으면 다음은 주제를 확장해서 구체적인 세부목차도 구성해야 하고, 연구를 진행하는데 필요한 관련 정보도 모아야 합니다. 그 이유는 주제에 대한 자료조사를 토대로 연구를 진행해야하기 때문입니다. 예를 들어보겠습니다.

우리나라 청소년이면 거의 떡볶이를 좋아하는데 각자 떡볶이를 요리한다고 가정해 보겠습니다. 아마 대부분 평범한 떡볶이를 만들 것입니다. 하지만 어떤 친구는 궁중떡볶이, 다른 어떤 친구는 색다른 자장떡볶이, 카레떡볶이, 해물떡볶이 등 각자 독특한 재료를 가지고 요리를 하는 경우도 있습니다.

여기서 핵심은 개성이 담긴 떡볶이를 만들기 위해 자신만의 참신한 재료를 활용해보는 것입니다. 만약 참신하게 생각한 재료가 떡볶이 요리에 적합하다면 맛있는 새로운 맛을 선사하지만, 반대의 경우에는 오히려 맛을 해칠 수 있습니다. 그만큼 맛있으면서 독특함을 제공할 떡볶이 재료를 찾는다는 건 생각만큼 쉽지 않습니다.

연구주제를 정하고 자료를 찾는 것도 일종의 떡볶이 재료를 찾는 것과 같습니다. 자료(資料,material)와 재료(材料,data) 단어도 비슷합니다. 연구주제에 부적합한 자료가 많으면 연구의 질과 방향이 어긋날 수 있습니다. 이와 반대로 주제와 적합한 다양한 좋은 자료를 발견하면 완성도 높은 연구를 진행할 수 있습니나.

그렇기 때문에 연구를 진행할 때 적합한 자료를 효율적으로 찾을 수 있는 능력은 매우 중요합니다. 도서관을 방문하여 여러분이 원하는 자료를 직접 찾거나 인터넷으로 연결된 원문정보서비스를 통해 원문자료를 컴퓨터로 볼 수도 있습니다. 이렇게 다양한 접근방법을 토대로 적합하고 유용한 자료를 잘 찾을 수 있는 3가지 팁은 〈표 3-1〉과 같습니다.

〈표3-1〉 자료찾기 3가지 방법

	요리재료 준비	연구자료 준비
1	레시피(recipe) 준비	연구주제 및 세부목차 잡기
2	재료 판매처 파악	주요 정보원 파악
3	필요한 재료 구입하기	적합한 자료수집하기

▶ 첫째, 연구주제 및 세부목차를 잡아야 합니다.

요리를 하려면 가장 먼저 필요한 것이 음식 만드는 방법인 '레시피(recipe)'입니다. 그래야 필요한 요리재료를 떠올릴 수 있습니다. 이는 자료찾기도 마찬가지입니다. 2장을 통해 세운 연구주제를 토대로 소논문을 쓸 때 필요한 정보가 무엇인지 제대로 파악해야 합니다. 그러지 않고 도서관에 가면 시간만 낭비할 뿐입니다. 따라서 연구과정에서 레시피와 같은 역할을 하는 세부목차를 잡고 어떤 자료가 필요한가를 파악하고 가는 것이 중요합니다.

▶ 둘째, 주요 정보원에 대해 미리 파악해야 합니다.

요리재료를 구입할 때도 판매처에 대한 정보를 찾고 갑니다. 만약 시장에 갔는데 필요한 재료를 팔지 않는다면 헛수고가 되기 때문입니다. 자료찾기도 마찬가지입니다. 사전에 필요한 자료의 소장여부를 검색한 후 도서관을 방문해야 합니다. 학교도서관, 대학도서관, 공공도서관, 국립중앙도서관, 국회도서관 등 도서관은 우리 주변에 많습니다. 그러나 여러분이 원하는 자료가 모든 도서관에 소장되어 있지는 않습니다. 따라서 사전에 필요한 자료의 소장여부와 서가위치를 검색하고 가야 합니다.

▶ 셋째, 연구에 적합한 자료인지 잘 판단한 후 수집해야 합니다.

요리할 때도 레시피에 따라 필요한 재료를 구입합니다. 마트나 시장에서 전혀 계획에도 없던 재료를 충동구매로 산다면 본래 계획된 요리대로 완성하지 못할 수 있습니다. 자료찾기도 먼저 적합한 자료인지를 판단하기 위한 탐색 전략을 잘 세워야 합니다. 그러기 위해서는 미리 자료의 목차와 색인까지 꼼꼼하게 검토해보는 습관이 필요합니다. 이뿐만이 아닙니다.

- 자료의 최신성
- 저자의 저명도
- 발행기관의 인지도
- 논문의 인용 횟수

위에서 제시한 기준으로 찾은 자료의 적합성 여부를 판단해야 합니다.

지금은 음식재료도 인터넷으로 주문하면 당일 배송으로 받아 볼 수 있는 시대입니다. 그만큼 힘들이지 않고 어디서나 스마트폰에 접속해 클릭 몇 번으로 장보기를 할 수 있습니다. 정보검색을 통한 자료수집은 더욱 그렇습니다. 도서관을 방문하지 않고도 원문정보가 소장된 웹 데이터베이스를 통해 온라인으로 원문을 쉽게 볼 수 있습니다. 이처럼 쉽고 편하게 원하는 정보를 찾을 수 있더라도 기본적인 정보 탐색 방법은 알아야 합니다. 여러분이 소논문을 쓰기 위해 가장 많이 활용하는 도서관을 이용하는 방법과 원문정보서비스를 이용하는 방법을 중심으로 알아보겠습니다.

2. 보물지도 찾기

2.1 정보원의 유형

연구주제 선정 이후 그에 적합한 자료를 조사하고 수집하는 과정이 매우 중요하다고 했습니다. 요리를 만들 때 다듬지 않은 원재료(material)와 같은 자료가 있는 곳을 정보원(information sources)이라 합니다. 정보원의 사전적 정의는 '이용자가 원하는 정보가 흘러나오는 근원'(표준국어대사전)으로 소논문쓰기에 있어서 근원이 되는 공간은 도서관이라 할 수 있습니다. 이 정보원은 정보의 가공정도에 따라 '1차 자료'와 '2차 자료'로 나눌 수 있습니다.

가. 1차 자료(primary material)

쉽게 말하면 원자료(original material)라고 부르기도 합니다. 우리가 일반적으로 알고 있는 단행본, 학위논문, 보고서, 학술지, 회의록, 잡지 등이 포함됩니다. 고등학생으로서 처음 소논문쓰기에 도전했다면 1차 자료가 연구에 필요한 대부분의 자료라고 생각하면 쉬울 것입니다.

나. 2차 자료(secondary material)

2차 자료는 1차 자료를 효과적으로 찾아보기 위한 색인, 서지, 목록, 초록 같은 자료를 말합니다. 요즘은 정보검색시스템이 워낙 잘되어 있어서 2차 자료를 거치지 않고 곧바로 원문정보에 접근할 수 있는 경로가 많아졌습니다. 그런데 경우에 따라 2차 자료가 연구에 중요하게 사용될 때도 있습니다. 1차 자료에 담긴 정보를 재가공하여 만든 백과사전, 편람, 연감, 명감 등의 자료입니다. 즉 2차 자료임에도 불구하고 쓰임새가 달라지는데 연구진행에 꼭 중요하게 사용될 수 있기 때문입니다.

1차 자료엔 뭐가 있고 나누는 기준이 뭔지 굳이 외울 필요는 없습니다. 1차 자료와 2차 자료를 이렇게 설명하는 이유는 소논문을 쓰기 위해 자료를 찾는 과정에 도움이 되기 때문입니다. 연구주제를 검색어로 설정해 도서관이나 원문정보서비스를 이용하려 합니다. 정보검색을 통해 찾은 수십 권, 수백 권의 단행본, 논문(1차 자료) 가운데 연구에 필요한 정보가 있는지를 확인하기 위해서라면 이들 찾은 자료를 모두 읽어야 합니다. 하지만 초록, 색인과 같은 2차 자료를 활용한다면 연구에 필요한 정보가 어느 1차 자료에 있는지 바로 찾을 수 있습니다. 그렇게하면 모든 1차 자료를 찾아야 하는 수고를 덜 수 있습니다.

2.2 도서분류의 원리

가. 한국십진분류법(KDC) 소개

도서관을 통해 필요한 정보를 찾을 때 주로 활용하는 정보원은 대부분 문헌자료라 할 수 있습니다. 이러한 문헌자료는 학문분류에 의해 정리합니다. 서가에 가면 대분류가 비슷한 책끼리 한 곳에 모여 있는 것을 발견할 수 있을 것입니다. 이렇게 책을 나누는 방법은 1876년 미국의 멜빌 듀이(Melvil Dewey, 1851~1931)가 개발한 듀이십진분류법(DDC)을 기초로 하며 이런 십진분류는 현재 세계에서 가장 널리 쓰이는 지식분류방법입니다.

십진분류법(Decimal Classification)이라는 전문용어는 세상의 모든 지식을 10개의 대분류로 나눈 후 각각의 대분류를 다시 10개의 세부 분류로 분류하는 방식을 말합니다. 이런 지식분류 방식은 십진분류법 말고도 다양하지만 세계 공용인 숫자를 이용한 것과 분류의 다양한 확장성 때문에 전세계적으로 많이 사용하고 있습니다.

우리나라의 대학도서관에서는 DDC를 많이 사용합니다. 그러나 한글로 된 책이 많은 공공도서관이나 학교 도서관은 우리나라 실정에 맞게 수정한 한국십진분류법(KDC: Korean Decimal Classification)을 사용합니다. 십진분류라는 대원칙은 DDC와 같지만 우리나라의 지식환경에 맞게 수정한 것이 KDC입니다.

일례로 DDC는 언어학을 분류할 때 400에 두지만, KDC는 언어학에 700을 부여했습니다. 언어(700)와 문학(800)은 서로 연관이 있기 때문에 가깝게 분류번호를 부여해 모은 것입니다. 또한 종교(200)에서 불교의 비중을 높이고, 문학(800)에서 한국 소설이나 시와 같은 분류 항목을 늘렸습니다.

KDC를 전부 외울 필요는 없지만 대략적인 구성만 알아도 도서관에서 자료를 찾을 때 많은 도움을 받을 수 있습니다. KDC는 흥미롭게도 인류의 역사 전개와 비슷한 구조를 갖추고 있음을 발견할 수 있는데 어떻게 구성됐을까요?

나. 한국십진분류법(KDC)의 체계

000 – 태초의 인간과 자연이 혼돈에서 출발한다는 의미에서 특정 학문이나 주제에 속하지 않는 분야를 모았습니다.

000 총류	050 일반 연속간행물
010 서지학	060 일반 단체, 박물관학
020 문헌정보학	070 뉴스미디어, 저널리즘, 출판
030 백과사전	080 일반 전집, 총서
040 강연집, 수필집, 연설문집	090 향토자료, 필사본, 희귀본

100 – 혼돈에서 질서를 찾기 위한 이성(理性)의 노력을 철학에 담았습니다.

100 철학	150 동양철학, 사상
110 형이상학	160 서양철학
120 인식론, 인과론, 인간학	170 논리학
130 철학의 체계	180 심리학
140 경학	190 윤리학, 도덕철학

200 – 유한한 인간이 절대적인 신을 숭배한다는 뜻에서 종교를 담았습니다.

200 종교	250 천도교

210 비교종교학	260 기독교 사회신학 및 교회신학
220 불교	270 힌두교, 브라만교
230 기독교	280 이슬람교(회교)
240 도교	290 기타 제종교

300 – 인간이 가족과 사회, 국가를 형성하는데 필요한 사회과학을 담았습니다.

300 사회과학	350 행정학
310 통계학	360 법학
320 경제학	370 교육학
330 사회학, 사회문제	380 풍속, 예절, 민속학
340 정치학	390 국방, 군사학

400 – 생활에 필요한 과학적 지식인 순수과학을 담았습니다.

400 자연과학	450 지학
410 수학	460 광물학
420 물리학	470 생명과학
430 화학	480 식물학
440 천문학	490 동물학

500 – 지식이 기술로 발전된 기술과학을 담았습니다.

500 기술과학	550 기계공학
510 의학	560 전기공학, 전자공학
520 농업, 농학	570 화학공학

530 공학, 공업 일반, 토목공학, 환경공학 580 제조업

540 건축공학 590 생활과학

600 – 생활수준이 높아지면서 예술을 담게 됩니다.

600 예술 650 회화, 도화

610 건축술 660 사진 예술

620 조각 및 조형미술 670 음악

630 공예, 장식미술 680 공연예술 및 매체예술

640 서예 690 오락, 스포츠

700 – 사회가 서로 소통하기 위해 필요한 언어학을 모았습니다.

700 언어 750 독일어

710 한국어 760 프랑스어

720 중국어 770 스페인어 및 포르투갈어

730 일본어 및 기타 아시아제어 780 이탈리아어

740 영어 790 기타 제어

800 – 정신을 풍요롭게 하는 문학을 담아냅니다.

800 문학 850 독일문학

810 한국문학 860 프랑스문학

820 중국문학 870 스페인문학 및 포르투갈문학

830 일본문학 및 기타 아시아문학 880 이탈리아문학

840 영미문학 890 기타 제문학

900 – 마지막으로 이 모든 것을 기록한 역사를 모았습니다.

900 역사

910 아시아

920 유럽

930 아프리카

940 북아메리카

950 남아메리카

960 오세아니아

970 양극지방

980 지리

990 전기

다. 청구기호의 구성

⟨표3-1⟩ 청구기호의 구성 예시

800	
참	별치기호
813.6	**분류기호**
공78ㅈ	**저자기호**
v.1	권차정보
c.2	복본기호

도서관에 있는 책을 잘 보면 책등에 위와 같은 암호처럼 생긴 이름표가 붙어 있는 것을 본 적이 있을 겁니다. 바로 이것이 청구기호입니다. 청구기호는 책이 어느 위치에 있는지 알려주는 약속입니다. 청구기호는 분류기호와 저자기호의 조합으로 이루어집니다. 숫자와 문자가 함께 담겨 있어 복잡해 보이지만 실제 원리를 알면 매우 흥미롭고 쉽습니다. 청구기호의 원리를 파악하면 이 책이 어떤 분야의 책인지 쉽게 파악할 수 있습니다. 먼저 청구기호 안에 있는 분류기호가 어떻게 만들어지는지 그 비밀을 알아보겠습니다.

〈표3-2〉 분류기호 체계 전개

대주제		강목		요목		세목
000 총류		800 문학		810 한국문학		813 소설
100 철학		**810 한국문학**		811 시		813.1
200 종교		820 중국문학		812 희곡		813.2
300 사회과학		830 일본문학		**813 한국소설**		813.3 삼국시대소설
400 순수과학		840 영미문학		814 수필		813.4 고려시대소설
500 기술과학		850 독일문학		815 연설 웅변		813.5 조선시대소설
600 예술		860 불문학		816 일기 서간 기행		**813.6 현대소설**
700 어학		870 스페인문학		817 풍자		813.7 야담 고담
800 문학		880 이태리문학		818 기타		813.8 동화
900 역사 지리		890 기타문학		819		813.9

예를 들어 가장 이용률이 높은 한국의 현대소설은 KDC에서 어떻게 분류되는지 살펴보도록 하겠습니다.

- 문학　주제구분 800번에 위치
- 문학(800)의 둘째 자리 – 지역구분, 즉 나라구분

  (KDC는 우리나라 실정에 맞게 변형한 것이므로 한국문학이 맨 첫 번째를 차지함)

- 세 번째 자리 – 문학의 장르구분을 하며, 소설은 3을 부여
- 소수 첫째자리 – 시대구분을 하며, 현대작품일 경우 6을 부여

〈표3-3〉 분류기호 구성 예시

8	1	3	.	6
문학 (주제구분)	한국 (지역구분)	소설 (장르구분)		현대 (시대구분)

즉 도서관에서 **813.6**번의 분류번호를 부여받은 책들은 제목을 보지 않아도 모두 한국 현대소설이라고 파악할 수 있습니다.

그럼 분류기호 뒤에 붙는 번호는 무엇일까요? 이는 저자기호로 글쓴이의 정보와 책 제목을 더해 만듭니다. 지식을 숫자로 표현한 분류기호는 국가 수준에서 만든 KDC를 공통으로 활용하지만 저자기호는 도서관마다 다를 수 있습니다. 여기서는 리재철의 한글순도서기호법(제5표)을 중심으로 소개하고자 합니다.

〈표3-4〉 리재철의 한글순도서기호법 (제5표)

자음기호				모음기호 ㅊ다음에 붙을 경우는 제외		모음기호 ㅊ에 붙는 경우	
ㄱㄲ	1	ㅇ	6	ㅏ	2	ㅏ (ㅐㅑㅒ)	2
ㄴ	19	ㅈㅉ	7	ㅐ (ㅑㅒ)	3	ㅓ (ㅔㅕㅖ)	3
ㄷㄸ	2	ㅊ	8	ㅓ (ㅔㅕㅖ)	4	ㅗ (ㅘㅙㅚㅛ)	4
ㄹ	29	ㅋ	87	ㅗ (ㅘㅙㅚㅛ)	5	ㅜ (ㅝㅞㅟㅠㅡㅢ)	5
ㅁ	3	ㅌ	88	ㅜ (ㅝㅞㅟㅠ)	6	ㅣ	6
ㅂㅃ	4	ㅍ	89	ㅡ (ㅢ)	7		
ㅅㅆ	5	ㅎ	9	ㅣ	8		

예를 들어 『공지영의 즐거운 나의 집』이라는 책의 저자기호를 생성해 보겠습니다. 이 책의 저자는 소설가 공지영입니다. 저자는 성명을 그대로 가져오며 성명은 성과 이름으로 구분합니다.

- 1단계 : 저자의 성에 해당하는 '공'을 글자 그대로 씁니다.
- 2단계 : 이름은 두 글자든, 세 글자든 무조건 첫 글자만 저자기호로 만듭니다.

저자 공지영의 경우 이름의 첫 글자인 '지'을 분석하면 초성 'ㅈ'은 7로, 중성 'ㅣ'는 8을 조합할 수 있으므로 '78'을 씁니다. 첫 글자에 종성이 있는 경우 숫자 하나를 더해 모두 세 자리가 될 수 있습니다.

- 3단계 : 책 제목의 첫 글자인 '즐'에서 초성 'ㅈ'을 그대로 씁니다.

이렇게 각 단계를 거쳐 조합하면 공지영의 『즐거운 나의 집』의 저자기호는 **공78ㅈ**이 됩니다. 분류기호와 저자기호는 도서관의 모든 자료에 붙어 있는 공통기호입니다.

도서관에 있는 많은 자료 가운데 『삼국지』나 『해리포터』와 같은 장편 시리즈인 경우 한 권으로 끝나지 않고 여러 권으로 이뤄진 경우가 있습니다. 같은 책 제목, 같은 저자이기 때문에 분류기호와 저자기호는 같아 별도의 기호로 구분해야 합니다. 이때 사용하는 기호가 권차기호입니다. 권차(卷次)는 영어 volume에 해당하므로 영문자 v를 기호로 사용해 〈v.1〉, 〈v.2〉로 표기하며 저자기호 다음에 붙입니다.

권차기호 말고 또 다른 기호로 복본기호가 있습니다. 이용자가 많이 찾는 책의 경우 같은 책을 여러 권 구입하는 경우가 있습니다. 이런 책 역시 같은 책 제목, 같은 저자이기 때문에 별도의 기호로 구분해야합니다. 복본(複本)은 영어 copy에 해당하므로 영문자 c를 사용해 〈c.2〉, 〈c.3〉과 같이 사용합니다. 도서관에서 자료를 찾을 때 필요한 청구기호는 기본적으로 **[분류기호+저자기호]**로 구성되며 성격에 따라 권차/복본기호가 붙기도 합니다.

앞서 말한 청구기호 외에 분류기호 앞에 한글이나 영어 알파벳이 붙어 있는 경우가 있는데 이것을 별치기호라고 합니다. 별치(別置)란 말의 한자어는 별도의 공간에 따로 둔다는 의미입니다. 백과사전이나 영어사전처럼 대출할 수 없거나 여러 사람이 참고하기 위해 함께 봐야 하는 성격의 자료에 별치기호로서 '참'이나 R을 붙입니다. 기호 '참'은 참고서적에서, R은 Reference에서 가져왔습니다.

이제 도서관에 소장하고 있는 책들이 어떻게 분류되는지 파악하셨을 것입니다. 도서분류의 원리만 제대로 파악하고 있다면 소논문쓰기를 하면서 이용할 수 있는 책을 쉽게 찾을 수 있습니다.

2.3 정보검색 기법

정보검색은 여러분이 필요로 하는 정보를 효과적으로 찾을 수 있도록 도와줍니다. 또한 온라인목록, 웹 데이터베이스 및 인터넷 검색엔진, 주제별 데이터베이스에 이르기까지 거의 모든 정보검색시스템에 적용이 가능합니다.

아마 요즘도 하루에 몇 번씩 컴퓨터나 스마트폰의 인터넷을 통해 필요한 정보나 알고 싶은 것을 검색할 것입니다. 그런데 어떤가요? 검색결과가 너무 많아 고민하거나 너무 적어서 실망한 적이 있을 것입니다. 따라서 먼저 검색을 시작하기 전에 원하는 정보가 무엇인지 파악해야 합니다. 그런 다음 주제에 맞는 핵심 키워드를 잘 뽑아 아래 제시하는 3가지 기법을 활용해 검색하면 보다 적합한 자료를 찾을 수 있을 것입니다.

가. 키워드 검색 (keyword searching)

검색엔진을 비롯해 대부분의 정보검색시스템은 키워드 검색을 지원하고 있습니다. 키워드 검색을 효과적으로 수행하기 위해서는 먼저 어떤 키워드가 좋은지 결정할 수 있어야 합니다. 대부분의 이용자들은 한 두 개의 키워드를 사용하여 탐색하지만, 효과적인 검색을 위해서는 충분하지 않습니다. 최대한 6개에서 8개까지 신중하게 선택하여 탐색한다면 더욱 효과적입니다.

나. 구문 검색 (phrases searching)

가장 적절하다고 생각하는 키워드들을 조합하여 구문 검색을 수행하는 것으로 효과적인 탐색이 됩니다. 구문이란 찾고자 하는 바로 그 순서로 문헌 안에서 발견될 수 있는 두 개 혹은 그 이상의 단어조합을 의미합니다. 주로 겹따옴표를 사용하여 검색을 실행합니다.

　　예) "학교 도서관" "대학 도서관"

다. 불리언 검색 (Boolean searching)

아마도 불리언이라는 단어가 생소할 텐데 바로 수학자 George Boole의 이름에서 유래되었습니다. 불리언 검색은 배우기도 간단합니다. 자신이 원하는 유용한 검색결과로 이끌 수 있는 강력한 검색 기법입니다. 그리고 현재 온라인 검색시스템에서 가장 많이 채택하고 있는 기법이기도 합니다. 가장 일반적으로 많이 사용하는 불리언 연산자는 AND, OR 그리고 NOT입니다. 이 연산자를 어떻게 조합하느냐에 따라 정보검색 결과가 달라집니다. 연구주제를 "학교도서관을 활용한 독서 실태"로 선정해 자료를 검색하기 위해 세 개의 키워드 '학교/도서관/독서'를 추출했습니다. 원문정보서비스 사이트인 DBpia (www.dbpia.co.kr)의 검색과정을 예로 늘어보

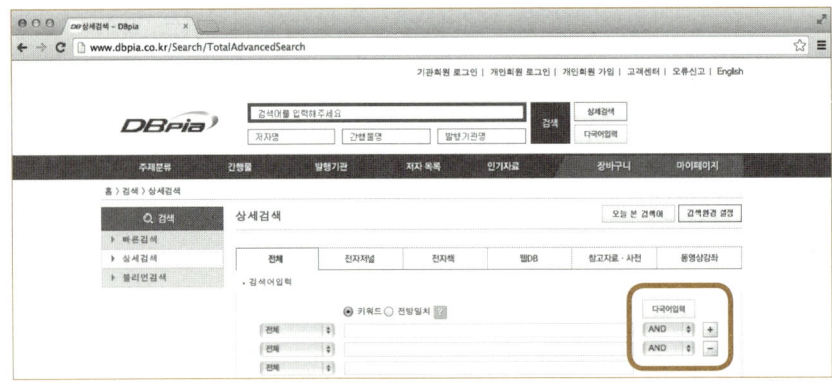

〈그림3-1〉DBpia 검색초기화면

겠습니다.

화면 우측 팝업을 열면 불리언 연산자인 AND, OR, NOT을 선택할 수 있습니다. 이를 조합해 원하는 자료를 검색할 수 있습니다. 그렇다면 각 연산자 별로 어떤 특징이 있는지 알아보겠습니다.

- AND

두 개 혹은 그 이상의 단어들을 포함하고 있는 문헌만을 검색하고자 할 때 사용할 수 있습니다. 이 연산자는 〈학교 AND 도서관 AND 독서〉으로 표현되며 이 세 단어가 모두 들어간 문헌만을 검색결과로 얻을 수 있습니다. AND는 가장 자주 사용되는 불리언 연산입니다.

- OR

두 개 중에 어느 한 단어만 포함되거나, 사용한 모든 단어들이 다 포함된 문헌을 검색하고자 할 때 사용합니다. 가능한 연구주제와 연관성이 있는 많은 관련 문

〈그림3-2〉 AND 검색

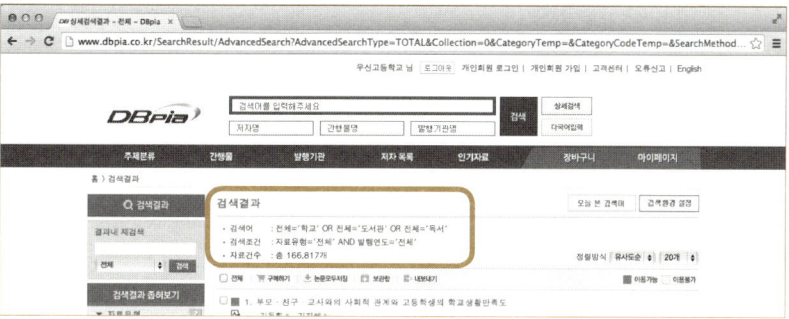

〈그림3-3〉 OR 검색

헌을 얻고자 할 때 사용합니다. 이 연산자는 〈학교 OR 도서관 OR 독서〉로 표현

되며 위의 3개의 단어를 모두 포함하거나 하나 이상 포함된 다양한 문헌들을 검

색결과로 얻을 수 있습니다.

■ NOT

검색결과에서 그 단어가 포함되지 않은 문헌을 원할 경우에 사용합니다. 이 연

산자는 〈학교 AND 도서관 NOT 독서〉로 표현되며 학교와 도서관은 포함하되

독서는 포함되지 않은 문헌을 검색해줍니다.

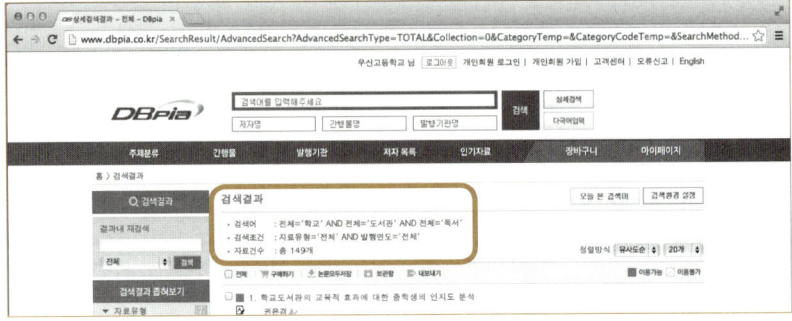

〈그림3-4〉 NOT 검색

이렇게 불리언 연산자를 조합하여 검색한 결과를 비교해보면 다음과 같은

검색건수를 얻을 수 있습니다.

〈표3-5〉 불리언 연산자별 검색 결과 ※ DBpia [Cited 2013.12]

학교 AND 도서관 AND 독서	학교 OR 도서관 OR 독서	학교 AND 도서관 NOT 독서
148건	166,817건	942건

3. 보물자료찾기

3.1 온라인 목록의 활용

소논문을 쓰기 위해서는 연구주제에 적합한 유용한 자료를 검색하여 수집해야 합니다. 그런 다양한 자료가 있는 곳은 많습니다. 대부분 그런 자료가 많은 장소로 도서관을 생각합니다. 히지만 도서관을 활용한다 해도 학교도서관, 공공도서관, 대학도서관, 국가대표급인 국립중앙도서관, 국회도서관 등 어디에서 어떤 자료를 찾아야 할지 모를 정도로 많습니다.

학교도서관이나 지역의 공공도서관 정도면 모르지만 그 많은 도서관을 일일이 방문하면서 필요한 자료를 찾기란 쉽지 않습니다. 그렇다면 쉽고 정확하게 관종별로 자료의 소장여부를 파악할 수 있는 좋은 방법을 알아야 합니다.

〈표3-6〉 공동목록시스템 종류

관종별	시스템이름	사이트주소
국립중앙도서관	디브러리	http://www.dibrary.net
국회도서관	국회전자도서관	http://dl.nanet.go.kr
대학도서관 연합	RISS	http://www.riss.kr
공공도서관 연합	KORIS-NET	http://www.nl.go.kr/kolisnet
학교도서관 연합	DLS	http://reading.ssem.or.kr
9개 국내주요도서관 연합	국가전자도서관	http://dlibrary.go.kr

각각의 관종별 도서관은 소장한 자료 목록을 전산화해 이용자가 도서관 홈페이지를 통해 검색할 수 있도록 서비스하고 있습니다. 도서관별 공통된 검색시스템을 만들지 않으면 도서관마다 필요한 자료를 검색해야 하는 불편함이 있습니다.

"우리 관종별로 공동목록시스템을 만들어 이용자에게 소장정보를 즉시 알려주자!"

바로 그렇게 만들어진 것이 다양한 공동목록시스템입니다. 여러분은 이것만 제대로 활용해도 연구주제에 대한 정보접근을 훨씬 수월하게 진행할 수 있습니다.

가. 국립중앙도서관

초등학교, 중학교, 고등학교를 거치면서 많은 학생들이 국립중앙도서관을 방문해 본 경험이 있을 것입니다. 처음 방문하면 정말 우리나라에 이렇게 크고 웅장한 도서관이 있고, 여기에 다양하고도 방대한 자료들을 소장하고 있다는 사실에 놀라게 됩니다.

국립중앙도서관은 1945년에 개관한 우리나라 국가대표도서관입니다. 국내의 모든 출판사들은 책을 만들면 납본(納本)제도에 따라 의무적으로 출판물을 국립중앙도서관에 제출해야 합니다. 물론 국가대표도서관인 국립중앙도서관은 법이 정한 절차에 따라 납본에 대한 합당한 대가를 지불합니다. 이런 납본제도는 다른 도서관에는 없어도 국립중앙도서관에는 출판물이 있다는 것을 의미합니다. 이렇게 국립중앙도서관은 납본제도, 구입 및 기증에 의해 수집된 자료를 서비스하고 있습니다.

해마다 쏟아지는 수많은 출판물이 국립중앙도서관으로 모이니 소장하고 있는 자료의 양도 매우 방대합니다. 또한 2009년에 개관한 디지털도서관도 국립중앙도서관의 또 다른 자랑입니다. 그럼 국립중앙도서관 검색시스템인 디브러리(http://www.dibrary.net)를 다함께 들어가 볼까요?

〈그림3-5〉 디브러리 통합검색

디브러리는 국립중앙도서관의 소장자료 및 외부 협력기관 자료에 대한 통합검색을 지원합니다. 통합검색결과는 소장자료, 연계자료 종합목록의 분야별로 검색됩니다.

〈표3-7〉 디브러리 통합검색 메뉴

소장자료	■ 국립중앙도서관에서 소장하고 있는 국내외 자료의 목록 정보 및 원문자료 ■ 가치있는 온라인자료에 대한 통합검색 가능
종합목록	■ 국립중앙도서관을 중심으로 구성된 전국 공공도서관의 소장 자료 ■ 한국 고전에 대한 목록, 해제, 원문 등 ■ 전국의 고전적 소장자료에 대한 통합검색 가능
연계자료	■ 우리나라 국가기관의 디지털자료를 제공하는 국가지식포털 ■ 다양한 문화 콘텐츠를 제공하는 문화포털 ■ NDSL의 과학기술 정보·한국 표준정보·특허정보 ■ 나라기록포털의 국가 기록물 ■ 네이버 전문정보 등 다양한 전문정보에 대한 통합검색 가능

국립중앙도서관의 디브러리의 경우 이렇게 다양한 통합검색이 가능합니다. 아래 〈그림3-6〉은 디브러리를 통해 고등학생에게 매우 관심이 높은 '입학사정관제'에 대한 간략검색 결과입니다.

〈그림3-6〉 디브러리 간략검색 결과

나. 국회도서관

국회도서관은 국회의 입법활동 지원을 목적으로 1964년에 개관한 대규모 전문도서관입니다. 국회의원이 지속적으로 법을 제정하고 개정하는 입법활동을 지원하기 위해서는 가장 최신의 자료와 연구결과를 유지해야 합니다. 특히 인문,사회과학 분야에 있어서는 국회도서관이 최고(最高), 최선(最善)의 자료를 구비하고 있습니다.

이뿐만이 아닙니다. 미국의회에서 발행되는 청문회자료, 상임위원회자료 및 회의록 등과 주요국의 의회자료와 각국의 헌법 · 법령집 그리고 정부간행물, 국제기구 기탁도서관으로서 UN 및 UN전문기구와 WTO 등에서 간행한 각종 자료도 수집 · 정리하여 소장하고 있습니다.

국회도서관은 국회의원의 입법활동을 지원하는 전문도서관이기 때문에 모든 사람이 이용할 수 있는 것은 아닙니다. 인문,사회과학 연구자를 중심으로 개방하고 있기에 청소년인 여러분은 별도의 추천서를 받아야 합니다. 중·고등학생은 소속 학교의 학교장 또는 사서교사 또는 도서업무 담당 선생님의 추천을 받을 수 있습니다.

국회도서관은 국회전자도서관(http://dl.nanet.go.kr)을 통해 소장자료 및 다양한 원문자료를 검색할 수 있도록 각종 목록 · 색인 등의 국가서지네이터베이스를 구축하고 있습니다. 또한 국회도서관은 다른 어느 도서관보다 학위논문을 중심으로 한 원문 데이터베이스를 체계적으로 잘 구축했습니다. 여러분이 소논문쓰기에 석박사 학위논문을 중심으로 자료를 검색해야 한다면 국회도서관을 활용하는 것이 유리합니다.

〈그림3-7〉 국회전자도서관 통합검색

국회전자도서관 통합검색창을 열어보면 키워드로 다양하게 범위를 제한하여 검색할 수 있습니다. 전체(초록·목차제외) / 전체(초록·목차포함) / 자료명(완전) / 자료명 / 저자 / 발행자 / 자료유형별 등으로 구분하여 검색할 수 있는 기능도 제공합니다.

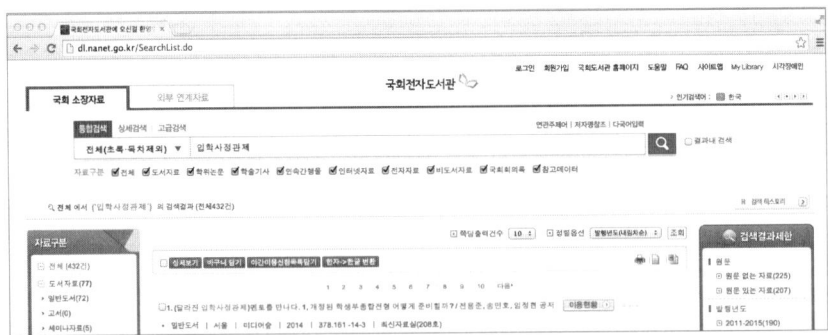

〈그림3-8〉 국회전자도서관 간략검색

〈그림3-8〉은 '입학사정관제'로 간략검색을 한 검색결과 화면입니다. 2013년 12월 전체 자료 402건이 검색되었는데 이 중 오른쪽을 보면 원문이 있는 자료가 207건이라고 알려줍니다. 검색결과 첫 번째에 있는 학위논문의 PDF원문을 클릭해보면 아래 〈그림3-9〉와 같은 원문 화면이 나옵니다.

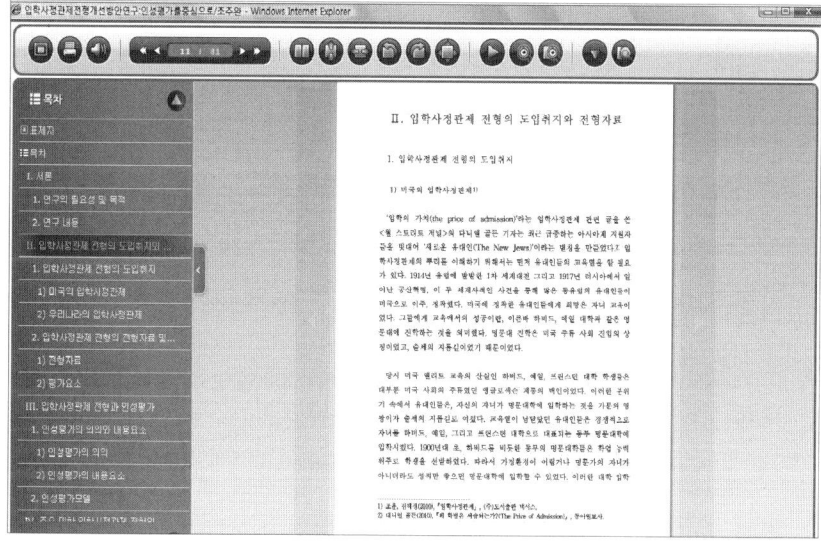

〈그림3-9〉 원문자료 열람

그리고 왼쪽 목차를 중심으로 필요한 정보에 바로 접근할 수 있는데 이때 부분출력도 가능합니다. 물론 원문 자료 이용 시 유의할 점이 있습니다. 단행본, 학위논문, 정기간행물 기사색인 원문 중 저작물 허락, 동의가 되지 않은 자료의 경우입니다. 저작권법에 의해 이 자료들은 인터넷으로 서비스가 제공되지 않기 때문에 자료의 원문서비스를 받으려면 국회도서관 및 국회도서관과 협약이 체결된 도서관에 방문해야 합니다.

다. 독서교육종합지원시스템

각 시도교육청별로 운영하고 있는 독서교육종합지원시스템은 학교도서관과 밀접한 관련이 있습니다. 여기에는 다양한 독후활동을 지원 관리하는 독서교육 포털의 기능 뿐 아니라 도서대출 및 반납 등의 학교도서관업무지원시스템(DLS)과 연동되고 있습니다.

그렇기 때문에 독서교육종합지원시스템을 통해 해당 교육청 소속의 학교도서관 종합목록을 대상으로 자료검색을 할 수 있습니다. 상세결과 화면에서는 해당 자료를 소장하고 있는 지역의 학교도서관 목록을 보여줍니다. 서울시교육청 독서교육종합지원시스템의 전체자료검색 화면을 예시하면 〈그림3-10〉과 같습니다. 단위학교별 도서검색도 가능합니다. 여러분에게 매우 익숙한 화면입니다.

또한 독서교육종합지원시스템은 한국십진분류법 (KDC)에 따라 주제별 탐

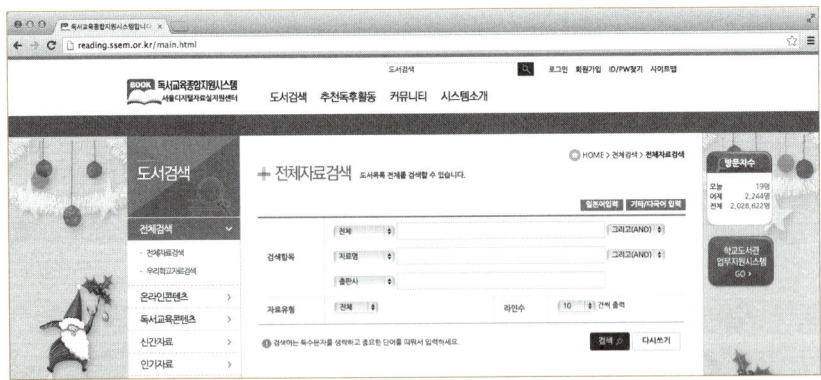

〈그림3-10〉 독서교육종합지원시스템 전체자료검색

색이 가능하도록 서비스를 제공하고 있습니다. 주제별로 자료를 볼 수 있기 때문에 그 분야의 전체 흐름을 파악하는데 큰 도움이 됩니다.

총 류		총류 │ 도서학, 서지학 │ 문헌정보학 │ 백과사전 │ 일반 논문집 │ 일반 연속간행물 │ 일반 학회, 단체, 협회, 기관 │ 신문, 언론, 저널리즘 │ 일반 전집, 총서 │ 향토자료 │
철 학		철학 │ 형이상학 │ 철학의 체계 │ 경학 │ 아시아(동양) 철학, 사상 │ 서양철학 │ 논리학 │ 심리학 │ 윤리학, 도덕철학 │
종 교		종교 │ 비교종교학 │ 불교 │ 기독교 │ 도교 │ 천도교 │ 신도 │ 바라문교, 인도교 │ 회교(이슬람교) │ 기타 제종교 │
사회과학		사회과학 │ 통계학 │ 경제학 │ 사회학, 사회문제 │ 정치학 │ 행정학 │ 법학 │ 교육학 │ 풍속, 민속학 │ 국방, 군사학 │
자연과학		자연과학 │ 수학 │ 물리학 │ 화학 │ 천문학 │ 지학 │ 광물학 │ 생물과학 │ 식물학 │ 동물학 │
기술과학		기술과학 │ 의학 │ 농업, 농학 │ 공학, 공업일반 │ 건축공학 │ 기계공학 │ 전기공학, 전자공학 │ 화학공학 │ 제조업 │ 가정학 및 가정생활 │
예 술		예술 │ 건축술 │ 조각 │ 공예, 장식미술 │ 서예 │ 회화, 도화 │ 사진술 │ 음악 │ 연극 │ 오락, 운동 │
언 어		언어 │ 한국어 │ 중국어 │ 일본어 │ 영어 │ 독일어 │ 프랑스어 │ 스페인어 │ 이탈리아어 │ 기타 제어 │
문 학		문학 │ 한국문학 │ 중국문학 │ 일본문학 │ 영미문학 │ 독일문학 │ 프랑스문학 │ 스페인문학 │ 이탈리아문학 │ 기타 제문학 │
역 사		역사 │ 아시아(아세아) │ 유럽(구라파) │ 아프리카 │ 북아메리카(북미) │ 남아메리카(남미) │ 오세아니아(대양주) │ 양극지방 │ 지리 │ 전기 │

〈그림3-11〉 독서교육종합지원시스템 분류검색

라. 전국공공도서관공동목록시스템 – KOLIS-NET

KOLIS-NET(http://www.nl.go.kr/kolisnet)은 국립중앙도서관을 중심으로 구성된 전국 공공도서관의 소장자료에 대한 공동목록시스템입니다.

KOLIS-NET은 전국 공공도서관의 종합목록 기능을 제공하고 있어 원하는 자료가 어느 공공도서관에 소장되어 있는지 한눈에 파악할 수 있습니다. 간략검색을 할 때에는 표제/논문명, 저자명, 발행자/대학명 등을 대상으로 검색어를 입력하면 됩니다. 또한 찾고자 하는 자료의 형태를 일반도서, 학위논문, 아동도서, 비도서, 전체 등으로 선택 구분하여 검색할 수 있습니다. 상세결과 화면에서는 해당 자료를 소장하고 있는 도서관을 보여줍니다.

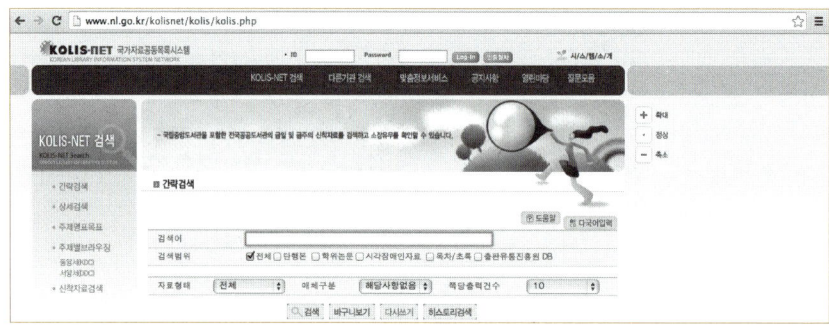

〈그림3-12〉 KOLIS-NET 간략검색

마. 한국교육학술정보원 – RISS

고등학생인 여러분이 대학교에 진학하면 많이 이용하게 되는 것이 바로 한국교육학술정보원(KERIS)에서 제공하는 RISS(http://www.riss.kr)입니다. 간단히 표현하면 대학도서관 공동목록시스템이라고 보면 됩니다.

RISS는 1998년부터 제공하는 학술연구 정보서비스로서 전국 대학도서관 및 주요 도서관의 소장자료, 학위논문 등의 일부 원문을 검색할 수 있는 종합목록 데이터베이스입니다. 특정 자료의 소장처를 보여주기 때문에 어느 도서관에서 소장하고 있는지 알 수 있습니다. 또한 도서관 종합목록을 제공하면서 연속간행물목록, 학위논문목록, 학술잡지 기사색인 및 원문서비스까지 제공하는 다목적 정보시스템이라 할 수 있습니다.

기본검색을 통해 찾고 싶은 자료의 서명, 저자, 발행처 등의 키워드를 입력하여 검색하면 됩니다. 상세결과 화면에서는 검색된 자료를 소장하고 있는 전국의 대학도서관을 확인할 수 있습니다.

〈그림3-13〉 RISS 통합검색

바. 국가전자도서관

국가전자도서관(http://dlibrary.go.kr)은 국립중앙도서관, 국회도서관, 법원도서관, 한국과학기술원 과학도서관, 한국과학기술정보연구원, 한국교육학술정보원, 농촌진흥청 농업과학도서관, 국방전자도서관 등 8개 참여기관의 디지털화된 소장목록 및 원문정보를 통합검색 할 수 있는 시스템입니다.

그야말로 국가대표도서관이 연합한 만큼 최대 규모의 전자도서관이라 할 수 있습니다. 국가전자도서관은 국가 정보자원의 공유체제를 확대 발진시켜 연구자들은 물론 일반 국민들까지 온라인으로 필요한 정보를 제공합니다. 21세기 지식 정보사회에서 국가경쟁력을 강화하고자 개발된 시스템입니다.

국가전자도서관 홈페이지 초기화면에서 원문통합검색을 할 수 있습니다. 통합검색 서비스는 이용자에게 검색대상 DB를 선택하여 검색할 수 있는 기능을 제공해주고 있습니다. 키워드 검색에서는 전체와 원문서비스 DB를 선택할 수 있지만 상세검색 화면에서는 특정 DB를 하나 이상 선택할 수 있는 기능을 제공합니다. DB를 선택하여 검색하면 이용자가 원하는 정보를 빠른 시간 내에 찾을 수 있습니다.

〈그림3-14〉 국가전자도서관 상세검색

3.2 원문정보서비스 활용

여러분은 공부할 때 음악을 들으며 하는 경우가 많을 겁니다. MP3라는 음악 포맷이 보편화 되기 전에는 주로 CD를 통해 음악을 들었습니다. 이 CD는 대형서점이나 음악사를 통해 구입해야 합니다. 자신이 듣고 싶은 음악이 있는 CD를 구입하려면 어느 대형서점이나 음악사에 있는가를 알아야 구매해서 그 음악을 들을 수 있습니다. 그렇게 찾은 대형서점에서 CD를 구매해 포장을 뜯고 CDplayer에 넣어야 비로소 음악을 들을 수 있습니다. 지금까지 설명한 예는 여러분이 연구주제를 선정하고 관련 자료를 찾기 위해 도서관으로 가는 과정과 일치합니다. 듣고 싶은 음악을 구매하기 위해 그 CD를 판매하는 대형서점을 찾아 가는 것처럼, 연구주제와 관련이 있는 자료를 찾기 위해 소장한 도서관을 검색하고 그 자료를 소장한 도서관으로 찾아갑니다.

여기서 중요한 것은 온라인목록을 통해 자료를 찾는 방법은 말 그대로 원하는 자료가 어느 도서관에 있는가를 알려주는 것입니다. 온라인 검색 후 오프라인의 도서관으로 직접 찾아가야 원하는 자료를 볼 수 있다는 겁니다. 그런데 만약 힘들게 방문하여 검색해 찾은 자료가 부적합 자료라면 어떨까요? 이는 예전부터 연구자들이 겪는 큰 불편함 중에 하나입니다. 특히 시간과 비용을 들이면서 별다른 소득 없이 돌아올 때의 허탈함은 매우 큽니다.

다시 음악을 듣는 과정으로 돌아옵니다. 요즘은 원하는 음악을 듣기 위해 CD를 구매하지 않고 직접 듣는 방법이 있습니다. 이를 스트리밍(streaming) 서비스라 합니다. 이런 서비스를 제공하는 인터넷 사이트에 접속해서 듣고 싶은 음악을 선정하고 이용료를 지불하면 그 사리에서 원하는 음악을 실시간으로 바로 들을 수 있습니다. 어떻습니까? 이전과 많이 달라졌습니다. 이젠 온라인에서 듣고 싶은 음악을 바로 검색하고 온라인에서 바로 들을 수 있는 시대입니다.

이와 마찬가지로 원하는 정보를 찾아 오프라인의 도서관으로 직접 찾아가서 이용해야 하는 연구자들의 불편함을 해소하기 위해 논문, 보고서, 학술자료 등을 발행하는 여러 학회의 학술자료를 원문으로 구축할 필요성을 느끼게 되었습니다. 그래서 이러한 학술정보를 통합하여 온라인 시스템에서 통합검색이 가능하도록 원문정보서비스를 시작하게 된 것입니다. 연구자가 온라인으로 검색한 자료의 단순한 소장여부 및 서가위치 정보만이 아니라 원문정보 자체를 확보할 수 있다면 정말 편리한 연구가 가능하다는 것이지요. 마치 듣고 싶은 음악을 CD 구매 없이 바로 실시간으로 들을 수 있는 스트리밍 서비스와 같습니다.

〈표3-8〉 원문정보서비스 개요

DB명	사이트주소	설명
DBpia	http://www.dbpia.co.kr	(주)누리미디어가 제공하는 학술정보 데이터베이스 서비스
KISS	http://kiss.kstudy.com	한국학술정보(주)에서 각종 학술지 논문의 원문을 제공하는 데이터베이스
교보문고스콜라	http://scholar.dkyobobook.co.kr	교보문고에서 학술지 논문의 원문을 제공하는 데이터베이스

하지만 이러한 원문정보서비스는 편리한 만큼 무료로 제공되는 것은 아닙니다. 대개 1년 단위로 유료계약을 합니다. 여러분의 학교도서관이 이런 계약을 통해 원문정보서비스의 웹 데이터베이스를 사용하고 있는지 확인해보기 바랍니다. 만약 가입하지 않았다면 개인회원으로 가입하고 필요한 자료를 유료로 구매한다면 위와 같은 동일한 서비스를 제공받을 수 있습니다. 〈표3-8〉은 이러한 서비스를 제공해주는 회사입니다.

가. DBpia – 전자저널서비스

원문정보서비스는 대학 및 연구소와 같은 전문 학술기관에서 구독을 하는 서비스입니다. 하지만 학교도서관의 소논문쓰기에 적극 활용되는 원문정보서비스는 누리미디어의 DBpia가 있습니다.

DBpia(http://www.dbpia.co.kr)는 (주)누리미디어가 제공하는 학술정보 데이터베이스 서비스입니다. 2000년 5월 서비스를 시작한 이래 2014년 1월 기준으로 9개 학문분야의 총 3,212종의 간행물 및 2,566,405편의 논문을 제공하고 있습니다. 또한 약 1,000여 개의 학회와 연구기관, 출판사 등에서 발행되는 간행물들을 창간호부터 최신호까지 디지털 형태로 제공하고 있습니다.

DBpia는 국내 학술논문을 이용하고자 할 때 매우 유용한 원문정보서비스입니다. 도서관 및 기업체 등에 기관 서비스를 제공하고 기관회원은 통상 1년의 계약기간 동안 자유롭게 이용할 수 있습니다.

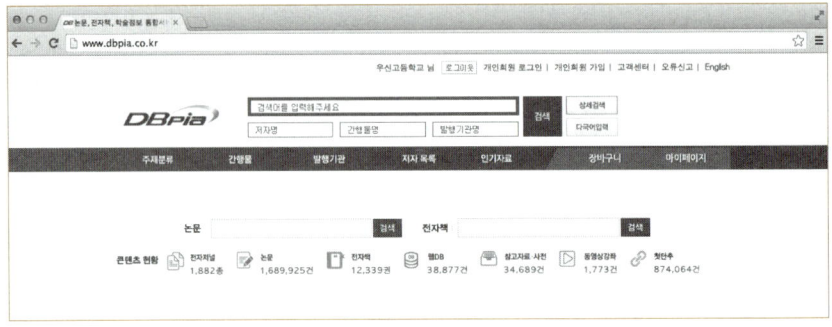

〈그림3-15〉 DBpia 기본검색

자료탐색을 위한 메뉴바를 보면 크게 〈주제분류, 간행물, 발행기관, 저자목록, 인기자료〉로 구분하고 있습니다.

- 주제분류 – 인문학, 사회과학, 자연과학 등의 주제 항목 하에 여러 세부 주제 항목을 선택
- 간행물 – 전자저널, 전자책, 전자책시리즈, 웹DB, 참고자료 및 사전, 동영상 강좌 선택이 가능
- 발행기관 – DBpia에서 제공하는 자료의 제공처 목록 확인
- 저자목록 – DBpia에서 식별한 저자의 등록 논문 목록
- 인기자료 – 기관회원인 경우 같은 소속기관의 회원들이 이용한 인기자료 목록 확인 가능

기본 검색화면에는 검색항목으로 전체를 선택하여 통합검색을 할 수 있습니다. 또한 제목, 저자, 간행물, 발행기관 등의 접근을 통하여 적절한 검색을 시도할 수 있습니다.

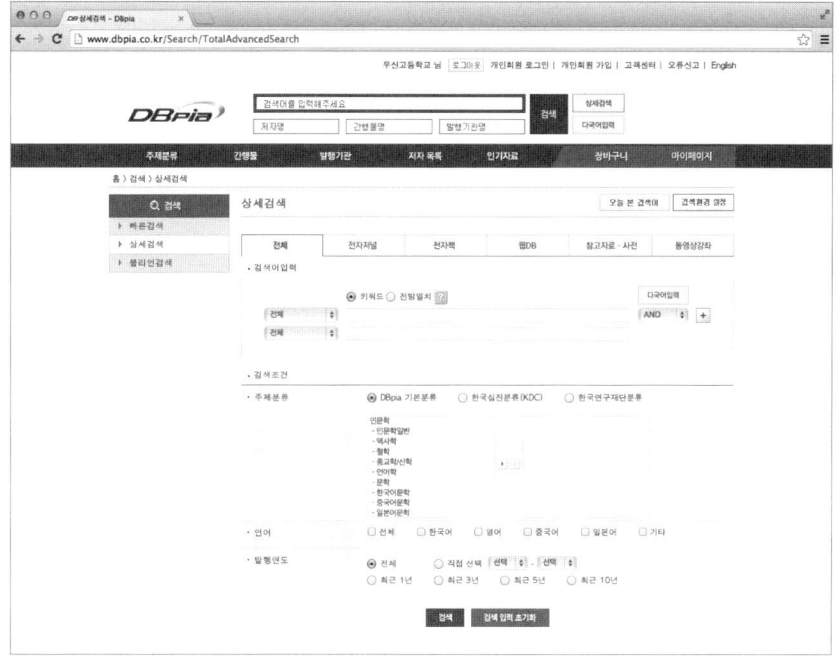

〈그림3-16〉 DBpia 상세검색

다음으로 상세검색을 통해 먼저 검색할 자료의 유형을 설정할 수 있습니다. 2개의 입력창을 통해 AND, OR, AND NOT의 불리언 연산자 조합으로 검색필드를 설정할 수 있으며, 다양한 주제분류, 언어, 발행연도 등의 조건을 선택할 수 있습니다. 특히 주제분류는 한국연구재단분류, KDC분류, DBpia 기본분류 등 3가지 형태로 사용 가능하며, 수록정보에 대한 통계를 제공하고 있습니다.

- 검색결과를 바탕으로 검색어 추가 입력을 통해 검색결과 내 재검색
- 자료유형, 간행물명, 주제분류, 발행언도, 해외등재 정보별로 세부검색을 실행

하여 검색결과를 좁혀보기 기능
- 체크박스 하단의 아이콘을 통해 해당 자료가 어떤 유형의 자료인지 파악 가능
- 등재지 논문의 평판도, 논문의 최신성, 논문의 인기도 등을 종합 평가한 랭킹 알고리즘을 활용하여 이에 해당하는 검색결과를 상위에 노출

〈그림3-17〉 DBpia 검색결과

특히 소논문쓰기에 많이 활용되는 학술 논문의 경우 신뢰도 높은 자료를 검색결과 상단에 노출함으로써 이용자의 접근이 편리하도록 안내하고 있습니다.

나. KISS

KISS(http://kiss.kstudy.com)는 한국학술정보(주)에서 1,200여개의 학회 및 연구기관 등과 전송권 계약을 체결하여 여기서 발행하는 3,200여 개의 학회지 및 120만 건의 학술논문을 원문으로 제공하는 원문 정보서비스입니다. 보통 기관별로 1년의 계약기간 동안 자유롭게 이용할 수 있습니다.

기본검색에서는 제목, 저자명, 간행물명, 발행기관명으로 검색이 가능하며, 또는 이 전체를 대상으로 검색할 수도 있습니다.

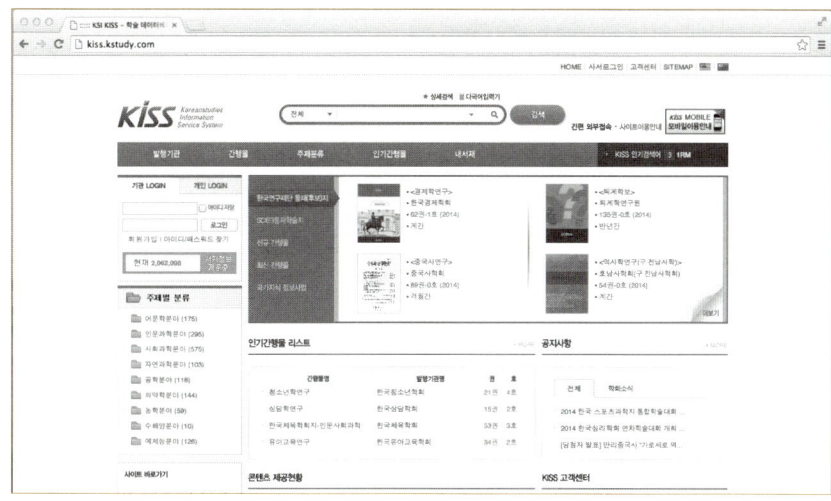

〈그림3-18〉 KISS 통합검색

다. 교보문고스콜라

교보문고스콜라(http://scholar.dkyobobook.co.kr)는 교보문고에서 국내 약 220여개 학회 및 연구소에서 발행하는 학회지 및 연구 간행물 원문정보를 제공하는 서비스입니다. 도서관 및 기업체 등에 기관서비스를 제공하고 있으며, 기관회원은 통상 1년의 계약기간 동안 자유롭게 이용할 수 있습니다. 기본검색은 물론 상세검색, 발행기관검색, 간행물검색, 분야별 검색을 지원해주고 있습니다. 특히 교보문고스콜라 뿐만 아니라 다른 학술DB 사이트에서도 제공하는 분야별 검색 메뉴는 주제와 관련된 학술지들을 망라적으로 찾고자 할 때 유용합니다.

〈그림3-19〉 교보문고스콜라 통합검색

3.3 인터넷 전문정보/학술검색의 활용

인터넷 포털서비스는 일반인과 학생을 포함해 가장 일반적인 정보접근방법입니다. 여러분이 너무도 잘 아는 네이버나 구글이 바로 그 주인공입니다. 이러한 포털의 검색엔진은 그야말로 자료를 검색하는데 대단한 보물창고라고 할 수 있습니다. 인터넷 포털서비스 가운데 대표적인 네이버와 구글을 중심으로 전문정보/학술정보 검색 기능을 소개합니다.

가. 네이버 전문정보

네이버 전문정보(http://academic.naver.com)는 한번의 검색으로 학술자료, 국가기록물, 특허, 통계, 리포트 및 각종 서식 등을 편리하게 이용할 수 있도록 2004년 4월에 개시된 서비스입니다. 특히 학술자료를 찾는 연구자들이 검색을 통해 빠르고 쉽게 원하는 학술자료로 접근할 수 있도록 지원해줍니다. 즉 여러 학술자료 전문 사이트에 흩어져 있는 정보를 한눈에 파악할 수 있도록 통합된 검색결과를 제공해줍니다.

각각의 서지들은 초록(abstract)을 제공하고 있어 미리 내용을 엿볼 수도 있고, 원문보기의 유·무료 정보와 함께 원문 열람이 가능한 사이트와 도서관도 함께 알려줘 연구자들의 시간을 절약해주고 있습니다. 또한 국내 발간되는 학술자료는 거의 대부분을 제공하고 있으며, 해외 학술자료도 지속적으로 증가하고 있습니다.

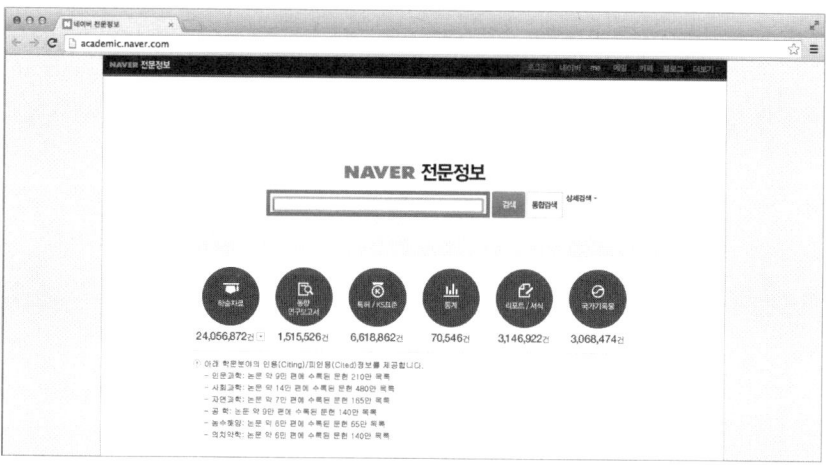

〈그림3-20〉 네이버 전문정보

네이버 전문정보가 보유한 국내서지 약 1,100만 건 중 약 15~20%는 원문의 비용 지불 없이 바로 다운로드할 수 있습니다. 예를 들어 '검색엔진'이라는 키워드로 검색하였을 때 나온 학술검색 결과의 링크를 클릭하면, 필요한 원문을 바로 이용할 수 있습니다.

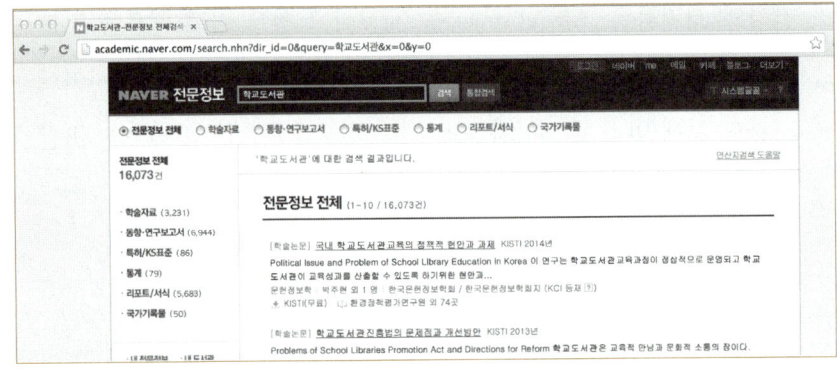

〈그림3-21〉 네이버 전문정보 검색결과

특히 고등학생으로서 소논문쓰기를 도전하고 시작했다면 여기에 추가로 네이버의 책 본문검색도 도움이 됩니다. 막연히 키워드만으로 책에 접근해야 할 때 본문검색을 사용하면 자료의 적합성 여부를 평가할 때 매우 유용하기 때문입니다. 다만 저작권 문제로 본문의 일부분만 볼 수 있다는 점이 단점이라 할 수 있습니다.

나. 구글 학술검색

구글 학술검색(http://scholar.google.co.kr)은 학술 자료를 쉽게 찾도록 돕는 검색 서비스입니다. 다양한 분야의 발행인, 출판사, 학회, 대학, 학술단체 등 각종 기관에서 제공하는 학술논문, 서적, 초록, 자료 등을 검색할 수 있습니다. 또한 유료자료뿐만 아니라 수백만 건의 공개자료를 제공하며, 여러 정부기관과 연구소의 무료 디지털 원문 검색도 지원해주고 있습니다.

〈그림3-22〉 구글 학술검색

특히 한 논문이 여러 DB를 통해 제공되는 경우 그 논문의 여러 경로를 한 번에 제시함으로써 특정 DB를 이용할 수 없을 때 다른 DB의 동일 논문을 즉시 이용할 수 있는 점이 최대의 장점이라 할 수 있습니다. 또한 특정 주제에 대한 최근 연구자료를 검색하려면 결과 페이지 오른쪽에 있는 '최신 자료'를 클릭하면 최신 연구자료 순서로 다시 정렬됩니다. 이때 저자의 지명도 및 학술지의 이전 논문뿐 아니라 각 자료의 전문, 해당 자료가 인용된 횟수 등을 기준으로 새롭게 정렬됩니다.

관련 학술자료 링크는 구글 색인에서 구글 학술 검색의 각 검색결과와 관련성이 높은 자료를 자동으로 확인합니다. 검색결과 옆에 나타나는 '관련 자료' 링크를 클릭하면 해당 자료 목록을 볼 수 있습니다.

관련 자료 목록의 순위는 주로 원래 결과와 해당 자료와의 유사성을 기준으로 결정되지만 각 페이지의 관련성 또한 참고합니다. 초보자가 특정 주제에 익숙해지려면 관련 자료 및 도서를 검색하는 것이 좋습니다. 전문가 역시 관련 자료를 통해 자신들의 전문 분야와 관련된 자료를 찾아 볼 수 있습니다.

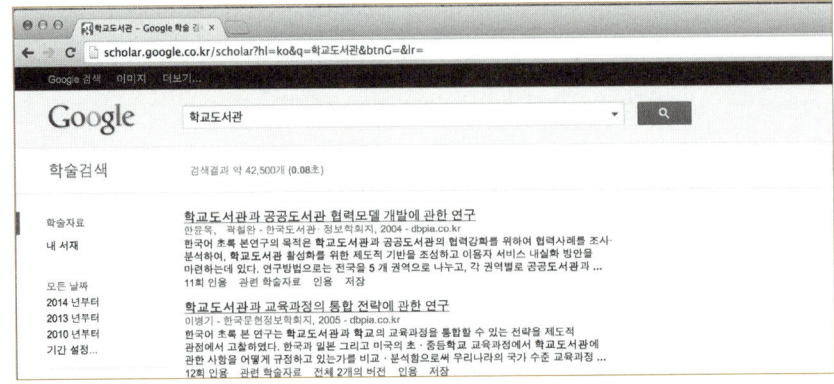

〈그림3-23〉 구글 학술검색 결과

3.4 주제별 데이터베이스의 활용

가. 신문기사검색 KINDS

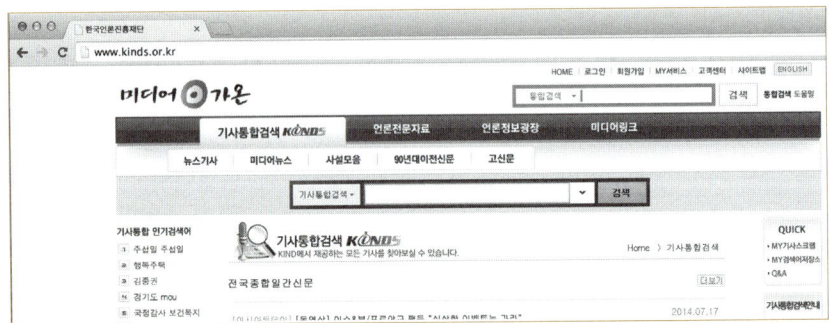

〈그림3-24〉 KINDS 기사통합검색

KINDS(http://www.kinds.or.kr)는 신문기사색인으로 한국언론재단에서 서비스하고 있습니다. 국내 최대의 뉴스 전문검색 사이트로서, 원하는 기사를 빠짐없이 정확하고 편리하게 검색할 수 있습니다. 1990년 이후 10개

서울종합일간지 기사를 비롯하여 25개 서울지역 외 종합일간지, 9개 경제일간신문, 4개 TV방송뉴스, 10개의 인터넷신문, 1개의 영자일간지, 5개 지역주간신문, 고신문 및 90년대 이전 신문 등을 포함한 1,200만 건이라는 최대 규모의 기사 DB를 구축하고 있습니다.

모든 매체에 대한 통합검색이 가능하며 검색어를 AND, OR, NOT 등으로 조합해 정밀하게 검색할 수 있습니다. 검색어 입력 후 신문명이나 발행일, 주제별, 글자 수에 따른 검색도 가능합니다. 종합일간지의 경우 기고자명, 고정물명, 면종, 기사유형, 1면 망 검색 등 세분화된 검색 기능이 축적으로 부여됩니다.

또한 종합일간지뿐 아니라 TV방송뉴스, 인터넷신문, 지역신문, 각종 전문지까지 검색이 가능합니다. 1960년~1989년 신문의 이미지를 파일DB, 독립신문, 대한매일신보 등 고신문 검색 기능까지 추가해 전 분야의 미디어 및 과거와 현재를 아우르는 기사검색 서비스를 제공하고 있습니다.

나. 과학정보검색 NDSL

〈그림3-25〉 NDSL 통합검색

NDSL(http://www.ndsl.kr)은 국가과학기술정보센터가 과학기술분야의 논문검색을 제공하기위해 만든 사이트 입니다. 국내 학계, 연구계, 산업계의 모든 연구자들을 위하여 43,000여 종의 학술저널과 160,000여 종의 프로시딩을 서비스하고 있습니다. 더불어 한국, 중국, 일본 학술논문도 검색이 가능합니다.

다. 특허정보검색 KIPRIS

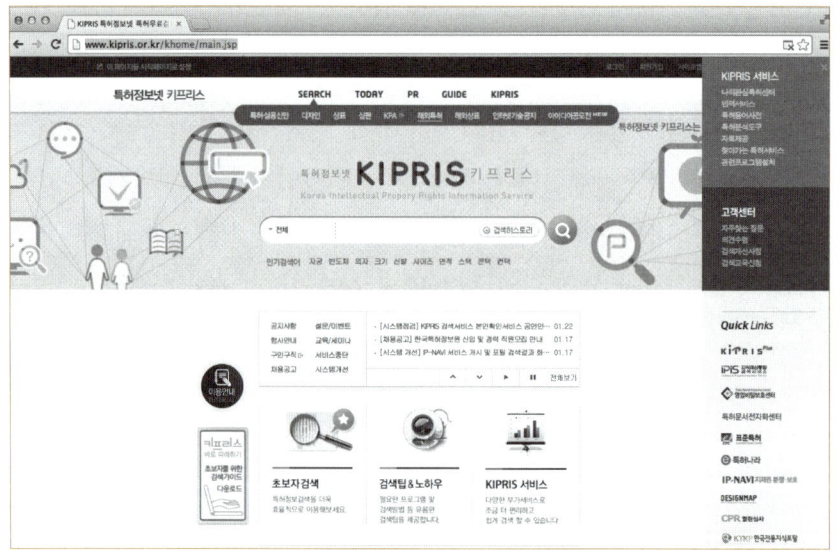

〈그림3-26〉 KIPRIS 통합검색

KIPRIS(http://www.kipris.or.kr)는 특허청이 보유하고 있는 특허, 실용신안, 디자인, 상표, 심판 등의 국내외 지식재산권 관련 정보를 데이터베이스로 구축한 것입니다. 누구나 인터넷을 통해 무료로 검색 및 열람할 수 있도록 한 특허정보검색 서비스입니다.

라. 법률정보검색 국가법령정보센터

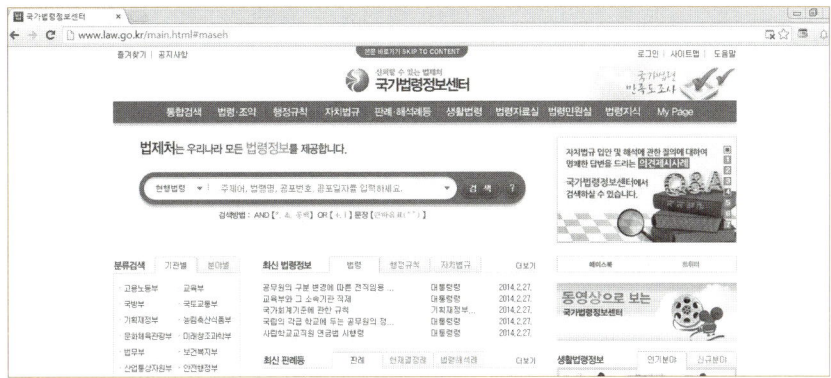

〈그림3-27〉 국가법령정보센터 통합검색

국가법령정보센터(http://www.law.go.kr)는 법제처에서 운영하고 있으며, 우리나라의 현행 법령, 행정규칙, 자치법규, 조약, 판례, 헌재결정례, 심판례 등에 대한 법률정보를 제공해주고 있습니다.

마. 통계정보검색 국가통계포털 KOSIS

〈그림3-28〉 KOSIS 통합검색

국가통계포털(http://www.kosis.kr)은 국내·국제·북한의 주요 통계를 데이터베이스로 구축하여 이용자가 편리하게 통계자료를 이용할 수 있도록 통계청이 제공하는 통계정보서비스입니다. 현재 120여 개 기관이 작성하는 경제·사회·환경에 관한 500여 종의 국가승인통계를 수록하고 있습니다. 지역통계, 국제통계, 북한통계, 맞춤통계, 시각화 콘텐츠 등 쉽게 이해할 수 있는 다양한 콘텐츠 및 통계 서비스를 제공하고 있습니다.

4. 소논문쓰기의 **정보원**

십진분류법에 따르면 세상의 모든 지식은 10개의 범주로 분류할 수 있음을 배웠습니다. 하지만 십진분류에 따른 10개의 범주는 여러분에게 크게 와 닿지 않을 겁니다. 고등학교 2학년으로 진급할 때 선택해야 하는 계열을 두고 보면 인문계와 자연계로 대별(大別)하는데 익숙하기 때문입니다. 이는 고등학교 수준에서 접할 수 있는 학문영역의 개수는 크게 이 정도면 모두 포함할 수 있다는 말과 같습니다.

지금 여러분이 쓰는 소논문 역시 이런 구별에서 벗어나지 않습니다. 한 번 생각해보세요. 여러분이 선정한 연구주제가 인문계열에 가깝습니까? 자연계열에 가깝습니까? 대부분은 둘 중에 하나를 선택할 수 있을 겁니다.

이런 분류는 고등학교 교육과정을 토대로 했기 때문에 여러분이 공감을 할 겁니다. 같은 방법으로 소논문쓰기에 참고할 수 있는 다양한 정보원 역시 십진분류가 아닌 고교 교육과정 분류처럼 인문계와 자연계로 나눠도 크게 무리는 없을 것 같습니다.

이런 분류를 확대해 소논문을 쓰는데 참고할 수 있는 정보원을 인문과학, 사회과학, 기초과학, 응용과학으로 나눠 좀 더 자세하게 살펴보겠습니다. 여러분이 선정한 연구주제가 먼저 어느 학문 분야에 속해 있는지를 알면 구체적인 연구 방향에 많은 도움을 얻을 수 있습니다. 이뿐만이 아닙니다. 각 학문 분야별로 정보원의 항목을 잘 파악하고 접근하면 자신의 적성에 따른 진로 선택에도 도움을 얻을 수 있습니다.

고등학교에서 소논문쓰기 영역의 목적은 다양합니다. 1장에서 살펴보았듯이 소논문쓰기의 매력은 학생의 잠재적 능력에 따라 다양합니다. 그중 매우 중요한 것 중에 하나가 자신의 진로 선택을 얼마나 제대로 결정하느냐의 문제입니다. '순간의 선택이 평생을 좌우한다'라는 말이 있듯이 향후 여러분이 대학입시에서 선택하는 전공 학과는 그만큼 중요합니다. 자신이 흥미로워하는 분야를 찾고 다양한 학문분야의 특성을 잘 파악하고 있다면 좀 더 행복한 삶을 살아가는 토대를 마련할 수 있습니다.

소논문쓰기에 참고할 뿐 아니라 진로 선정에 도움이 될 수 있는 정보원을 인문과학, 사회과학, 기초과학, 응용과학 4가지로 구분하여 자세히 소개할 겁니다. 각 주제의 정보원들은 단행본, 사전류, 연속간행물, 관련단체의 항목으로 정리가 되어있습니다.

▶ 단행본

해당 학문 분야에 대한 연구 흐름을 파악하는데 도움이 됩니다. 이 장에서 소개하는 단행본은 고등학생들이 해당 분야에 대하여 파악할 수 있기에 수준에 맞는 도서를 최대한 반영하고자 노력했습니다.

▶ 사전류

국어사전이 아니라 각 주제의 백과사전입니다. 각 분야에 대하여 내용 파악이 어려울 경우에는 사전을 통하여 용어에 대한 개념 및 사례 등을 파악하여 읽고자 하는 자료를 정확히 파악할 수 있게 합니다.

▶ 연속간행물

해당 분야에 대한 최신 정보를 얻을 수 있게 합니다. 전문가들이 연구한 연구물을 보고 해당 분야에 대한 최신 동향을 알 수 있습니다.

▶ 관련단체

우리가 궁금해 하는 간단한 질문이나 최신동향 및 자료는 관련단체 홈페이지에서의 게시판이나 FAQ(Frequently Asked Questions) 또는 자료실을 통하여 얻을 수 있습니다. 관련단체 홈페이지는 2013년 12월을 기준으로 운영여부를 확인하였습니다.

이 장에서 소개되는 정보원은 한국도서관협회에서 발간한『인문 사회과학 주제 정보원』과『과학기술 주제 정보원』을 토대로 소논문쓰기에 활용할 수 있도록 추가, 정리하였습니다.

4.1 인문과학

인간과 인류문화에 관한 정신과학을 통틀어 인문과학이라고 합니다. 인간과 인간의 문화에 관심을 갖거나 인간의 가치와 인간만이 지닌 자기 표현 능력을 바르게 이해하기 위한 과학적인 연구 방법에 관심을 갖는 학문 분야입니다. 인문과학의 철학, 종교, 언어, 문학, 예술, 역사 6가지 분야로 나눠 살펴보겠습니다.

▶ 철학

철학 'philosophy'는 고대 그리스어 'philia: 사랑하다'와 'sophia : 지혜'의 합성어로 '지혜를 사랑한다'는 뜻의 어원을 갖고 있습니다. 철학은 동양철학과 서양철학으로 나뉘는데, 동양철학은 지역별(인도, 중국, 한국 등)로 나뉘며, 서양철학은 시대별로 구분이 됩니다.

단행본
❶ **철학 vs 철학**. 강신주 저. 그린비. 2010. 928쪽.
❷ **철학의 고전들**. 서정욱 저. 함께 읽는 책. 2009. 484쪽.
❸ **철학적 시 읽기의 즐거움**. 강신주 저. 동녘. 2010. 432쪽.

사전류
❶ **철학 사전**. 정영도 저. 이경. 2012. 365쪽.

연속간행물
❶ **철학**. 한국철학회. 1953 –. 반년간.
❷ **동양철학**. 한국동양철학회. 1990–. 연간.
❸ **서양철학연구**. 한국서양철학연구회. 1991–.

전문기관 및 학술단체

❶ **서울대학교 철학사상연구소**. http://philinst.snu.ac.kr

❷ **대한철학회**. http://www.sophia.or.kr

▶ 종교학

종교란 불완전한 인간의 한계를 초월하고 어떤 초자연적인 힘으로부터 그들을 보호하려는 욕망으로 시작된 인간의 가장 근원적 행위라고 할 수 있습니다. 영어의 'religion'은 라틴어 'religio: 걱정, 양심의 가책, 숭배하다. 다시 돌아가다'에서 유래하여 신과 인간의 관계에 초점을 맞추어 죄로 끊어진 신과 인간의 관계를 다시 재결합한다는 뜻을 갖습니다. 불교, 기독교, 유대교, 힌두교, 회교는 세계의 5대 종교로 일컬어집니다.

단행본

❶ **종교 : 지도로 본 세계 종교의 역사**. Frank Whaling 저. 김한영 역. 공인공방. 2004. 239쪽.

사전류

❶ **종교학대사전**. 한국사전연구사. 1998. 1662쪽

❷ **한국종교문화사전**. 한국종교사회연구소 편. 집문당. 1991. 720쪽.

연속간행물

❶ **종교연구**. 한국종교학회. 1972–. 연간.

❷ **종교학연구**. 서울대학교종교학연구회. 1979–. 연간.

❸ **한국종교연감**. 한국종교사회연구소 편. 고려한림원. 1993–.

전문기관 및 전문단체

❶ **고려대장경 목판 인쇄본 DB**. 고려대장경 지식 베이스. http://kb.sutra.re.kr

❷ **한국기독교역사박물관**. http://www.kchmuseum.org

❸ **한국종교학회**. http://www.harl21.org

▶ 언어학

언어는 인간이 다른 동물들과 구별될 수 있는 하나의 특징이며, 언어를 통해 인간은 자신들의 문화를 계승 전달할 수 있게 됩니다. 언어학은 인간이 사용하는 말, 즉 언어가 갖고 있는 본질을 대상으로 과학적인 접근에 의해 언어를 객관화시키려는 목적에서 말의 소리(음운론), 형식(형태론), 의미와 기능(통사론, 의미론, 화용론) 및 다른 언어와의 관계(사회언어학), 그 변화(전산언어학, 심리언어학, 신경언어학, 기호학)등을 전반적으로 연구하는 학문입니다.

단행본

❶ **초보자를 위한 언어학 개론**. 브루스 M. 로우, 다이안 P. 레빈 공저. 장영준, 유재기, 박명관 공역. 시그마프레스. 2007. 505쪽.

❷ **한국어와 언어학 관련 사이트 자료집**. 이승재 편. 국립국어연구원. 2002. 503쪽.

❸ **언어학**. 2판. 진남택, 손재현 공역. 재이앤씨. 2013. 418쪽.

사전류

❶ **언어학사전**. 이정민 외 저. 박영사. 2000. 1037쪽.

❷ **촘스키언어학사전**. 강명운 역. 한신문화사. 2003. 863쪽.

❸ **국어어원사전**. 서연범 저. 보고사. 2000. 589쪽.

❹ **dictionary.com** http://dictionary.reference.com

연속간행물

❶ **어학연구**. 서울대학교 어학연구소. 1965-. 계간.

❷ **언어**. 한국언어학회. 1976-. 계간.

❸ **언어학**. 한국언어학회. 1976-. 연3회.

전문기관 및 학술단체

❶ **국립국어원**. http://www.korean.go.kr

❷ **대한언어학회**. http://www.korling.or.kr

❸ **한국언어학회**. http://www.linguistics.or.kr

▶ 문학

문학은 언어를 수단으로 하여 예술적 표현에 의해 인간과 사회를 묘사하여 새로운 의미를 창출하는 예술입니다. 흔히 '문학'이라고 하면 텍스트로 구성된 것만을 대상으로 생각할 수 있으나, 물리적 형태에 한정시키기보다 이미지 · 소리 · 조각 · 몸짓 등에 의한 표현까지도 포괄하는 개념이라 할 수 있습니다. 문학은 언어별, 장르별, 시대별 구분으로 나눌 수 있습니다. 장르별로는 일정한 운율을 가진 운문과 그렇지 않은 시, 소설, 희곡과 같은 산문으로 구분되며, 시대별로는 고대문학, 중세문학, 현대문학 등으로 구분할 수 있습니다.

단행본

❶ **나는 문학이다**. 장석주 저. 나무이야기. 2009. 1056쪽.

❷ **세계문학의 천재들**. 해럴드 블룸 저. 손태수 역. 들녘. 2009. 928쪽.

❸ **로쟈의 세계문학 다시 읽기**. 이현우 저. 오월의 봄. 2012. 328쪽.

사전류

❶ **한국현대문학대사전**. 서울대학교출판부. 2004. 247쪽.

❷ 한국시대사전. 김영삼 편저. 한국사전연구사. 1994. 2311쪽.

❸ 세계문학산책: 100문 100답. 유종하. 백산서당. 1996. 354쪽.

연속간행물

❶ 세계문학비교연구. 한국세계문학비교학회. 1996–. 연간.

❷ 한국문학연구. 한국문학연구학회. 1989–. 반년간.

❸ 한국언어문학. 한국언어문학회. 1963–. 반년간.

전문기관 및 학술단체

❶ 한국문학연구학회. http://www.literaturelab.net

❷ 한국문학연구소. http://koli.dongguk.edu

❸ 한맥문학. http://www.hanmaekl.com

▶ 예술

예술이란 기술과 상상력을 동원하여 발휘하는 인간의 활동 및 그 성과를 뜻합니다. 예술의 종류에 상관없이 인간이 의도적으로 어떤 활동을 통해 아름다움을 표현하고자 한다는 것이 공통된 특징을 가지고 있습니다. 예술은 시각예술과 공연예술로 분류할 수 있는데 시각예술에는 건축, 조각, 공예 및 디자인, 사진, 서예 등을 포괄되어 있습니다.

단행본

❶ 세상을 바꾼 예술 작품들. 시대의 창. 2009. 296쪽.

❷ 색채와 디자인. 유한나, 김진숙, 박경진 편. 2010, 264쪽.

❸ 대한민국에 건축은 없다. 이상헌 저. 2013. 270쪽.

❹ 사진기술개론. 유만영 저. 학창사. 2004. 352쪽.

❺ 음악학의 이해. Jams W, Pruett and Thomas P. Slavens 공저. 김혜정 역. 도솔.

2001. 221쪽.

❻ **죽기전에 봐야 할 영화 1001편**. 슈나이더 편. 정지인 역. 마로니에북스. 2005. 960쪽.

사전류

❶ **문화예술 100과 사전**. 정윤수 저. 숨비소리. 2007. 411쪽.

❷ **옥스퍼드20세기 미술사전**. 헤럴드 오즈번 편. 한국미술연구소. 2001. 734쪽.

❸ **사진대백과사전**. 사진대백과사전 편찬위원회. 기다리. 1994. 8책.

❹ **5개 언어 음악용어사전**. Robdrto Braccini 저. 이철웅 외 역. 예당출판사. 2003. 433쪽.

❺ **영화 사전**. 수잔 헤이워드 저. 이영기, 최광열 역. 한나래. 2012. 801쪽.

연속간행물

❶ **예술교육연구**. 한국예술교육학회. 2004–. 부정기.

❷ **월간미술**. 중앙일보사. 1989–. 월간.

❸ **월간사진**. 월간사진. 1996–. 월간.

❹ **디자인**. 디자인하우스. 1976–. 월간.

❺ **객석**. 예음사. 1984–. 월간.

전문기관 및 학술단체

❶ **한국문화예술진흥원**. http://www.arte.or.kr

❷ **한국미술연구소**. http://www.artstudies.co.kr

❸ **대한건축학회**. http://www.aik.or.kr

❹ **한국사진학회**. http://www.skp.or.kr

❺ **한국음악교육학회**. http://www.kmes.or.kr

❻ **한국영상자료원**. http://www.koreafilm.or.kr

▶ 역사학

역사학은 과거를 좀 더 깊이 이해하기 위해 이전의 활동에 대한 기록을 정확하고 포괄적으로 복원하려는 학문으로, 기록과 증언 등의 자료를 비판적으로 검토하는 작업에 바탕을 두고 있습니다. 즉 역사학은 과거에 일어났던 일 그 자체입니다. 이른바 '역사 그 자체'를 어떻게 연구하고, 그 결과들을 어떻게 서술하며, 그것은 어떻게 연구되고 서술되는지에 관한 이론적·방법론적 연구라 할 수 있습니다.

단행본

❶ **역사란 무엇인가**. 에드워드 카 저. 김택현 역. 까치, 2007. 276쪽.

❷ **곁에 두는 세계사: 한국사, 동양사, 서양사 통합연표**. 수요역사연구회 편, 2007. 727쪽.

사전류

❶ **한국민족문화대백과사전**. 한국학중앙연구원 편. 1991. 27책.

❷ **히스토리 History**. 애덤 하트 데이비스 편집. 윤은주 외 역. 북하우스. 2009. 612쪽.

❸ **서양사 개념어 사전**. 김응종 저. 살림출판사. 2008. 383쪽.

연속간행물

❶ **한국사연구**. 한국사연구회. 1968–. 계간.

❷ **진단학보**. 진단학회. 1934–. 반년간.

❸ **동양사학연구**. 동양사학회. 1966–. 계간.

전문기관 및 학술단체

❶ **국사편찬위원회**. http://www.history.go.kr

❷ **동북아역사재단**. http://www.historyfoundation.or.kr

❸ **역사문제연구소**. http://www.history.or.kr

4.2 사회과학

사회과학(social studies)은 인간의 행위를 사회적, 문화적 측면에서 다루고 있는 과학의 학문분야를 총칭하는 것으로, 인간사회에서 발생하는 사회 현상을 체계적으로 연구하는 과학입니다. 다양한 사회과학 분야 가운데 사회, 경제·경영, 법, 교육, 심리, 정치, 문헌정보 총 7가지의 항목을 선정하여 그 정보원을 알아보겠습니다.

▶ 사회학

사회학은 인간의 사회적인 삶 및 집단과 사회에 대해서 탐구하며 사회 현상들을 과학적으로 이해하고 설명하려는 학문입니다. 즉 인간의 사회생활에 대한 체계적 지식을 얻기 위하여 과학적 방법을 사용하여 연구하는 학문으로, 사회의 구조와 변동 및 그 바탕의 안간의 사회적 행위를 연구하는 학문입니다.

단행본
❶ **현대사회학**. 앤서니 기든스 저. 김용학, 박길성, 김미숙 역. 을유문화사. 2011. 963쪽.
❷ **스무 살의 사회학**. 랠프페브르, 앵거 밴크로프트 저. 이가람 역. 민음사. 2013. 512쪽.
❸ **사회학** : 비판적 사회 읽기. 비판사회학회 저. 한울. 2012. 832쪽.

사전류
❶ **사회학 사전**. 고영복 저. 사회문화연구소. 2000. 642쪽.
❷ **사회복지 대백과사전**. National Association of Social Workers 저. 이문국 외 역. 나눔의 집. 2001. 3책.
❸ **아동·청소년 백서**. 보건복지부 아동청소년정책과. 2009. 565쪽.

연속간행물

❶ **노동정책연구**. 한국노동연구원. 2001–. 계간.

❷ **가족과 문화**. 한국가족학회. 1998–. 연4회.

❸ **한국사회학**. 1964–. 연8회.

전문기관 및 학술단체

❶ **통계청통계**. 통계청. http://www.kostat.go.kr

❷ **한국사회복지학회**. http://www.kasw.org

❸ **한국여성학회**. http://www.kaws.or.kr

▶ 경제학 · 경영학

경제학은 인간의 모든 경제활동에 기초를 둔 사회적 질서를 연구하는 학문으로, 자원의 희소성을 해결하는 방법을 관찰하여 해결하는 방법을 찾아내는 것이 목표로 삼고 있습니다. 경영학은 경영에 대해 종합적으로 이해하고 이를 토대로 경영목표의 합리적인 달성을 위해 경영의 방법과 활동을 정리한 학문입니다.

단행본

❶ **경영학의 이해**. William F. Nickels 외 저. 권구혁 외 역. 생능. 2012. 633쪽.

❷ **맨큐의 경제학**. Mankiw, N. Gregory 저. 김경환, 김종석 역. Cengage Learning. 2013. 990쪽.

❸ **경영학원론**. 임창희 저. 학현사. 2011. 465쪽.

❹ **만화로 보는 경제학의 모든 것**. 마이클 굿 윈글 저. 댄 E. 버 그림. 김남수 역. 다른. 2013. 312쪽.

사전류

❶ **경제학대사전**. 박진근 외. 박영사. 1999. 3309쪽.

❷ **경제신어사전**. 매일경제신문사편집부. 매경출판. 2012. 1046쪽.

❸ **비경제학자를 위한 경제학 사전**. 장마크 비토리 저. 박수현 역. 경영정신. 2009. 493쪽.

연속간행물

❶ **경제학연구**. 한국경제학회. 1953–. 계간.

❷ **경영학연구**. 한국경영학회. 1971–. 격월간.

❸ **무역학회지**. 한국무역학회. 1975–. 계간.

❹ **한국개발연구**. 한국개발연구원. 1979–. 연2회.

❺ **경제통계연보**. 한국은행 편집부편. 1960–. 연간.

전문기관 및 학술단체

❶ **대외경제정책연구원**. http://www.kiep.go.kr

❷ **산업연구원**. http://www.kiet.re.kr

❸ **한국개발연구원**. http://www.kdi.re.kr

❹ **세계경제연구원**. http://www.igenet.com

❺ **ECOS:한국은행경제통계시스템** http://ecos.bok.or.kr

▶ **법학**

법은 인간의 사회생활을 현실적으로 유지시켜주고 보호하는 사회규범이며, 법학은 법을 대상으로 이론적 체계적으로 이해하기 위한 학문입니다. 법은 각 나라마다 다르며 로마법과 게르만법, 영미법과 대륙법으로 구분합니다. 로마법은 로마제국 건국 초기에서부터 로마가 이민족을 지배하기 시작하여 이민족 간에 적용된 법을 칭하는 것이고, 11세기 이탈리아로 전해져 유럽대륙의 여러 나라에 전해지게 되었습니다. 영미법은 영국내의 복잡한 법을 통일하기 위해 판례를 존중하던 것으로 판례법과 불문법의 시초가 되었으며, 대륙법은 독일, 프랑스 법을 중심으로 우리나라와 중국, 일본이 속합니다.

단행본

❶ **법학 개론**. 김영규 외 저. 박영사. 2013. 577쪽.
❷ **교양 법학 입문**. 남윤봉 저. 동방문화사. 2014. 328쪽.

사전류

❶ **2010 대법전**. 오세경 편저. 법전출판사. 2010. 6090쪽.
❷ **법률학대사전**. 법률학대사전편찬위원회. 한국사전연구사. 1995. 1462쪽.
❸ **법률용어사전**. 오세경 편저. 법전출판사. 2010. 1786쪽.

연속간행물

❶ **국제법학회논총**.대한국제법학회. 1956–. 반년간.
❷ **헌법재판소 판례집**. 헌법재판소. 1990–. 반년간.
❸ **법제연구**. 한국법제연구원. 1991–. 반년간.

전문기관 및 관련단체

❶ **로앤비**. http://www.lawnb.com
❷ **한국법제연구원**. http://klri.re.kr
❸ **헌법재판소**. http://www.ccourt.go.kr

▶ 교육학

교육이란 인간을 대상으로 하며 인간형성을 목표로 삼는 기본적인 사회기능의 하나입니다. 또한 문화적 이해를 바탕으로 자기를 실현하도록 행동을 변화시키는 계획적인 가치 지향적 활동입니다. 교육학은 교육을 대상으로 하여 그것을 근대 과학적 방법으로 연구하고 그 성과를 체계화하여 정리한 학문분야입니다.

단행본

❶ **교육학개론**. 황정규, 이돈희, 김신일 공저. 교육과학사. 2011. 485쪽.

❷ **특수교육**. William Lee Heward 저. 김진호 외 역. 시그마프레스. 2013. 528쪽.

❸ **공부하는 인간**. KBS 공부하는 인간 제작팀 저. 예담. 2013. 360쪽.

사전류

❶ **교육학용어사전**. KICE 교수학습개발센터.

❷ **교육학대백과사전**. 서울대학교교육연구소 저. 하우동설. 1999. 3권.

❸ **특수교육학용어사전**. 국립특수교육원 저. 하우. 2009. 500쪽.

❹ **교육통계서비스**. http://cesi.kedi.re.kr 한국교육개발원.

연속간행물

❶ **한국교육연감**. 한국교원단체총연합회. 한국교육신문사. 19—. 연간.

❷ **교육학연구**. 한국교육학회. 1963-. 격월간.

❸ **교육정책포럼**. 한국교육개발원. 1972-. 월간.

전문기관 및 관련단체

❶ **에듀넷**. http://www.edunet4u.net

❷ **서울특별시교육연구정보원**. http://www.serii.re.kr

❸ **한국교육개발원**. http://www.kedi.re.kr

▶ 심리학

심리학은 인간의 행동과 심리과정을 연구하는 과학입니다. 행동이라 함은 외부적으로 관찰 가능한 모든 신체적 동작이나 활동과 각종 계기를 사용하여 측정할 수 있는 체내외의 모든 생리적 활동을 의미합니다. 이후 심리학이 더욱 발전함에 따라 외형적 행동의 연구만으로는 인간에 대한 이해의 폭이 너무 좁다는 견해가 대두되었습니다.

이에 심리과정을 과학적으로 연구할 수 있는 방법이 발전되면서 심리학자의 정당한 연구대상으로서의 위치를 굳히게 되었습니다. 현재의 심리학은 인간의 행동과 심리과정을 연구하는 학문으로, 감각, 지각, 기억, 사고, 문제해결, 정서, 동기 등과 같은 인간의 제반 의식 및 무의식적 활동과 작용을 대상으로 합니다.

단행본

❶ **설득의 심리학**. 로버트 치알디니 저. 황혜숙 역. 21세기북스. 2013. 432쪽.

❷ **혼자가 편한 사람들의 관계 심리학**. 데보라 잭 저. 이수연 역. 한국경제신문사. 2012. 264쪽.

❸ **심리학개론**. Daniel L Schacter 외 저. 민경환 외 역. 시그마프레스. 2011. 884쪽.

사전류

❶ **심리학사전**. 양돈규 저. 박학사. 2013. 606쪽.

❷ **교육심리학 용어사전**. 한국교육심리학회 저. 학지사. 2000. 506쪽.

❸ **심리학용어사전**. 데이비드 스탯 저. 정태연 역. 끌리오. 1999. 212쪽.

연속간행물

❶ **한국심리학회지: 발달**. 한국발달심리학회. 1975-. 연4회.

❷ **한국심리학회지: 학교**. 한국학교심리학회. 2004–. 연3회.

❸ **행동분석연구**. 한국행동분석학회. 2007–. 연2회.

전문기관 및 관련단체

❶ **한국발달상담연구소**. http://www.kdcounsel.org

❷ **한국상담학회**. http://www.counselors.or.kr

❸ **한국카운슬러협회**. http://www.hanka.or.kr

▶ 정치학

정치학은 사회의 여러 현상 중에서 정치현상, 즉 정부, 정치과정, 정치형태, 정치제도 및 기능, 정치사상등을 체계적으로 분석, 서술, 해명, 비판하는 사회과학의 한 학문분야입니다. 여기서 정치현상은 자연현상이 아니라 인간을 중심으로 하는 사회 현상의 하나를 의미합니다.

정치학은 20세기를 기점으로 국가, 법률, 제도에 대한 정태적 연구대상에서 정치를 개인과 집단의 활동, 행위, 기능으로 해석하는 동태적 정치과정이 주요 연구대상이 되었습니다. 그 이유는 근대화가 되면서 일어난 정치, 경제, 사회적 조건의 변화에서 찾을 수 있습니다.

단행본

❶ **정책브리핑**. 문화체육관광부. 2013.

❷ **현대정치의 사상과 행동**. 마루야마 마사오 저. 김석근 역. 한길사. 1997. 692쪽.

❸ **정치학 개론**. 필립스 쉬블리 저. 김계동 외 역. 명인문화사. 2013. 480쪽.

사전류

❶ **나의 정치학사전**. 강준만 저. 인물과 사상사. 2005. 766쪽.

❷ **정치학사전**. 정주신 저. 프리마북스. 2008. 437쪽.

❸ **알기 쉬운 행정학 용어사전**. 신영균, 최인규 공저. 진영사. 2013. 328쪽.

연속간행물

❶ **한국정치학회보**. 한국정치학회. 1959-. 계간.

❷ **한국행정학보**. 한국행정학회. 1961-. 계간.

❸ **국제정치논총**. 한국국제정치학회. 1963-. 계간.

전문기관 및 관련단체

❶ **외교안보연구원**. http://www.ifans.go.kr

❷ **한국교육정치학회**. http://www.kspe.net

❸ **한국정책분석평가학회**. http://www.kapae.kr

▶ 문헌정보학

문헌정보학은 문헌과 관계되는 모든 현상이나 사실들을 과학적, 논리적으로 규명하고, 정보의 속성, 행태, 전달과정 등을 파악하여 그 이용과 접근을 최적화하기 위해 제 방법을 연구하는 학문분야입니다.

여기서 문헌정보란 도서자료나 비도서자료에 한정하지 않고, 컴퓨터 등 정보시대의 정보매체에 수록된 모든 정보를 포함하며, 정보매체란 인쇄나 필사 등의 기록형태만이 아니고 구두·시청각·전자적 기록 형태에 이르기까지 인간의 지적 활동의 표현 및 기록을 위한 제 방법이나 수단을 총칭합니다.

단행본

❶ **도서관편람**. 한국도서관협회 도서관편람편찬위원회 편. 2009. 744쪽.

❷ **도서관법령집**. 문화체육관광부 도서관정보정책기획단편. 계문사. 2009. 327쪽.

❸ **최신문헌정보학의 이해**. 한국문헌정보학회 저. 한국도서관협회. 2013. 450쪽.

사전류

❶ **문헌정보학용어사전**. 한국도서관협회 문헌정보학용어사전편찬위원회. 2010. 505쪽.

❷ **독서교육사전**. 한국어문교육연구소 저. 교학사. 2006. 526쪽.

연속간행물

❶ **한국도서관연감**. 한국도서관협회. 1970-. 연간.

❷ **한국출판연감**. 대한출판문화협회편. 1963-. 연간.

❸ **한국문헌정보학회지**. 한국문헌정보학회. 1970-. 계간.

전문기관 및 관련단체

❶ **도서관정보정책위원회**. http://www.clip.go.kr

❷ **한국도서관협회**. http://www.kla.kr

❸ **한국과학기술정보연구원**. http://www.kisti.re.kr

4.3 기초과학

기초과학은 공학이나 응용과학의 밑바탕이 되는 순수과학으로 자연과학의 기초 원리와 이론에 대한 학문을 뜻합니다. 우리가 고등학교 교육과정에서 배우는 수학, 물리, 생명과학, 지구과학, 화학이 기초 학문이라고 할수 있습니다. 과학 분야의 대부분의 최신 정보원이 영어로 되어 있어 읽기는 힘들겠지만 교과 선생님과 관심 있는 다른 친구들과 함께 자료를 분석, 활용한다면 그다지 어렵지 않게 이용할 수 있을 것입니다.

▶ 수학

수학은 수, 양, 구조, 공간, 변화 등의 개념을 다루는 기초과학의 학문으로 철학, 천문학, 약학 등과 같이 인류 역사상 가장 오래전부터 발달해 온 학문입니다. 수학은 물리학과 기술 분야에 반드시 필요한 분야일 뿐 아니라, 최근에는 경제학과 생명과학의 정량적 분야에서도 활용되고 있습니다. 수학의 연구 분야에는 산술, 대수학, 기하학, 해석학, 이산수학, 응용수학, 위상수학 등이 있습니다.

단행본
❶ **대학기초수학**. 박춘성, 안수엽 공저. 교우사. 2012. 276쪽.
❷ **기초수학**. 대학교재연구회 저. 경문사. 2006. 376쪽.
❸ **MSE 기초수학**. 이재원, 박성욱 공저. 한빛미디어. 2012. 408쪽.

사전류
❶ **수학대공식사전**. 수학사전편찬위원회. 한국사전연구원. 1993.

연속간행물
❶ **대한수학회지**. 대한수학회. 1965–. 계간.
❷ **대한수학회보**. 대한수학회. 1965–. 계간.

전문기관 및 관련단체
❶ **고등과학원**. http://www.kias.re.kr
❷ **국가수리과학연구소**. http://www.nims.re.kr
❸ **수리과학연구정보센터**. http://mathnet.kaist.ac.kr

▶ 물리학

물리학은 물질의 물리적 성질과 그것이 나타내는 모든 현상 및 그들 사이의 관계나 법칙을 연구하는 학문입니다. 물리학자들은 모든 일반적인 물질을 구성하는 소립자에서부터 물질적인 우주 전체의 행동까지를 포괄하는 넓고 다양한 범위에 걸쳐 물질의 운동과 특성을 연구합니다. 물리학은 입자물리학, 응집물질물리학, 응용물리학, 통계물리학, 플라스마물리학, 천체물리학, 생물물리학 등의 다양한 분야를 연구합니다.

단행본

❶ **최무영 교수의 물리학 강의.** 최무영 저. 책갈피. 2008. 560쪽.

❷ **EBS 물리학의 이해.** 박민규 저. 엠디엔피교육. 2013. 280쪽.

❸ **나의 행복한 물리학 특강.** 월터 르윈 저. 고종숙 역. 김영사. 2012. 414쪽.

사전류

❶ **물리학용어사전.** 한국물리학회 저. 북스힐. 2013. 384쪽.

❷ **파인만의 물리학 강의.** 리처드 파인만 저. 정무광 외 역. 승산. 2009. 3책.

연속간행물

❶ **새물리.** 한국물리학회. 월간.

❷ **Journal of The Korean Physical Society.** 한국물리학회. 월간.

❸ **Current Appried Physics.** 한국물리학회. 격월간.

전문기관 및 관련단체

❶ **고등과학원.** http://www.kias.re.kr

❷ **물리학연구정보센터.** http://icpr.snu.ac.kr

❸ **한국물리학회.** http://www.kps.or.kr

▶ 지구과학

지구과학은 지구를 구성하는 지표면, 지하, 수권, 대기권 및 기타 다양한 자연 환경의 특징과 진화과정을 연구하는 분야입니다. 지구과학은 많은 전문 분야로 세분되지만 주로 지표면과 그 위에 존재하는 물과 공기에 대한 연구, 고체로 구성된 지구의 조성에 대한 연구, 지형에 대한 연구, 지구의 역사에 대한 연구, 실용 응용 분야(석유, 일기예보, 등)연구, 그리고 외계 지질에 대한 연구로 나뉩니다.

단행본
❶ **지구과학개론**. 한국지구과학회. 교학연구사. 2005. 818쪽.
❷ **지구환경과학개론**. 소칠섭, 김동주 공저. 시그마프레스. 1997. 300쪽.
❸ **대기과학개론**. 한국기상학회. 시그마프레스. 2006. 406쪽.

사전류
❶ **지구과학사전**. 한국지구과학회. 북스힐. 2009. 1235쪽.
❷ **해양과학용어사전**. 한국해양학회. 아카데미 서적. 2005. 750쪽.
❸ **대기환경용어집**. 한국대기환경학회. 동화기술교역. 2004. 452쪽.

연속간행물
❶ **지질학회지**. 대한지질학회. 1964-. 격월간.
❷ **한국지구과학회지**. 한국지구과학회. 연7회.
❸ **한국해양학회지**. 한국해양학회. 계간.

전문기관 및 관련단체
❶ **대한자원환경지질학회**. http://www.kseeg.or.kr
❷ **한국지질자원연구원**. http://www.kigam.re.kr

③ **한국해양연구원**. http://www.kordi.re.kr

▶ 화학

화학은 모든 물질에 관해 연구하는 분야로서 물질의 성질, 조성, 구조 및 그 변화를 다루는 학문입니다. 화학의 주된 관심은 물질이 왜 특정한 형태를 가지며, 이러한 성질을 나타내게 하는 것은 무엇이고, 서로 다른 물질과 상호작용하여 새로운 물질을 형성하며 화합물이 분해되는가에 대한 연구입니다. 화학의 연구 분야는 화합물, 방법, 목적에 따라 유기화학, 무기화학, 물리화학, 분석화학, 공업화학, 생화학 등으로 나눌 수 있습니다.

단행본
❶ **옥스토비의 일반화학**. 옥스토비 저, 화학교재연구회 역. Cenagel Learning. 2008. 1220쪽.
❷ **쉽게 배우는 일반화학**. 최진일 저. 의학교육. 2013. 345쪽.
❸ **일반화학**. 일반화학교재연구회 저. 자유아카데미. 2011. 1187쪽.

사전류
❶ **화학 실험 사전**. Samaki Takeo 저. 정해상 역. 일진사. 2001. 450쪽.
❷ **화학용어사진**. 화학용어사진편찬회 저. 일진사. 2006. 1156쪽.
❸ **화학용어 쉽게 풀어쓰기**. 이승달 저. 황금알. 2006. 225쪽.

연속간행물
❶ **대한화학회지**. 대한화학회. 1949-. 격월간.
❷ **한국연소학회지**. 한국연소학회. 1996-.
❸ **공업화학**. 한국공업화학회. 1990-. 격월간.

전문기관 및 관련단체

❶ **대한화학회**. http://www.kcsnet.or.kr

❷ **한국화학연구원**. http://www.krict.re.kr

❸ **화학공학연구정보센터**. http://www.chric.org

▶ 생물학(생명과학)

생물학은 생물의 구조와 기능 그리고 생명 과정에 대해 연구하는 학문분야입니다. 생물에 관한 연구는 분자, 세포, 개체, 집단 등 생물체제의 수준과 구조와 기능, 종류와 분류, 성장과 발달 등을 포함합니다. 생물학의 범위는 매우 광범위한데, 크게 구조를 다루는 형태학적인 분야와 기능을 다루는 생리학적인 분야로 나눌 수 있습니다. 형태학은 생물체의 모양과 내부 구조에 대해 연구하여 어떤 법칙성을 탐구하는 분야입니다. 해부학, 조직학, 세포학 등이 있습니다.

생리학은 생물의 기능이 나타내는 과정이나 원인을 과학적으로 분석하고 설명하는 분야입니다. 동물생리학, 인체생리학, 곤충생리학, 가축생리학, 신경생리학, 근육생리학 등이 있습니다.

단행본

❶ **생물학 미리보기**. 정부희 글. 신지수 그림. 길벗스쿨. 2013. 150쪽.

❷ **일반생물학실험**. 남석현, 민철기 공저. 범문에듀케이션. 2012. 236쪽.

❸ **만화로 쉽게 배우는 기초생리학**. Tanaka Kenich 저. 강소라 역. 성안당. 2012. 220쪽.

❹ **생리학**. 한국해부생리학교수협의회 저. 정담미디어. 2012. 460쪽.

사전류

❶ **생물학 사전**. 엘리노어 로렌스 저. 김영환 역. 바이오사이언스. 2013. 1259쪽.

❷ **생물학용어집**. 한국생물과학협회 저. 아카데미서적. 2005. 1161쪽.

❸ **생명과학사전**. 생명과학사전편찬위원회 저. 아카데미서적. 2003. 1272쪽.

연속간행물

❶ **대한생물공학회지**. 한국생물공학회. 1987–. 격월간.

❷ **생명과학회지**. 한국생명과학회. 월간.

❸ **대한미생물학회지**. 대한미생물학회. 1958–. 격월간.

전문기관 및 관련단체

❶ **생물학연구정보센터**. http://bric.postech.ac.kr

❷ **한국생명공학연구원**. http://www.kribb.re.kr

❸ **한국미생물생명공학회**. http://www.kormb.or.kr

4.4 응용과학

응용과학은 인간 생활의 응용을 목적으로 하는 과학입니다. 자연과학은 진리 탐구 자체를 목적으로 하고, 실용상이 목저을 미리 설정하지 않음을 원칙인 반면 공학에서는 어느 특정한 생산기술의 개발이나 개량을 목적으로 하고 이에 따라 자연과학적 성과, 사회과학적 성과, 또는 기술상의 경험적 성과 등이 독자적 방법에 의해 체계화 됩니다. 응용과학이란 공학 이론으로서 사용할 수 있게끔 자연과학적 성과가 재정리·체계화된 것입니다.

▶ 전기공학 · 전자공학

전기공학은 전기와 자기에 관한 모든 현상과 이론을 탐구하고 그 응용분야를 개발하는 학문이고, 전자공학은 진공 속이나 기체, 고체 내에서 전자의 운동을 연구하고 그것을 응용하는 기술과 관련된 학문입니다. 전기 공학의 연구 분야는 전자기기학, 전기회로학 등의 기초분야와 발전기, 전동기 등의 회전기기, 변압기, 기타 각종 전기기기, 기구 및 송배전 관련 시설분야, 전기기기를 이용한 전기 철도, 전열공학, 전기화학분야와 전자장치를 조정하는 자동제어 및 계측분야 등이 있습니다. 넓은 의미에서는 전자공학과 통신공학도 포함됩니다.

단행본
❶ **일러스트로 보는 기초 전기 전자**. 편집부 저. 이태원 역. 한진. 2013. 313쪽.
❷ **기초 전기전자공학**. Thomas L. Floyd 저. 손상희 외 역. 시그마프레스. 2012. 928쪽.
❸ **전기전자공학 개론**. Stan Gibiliwdo 저. 권기영 외 역. 한빛아카데미. 2013. 800쪽.

사전류
❶ **전기용어사전**. 김동희 저. 일진사, 2010. 1020쪽.
❷ **전기 전자 용어사전**. 대한전기학회 저. 문운당, 2004. 1699쪽.
❸ **E+ 전자용어사전**. 월간전자기술 저. 성안당, 2007. 1543쪽.

연속간행물
❶ **전기연감**. 대한전기협회. 1965–. 연간.
❷ **전기의 세계**. 대한전기학회. 월간.
❸ **전자공학회논문지**. 대한전자공학회. 1963–. 월간.

전문기관 및 관련단체

❶ **한국전기연구원**. http://www.keri.re.kr

❷ **한국전자통신연구원**. http://www.etri.re.kr

❸ **컴퓨터연구정보센터**. http://www.cseric.or.kr

▶ **기계공학**

기계공학은 기계 및 이에 관련된 장치의 설계, 제작, 성능, 이용, 운전 등에 대해 기초적, 응용적 분야를 연구하는 학문으로 기계역학, 재료역학, 기구학, 유체역학, 열역학, 자동차공학 등이 있습니다. 기계공학에는 수학 및 수치 해석 등이 사용되고 컴퓨터에 대한 지식을 필요로 합니다.

기계역학은 기계의 각 부분에 작용하는 힘과 운동과의 관계를 연구하는 분야이며 외력이나 운동에 의해 생기는 속도, 가속도 및 진동을 다룹니다. 재료역학은 공업재료의 강도와 변형을 다루는 분야로 기계적 성질, 구조 및 구조물에 대한 하중, 강도 등을 연구합니다. 기구학은 기계를 구성하는 각 부분의 구조와 기능 등에 대해 연구하는 기계 공학의 한 분야입니다. 유체역학은 액체와 기체에 작용하는 힘과 에너지의 영향을 다루는 학문입니다. 열역학은 열, 일, 온도, 에너지 사이의 관계에 대해 연구합니다.

단행본

❶ **쉽게 배우는 기계공학 개론**. 유주식 저. 교육과학사. 2013. 407쪽.

❷ **기계공학개론**. Jonathan Wicker, Kemper Lewis 공저. 한병기 외 역. Cengage Learning. 2013. 360쪽.

❸ **알기 쉬운 기계공학**. 고종수 외 저. 홍릉과학출판사. 2007. 256쪽.

사전류

❶ **기계공학 용어사전**. 기계용어사전편찬위원회 저. 성안당. 2009. 1072쪽.

❷ **도해 기계용어사전**. 기계용어편찬회 저. 일진사. 2009. 597쪽.

❸ **기계 설계 편람**. 기계설계편람집위원회 저. 이원복 역. 대광서림. 2009. 1293쪽.

연속간행물

❶ **기계저널**. 대한기계학회. 1959-. 월간.

❷ **설비저널**. 대한설비공학회. 1972-. 월간.

❸ **제어, 로봇, 시스템학회논문지**. 제어로봇시스템학회. 월간.

전문단체 및 관련기관

❶ **기계공학연구정보센터**. http://www.metric.or.kr

❷ **한국기계연구원**. http://www.kimm.re.kr

❸ **한국생산기술연구원**. http://www.kitech.re.kr

▶ 재료공학

재료공학은 재료의 화학적, 물리적 속성을 다루는 학문으로 신소재과학이라고도 합니다. 재료는 금속, 세라믹, 고분자, 복합재료 등으로 구분되며, 일반적으로 금속과 세라믹 등의 무기재료와 플라스틱 등의 고분자재료인 유기재료로 구분하기도 합니다. 금속공학은 금속의 제련, 정제, 가공에 관한 이론과 기술을 연구하고 응용하는 학문으로 기계, 전기, 화학, 토목, 건축 조선 분야의 기반이 됩니다.

세라믹은 점토나 비금속 무기재료를 일정한 공정을 거쳐 고온 처리하여 도자기, 벽돌, 시멘트, 유리, 단열재, 연마제 등을 만드는 것입니다. 고분자는 화학적 결합에 의해 동일한 단위체의 반복으로 이루어진 화합물로

염화비닐, 나일론 등이 있습니다. 복합재료는 서로 다른 재료들을 혼합하여 서로의 단점을 보완, 개선함으로써 각각의 재료의 기능을 더 강화시킬 뿐만 아니라 새로운 특성도 첨가할 수 있는 재료입니다.

단행본

❶ **재료과학과 공학**. William D. Callister 외 저. 박인규 역. 시그마프레스. 2011. 1116쪽.

❷ **재료공학개론**. 김일수 저. 반도출판사. 2000. 238쪽.

❸ **재료공학**. 김암수 저. 기전연구사. 2007. 518쪽.

사전류

❶ **금속방식 편람**. 부식방식협회 저. 기전연구사. 2005. 879쪽.

❷ **금속백과사전**. 목원정이 저. 대광서림. 2001. 700쪽.

❸ **비철금속용어사전**. 한국철강신문 저. 한국철강신문. 2003. 590쪽.

연속간행물

❶ **대한금속·재료학회지**. 대한금속·재료학회. 1963–. 월간.

❷ **한국용접·접합학회지**. 대한용접·접합학회. 1983–. 격월간.

❸ **한국재료학회지**. 한국재료학회. 1991–. 월간.

전문단체 및 관련기관

❶ **재료연구소**. http://www.kims.re.kr

❷ **재료연구정보센터**. http://www.icm.re.kr

❸ **한국항공우주연구원**. http://www.kari.re.kr

▶ 토목공학

토목공학은 도로, 하천, 도시계획 등 토목에 관한 이론과 실제를 연구하는 공학의 한 분야로서 국토를 대상으로 한 보전 개수, 개발경영에 관한 학문 분야입니다. 토목공학은 구조물의 설계, 건설, 유지에 대한 이론과 실제를 연구합니다. 토목공학은 인간이 자연환경을 변화시키려고 노력할 때부터 추구해 온 것이며, 원래는 실용적인 학문이지만 응용과학에 그 기초를 두고 있습니다.

단행본
❶ **토목공학개론**. 김충호, 엄장섭 공저. 세종출판사. 2013. 440쪽.
❷ **토질역학**. 권기철 저. 구미서관. 2013. 312쪽.
❸ **마스터 구조역학**. 권용근 저. 하이구조. 2012. 946쪽.

사전류
❶ **토목용어사전**. 토목관계용어편찬위원회. 성안당. 2010. 726쪽.
❷ **지반공학 용어사전**. 지반공학용어사전연구회 저. 구미서관. 568쪽.
❸ **토목용어사전**. 토목용어편찬위원회. 건설연구사. 2010. 1335쪽.

연속간행물
❶ **대한토목학회지**. 대한토목학회. 1953–. 월간.
❷ **건설관리**. 한국건설관리학회. 2000–. 격월간.
❸ **한국수자원학회지**. 한국수자원학회. 1968–. 월간.

전문단체 및 관련기관
❶ **토목연구정보센터**. http://www.kicem.or.kr
❷ **한국철도기술연구원**. http://www.krri.re.kr
❸ **한국건설기술연구원**. http://www.kict.re.kr

▶ 건축공학

건축공학은 건축에 관한 구조, 재료, 계획, 공법, 역학, 환경문제 등을 연구하는 학문으로, 건축구조, 건축환경계획, 건축설비의 3가지 분야로 구분됩니다. 건축구조란 각종 건축 재료를 사용하여 각 건축이 지니는 목적에 적합한 건축물을 형성하는 일 또는 그 구조물입니다. 건축환경계획은 건축계획원론이라고도 하며, 건물 환경 특히 실내 환경에 영향을 주는 음향, 채광, 조명, 일조, 온습도, 환기 통풍 등을 연구하는 분야입니다. 건축설비는 급배수, 냉난방, 공기조화, 전기, 소화설비 등을 연구하는 분야입니다.

단행본
❶ **세상에서 가장 친절한 건축디자인 교과서**. 스즈키 토시히코 외 저. 김은진 역. 다빈치. 2013. 160쪽.
❷ **건축 설계 도면 보는법**. 차상모. 임기택 공저. spacetime. 2013. 230쪽.
❸ **건축학교에서 배운 101가지**. 매튜 프레더릭 저. 장택수 역. 동녘. 2008. 202쪽.

사전류
❶ **건축용어대사전**. 김평탁 저. 기문당. 2007. 1555쪽.
❷ **AR플러스 건축용어사전**. 현대건축관련용어편찬위원회. 성안당. 2009. 1197쪽.
❸ **알기 쉬운 한국건축 용어사전**. 김왕직 저. 동녘. 2007. 532쪽.

연속간행물
❶ **건설관리**. 한국건설관리학회. 2000-. 격월간.
❷ **국토계획학회지**. 대한국토 · 도시계획학회. 1966-. 연7회.
❸ **대한건축학회 논문집**. 대한건축학회. 1985-. 월간.

전문단체 및 관련기관

❶ **건축·도시연구정보센터**. http://www.auric.or.kr

❷ **건축도시공간연구소**. http://www.auri.re.kr

❸ **국립문화재연구소**. http://www.nrich.go.kr

▶ 농업과학

농업과학은 농업에 관련된 학문에 대한 총칭으로 농업에 관한 생산기술, 경제 원리 및 그 실제적인 응용에 대하여 연구하는 분야입니다. 농업과학은 합리적인 농업 생산과 농업 경영을 위한 기술을 체계화한 학문입니다. 농업과학에는 생산환경 분야(토양학, 농업생태학 등), 생산 시설 및 생산자재 분야(농업토목학, 농업기계학, 비료학 등), 식물재배, 동물사육 분야(작물학, 축산학, 양잠학, 육종학, 식물보호학, 수의학 등), 인문과학적인 성질을 가진 농업경제 및 경영분야(농업경제학, 농업경영학 등) 그리고 농촌사회 및 교육분야(농촌사회학, 농촌지도론 등) 등이 범주에 속합니다.

단행본

❶ **우리 농업 희망의 대안**. 박세길 저. 시대의 창. 2007. 200쪽.

❷ **농업경제학**. 한국농업경제학회 저. 율곡출판사. 2012. 541쪽.

❸ **토양학**. 정양상, 하상건 공저. 강원대학교출판부. 2013. 370쪽.

사전류

❶ **농업연감**. 농수축산신문 저. 2012. 1118쪽.

❷ **전통향토음식 용어 사전**. 국립농업과학원 저. 교문사. 2010. 501쪽.

❸ **한국의 버섯**. 농업과학기술원 저. 동방미디어. 2004. 468쪽.

연속간행물

❶ **한국육종학회지**. 한국육종학회. 1969-. 계간.

❷ **한국임학회지**. 한국임학회. 연7회.

❸ **한국작물학회지**. 한국작물학회. 1963-. 계간.

전문단체 및 관련기관

❶ **서울대학교 농업생명과학정보원**. http://icals.snu.ac.kr

❷ **국립농업과학원**. http://www.naas.go.kr

❸ **농촌진흥청 국립식량과학원**. http://www.nics.go.kr

▶ 약학

약학은 의약품의 조제 및 표준화와 관련된 학문분야입니다. 약학에는 의약품으로 쓰이는 약용 식물의 재배, 의약품으로서 가치 있는 화합물의 합성 및 의약품의 분석 등이 포함됩니다. 약학은 약물의 성질과 효능, 약물이 생물에 미치는 영향, 약물이 환경에 미치는 영향, 약품의 조제, 수혜자에 대한 공급의 경제적 타당성 등 생물과 약물의 관계에 대한 종합적인 이론과 기술을 연구하는 학문입니다. 약학의 분야에는 의약화학, 생약학, 위생약학, 약리학, 약제학, 약품물리화학, 약품분석화학, 병태생리학 등이 있습니다.

단행본

❶ **질환별로 본 건강기능식품학**. 한국약학교육협의회 저. 신일북스. 2013. 631쪽.

❷ **MT약학**. 대한약학회 저. 장서가. 2011. 267쪽.

❸ **약학 길라잡이**. 조정환 저. 신일북스. 2013. 478쪽.

사전류

❶ **대한민국약전**. 식품의약품안전청 저. 신일북스. 2013. 1700쪽.

❷ **종합 실용 의약용어사전**. 백우현 저. 서울대학교출판문화원. 2012. 1664쪽.

❸ **생약 한약 기능식품 통섭 사전**. 박종철 저. 푸른행복. 2011. 656쪽.

연속간행물

❶ **대한약리학회지**. 대한약리학회. 반년간.

❷ **생약학회지**. 한국생약학회. 계간.

❸ **약학회지**. 대한약학회. 격월간.

전문단체 및 관련기관

❶ **식품의약안전청**. http://www.kfda.go.kr

❷ **약학정보원**. http://www.health.kr

❸ **의약품정보시스템**. http://www.druginfo.co.kr

▶ 의학

의학은 인체의 구조와 기능을 연구하여 인체의 보건, 질병이나 상해의 치료 및 예방에 관한 방법과 기술을 연구합니다. 의학의 연구영역은 인간의 건강 유지와 질병의 예방, 경감, 치료 등입니다.

현대의학은 기초의학과 임상의학으로 구별되는데 기초의학은 생명, 질병, 치료법의 원리를 규명하는 학문으로 의학의 기초가 되는 분야이며 해부학, 생화학, 생리학, 약리학, 병리학, 미생물학, 기생충학, 예방의학 등이 있습니다. 임상의학은 환자의 실제적인 진단 및 치료를 목적으로 하는 의학의 한 분야입니다. 임상의학에는 내과학, 신경과학, 정신과학, 소아청소년과학, 피부과학, 외과학, 흉부외과학, 신경외과학, 정형외과학, 성형외과학, 산부인과학, 안과학, 이비인후과학, 비뇨기과학, 가정의학, 재활의학, 영상의학 등이 있습니다.

단행본
❶ **줄기세포 발견에서 재생의학까지**. 샐리 모건 저. 최강열 역. 다섯수레. 2011. 128쪽.
❷ **내몸 안의 지식여행 인체 생리**. 다나카 에츠로 저. 황소연 역. 전나무 숲. 2006. 288쪽.
❸ **청소년을 위한 정신의학 에세이**. 하지현 저. 해냄. 2012. 280쪽.

사전류
❶ **의학용어**. 정추영 저. 은하출판사. 2012. 141쪽.
❷ **알기 쉽게 풀이한 의학용어**. 송애랑 저. 아카데미아. 2010. 575쪽.

연속간행물
❶ **대한의사협회지**. 대한의사협회. 격월간.
❷ **대한의생명과학회지**. 대한의생명과학회. 1995–. 계간.

전문단체 및 관련기관
❶ **의학연구정보센터**. http://www.medric.or.kr
❷ **한국의학원**. http://www.kiom.org
❸ **질병관리본부**. http://www.cdc.go.kr
❹ **한국의학논문데이터베이스**. http://kmbase.medric.or.kr
❺ **KMLE 의학검색엔진**. http://www.kmle.co.kr

"너무 많이 찾은 거 아냐?"

"어떡해. 이렇게라도 우선 찾아야 마음이 좀 놓이는데."

"그럼 이거 어떻게 요약할 건데?"

"이제부터 생각하고 고민해봐야지."

연구주제 선정하고 관련된 다양한 자료를 찾았는데,

그 다음엔 어떻게 해야 하는지 아직도 잘 모르겠다고요.

제3장에서 다양한 정보원 탐색을 통해 찾은 자료를

제4장에서 어떻게 요약하고 정리할 수 있을지를 살펴보겠습니다.

그리고 소논문의 다양한 연구방법도 알아보겠습니다.

자료를 탐색하면서 내가 진행하는 연구의 선행연구를

왜 분석해야 하고 어떻게 분석해야 하는지도 구체적으로 알아볼까 합니다.

아~, 그런데 선행연구란 말이 어렵다고요.

선행연구란 말 그대로 내가 고민하고 연구하려는 주제를

먼저 고민하고 연구한 사람들의 연구를 말합니다.

앞서 연구한 자료를 읽고 분석하면서 여러분은

'나의 연구'의 방향과 방법을 찾을 수 있으리라 확신합니다.

고등학생이기에 어쩌면 '나의 연구'라는 말이

어렵고 낯설게 느껴질지도 모르겠습니다.

하지만 무엇을 연구할지에 대한 고민을 시작한 여러분은 '연구자'입니다.

이제부터 여러분이 연구자로서 자신의 연구를 설계할 수 있도록

주제분야와 연구방식, 연구목적에 따른 다양한 연구방법을 소개하겠습니다.

4 PART

어떻게 분석할까?

1. **목차를** 어떻게 세울까?

지금까지 연구주제를 선정하는 방법과 관련 자료를 찾기 위해 활용할 수 있는 다양한 정보원에 대하여 알아봤습니다. 국·영·수와는 완전히 다른 성격의 공부였기 때문에 지금까지 과정도 결코 쉽지 않았을 겁니다. '무엇을 쓸까'와 '어떻게 찾을까' 다음엔 당연히 '어떻게 분석할까'를 고민해야 합니다.

이제부터가 본격적인 소논문쓰기 단계입니다. 그런데 한 번 생각해봅시다. 선정한 연구주제로 바로 소논문을 쓸 수 있을까요? 대학교수나 분야의 전문가라도 선정한 연구주제를 두고 바로 본문을 쓰지는 않습니다. 오히려 자신의 연구주제가 선행연구를 통해 밝혀진 것인지와 주장을 하기 위해 어떻게 논지를 펼 것인지 더 고민하게 됩니다. 연구주제를 효과적으로 논증하기 위해 어떤 자료를 참고하고 어떻게 논증을 세울까에 대한 구상이 필요합니다. 이런 구상은 목차를 통해 실현됩니다.

글쓰기에 있어 목차는 설계도이자 지도(map)입니다. 아무리 좋은 연구주제라 하더라도 목차를 세울 수 있을 만큼 구체화할 수 없다면 소논문으로 가치를 인정받지 못합니다. 목차를 구성할 수 없다는 것은 연구주제를 증명할 수 없거나 연구자의 능력과 수준을 넘어서는 것이기 때문입니다. 연구주제까지는 잘 선정했는데 그것에 대하여 아는 것이 없습니다. 아무리 네이버, 구글을 검색해도 연구주제에 대한 단편적인 지식만 나올 뿐 그것을 15~30장 남짓 소논문 분량으로 맞춰 쓰기엔 한계가 있습니다. 그런 상황에서 목차까지 만들라니 정말 쉽지 않습니다. 그렇다면 이렇게 중요한 목차를 어떻게 세워야 하는지 알아 보겠습니다.

1.1 선행연구 검토를 통한 목차구성

모든 논문은 연구주제에 대한 선행연구를 검토하면서 시작합니다. 연구주제에 대하여 앞선 연구자는 어떤 연구성과를 냈는가를 먼저 확인해야 합니다. 이런 과정이 필요한 이유는 논문쓰기에 있어 내용의 중복을 피하기 위함과 동시에 자신의 연구주제에 대한 다양한 논증적 자료를 찾는 과정이기도 합니다. 아울러 선행연구 검토는 소논문쓰기에 있어 목차를 구성하는데 참고할 수 있는 다양한 아이디어를 찾을 수 있기 때문입니다. 사회교과 경제 수업시간에 배운 것을 연구주제로 선정해 보겠습니다.

연구주제 - 글로벌 금융위기(2008)가 세계 대공황(1929)과 어떤 점이 비슷하고 다른가?

연구주제가 '무엇의 어떤 점'으로 표현한다 했으니 '글로벌 금융위기와 세계 대공황 비교연구' 정도면 무난합니다. 연구주제에서 정보검색을 위한 키워드로 '금융위기'와 '대공황'을 바로 선정할 수 있습니다. 원문정보서비스인 DBpia(http://www.dbpia.co.kr)를 대상으로 선행연구 검토를 위한 자료검색을 하겠습니다. (기준일 2014.01.20.)

〈그림4-1〉 키워드 '금융위기'의 DBpia 검색결과

키워드 – '금융위기'

- 자료건수 – 총 1,044건
- 전자저널 논문 (818)
- 전자책 논문 (17)
- 전자책 챕터 (9)

- 전자책 (8)

- 참고자료·사전 항목 (3)

- 동영상 강의 (1)

- 첫단추 (189)

〈그림4-2〉키워드 '대공황'의 DBpia 검색결과

키워드 – 대공황

- 자료건수 – 258건

- 전자저널 논문 (128)

- 전자책 논문 (3)

- 전자책 챕터 (21)

- 전자책 (5)

- 참고자료 · 사전 항목 (93)

- 동영상 강의 (1)

- 첫단추 (8)

각 키워드당 수백 편이 되는 모든 논문을 보기란 결코 쉽지 않습니다. 우선 학술논문의 제목을 보면서 자신의 연구주제와 관련이 있을 법한 학술논문을 추려 봅니다.

〈그림4-3〉 DBpia 검색결과

금융위기 관련 학술논문 가운데 '23. 2008년 미국의 금융위기 : 원인과 교훈'이 연구주제에서 다룰 수 있는 내용을 담고 있는 것 같습니다. 실제 그런가를 확인하기 위해 자세히 보겠습니다.

학술논문은 반드시 〈그림4-4〉처럼 초록(abstract)과 목차가 있습니다. 본문을 보기에 앞서 이 두 항목만 제대로 본다면 굳이 다 읽지 않더라도 자신의 연구에 참고할 수 있는가를 알 수 있습니다. '금융위기'를 키워드로 설정해 찾은 〈그림4-3〉의 학술논문은 '2008년 세계금융위기의 발생원인을 경제의 금융화와 금융의 증권화에 초점을 두었다'고 초록에서 밝힙니다.

다시 목차를 보겠습니다. 2장 '2008년 미국 금융위기의 배경과 조건'과 4장 '2008년 미국 금융위기의 제도적 요인'이 금융위기와 관련하여 개괄적인 내용을 다루고 있다고 생각할 수 있습니다.

동향과전망 2009년 봄호(통권 75호), 2009.2, 142-182 (41 pages)

2008년 미국의 금융위기
- 원인과 교훈
The Financial Crisis of 2008 in the U.S. : Causes and Lessons

전창환

Quick View

■ 한국어 초록

본고에서는 이번 미국 금융위기의 발생 배경을 경제의 금융화(Financialization)와 금융의 증권화(Securitization)라는 견지에서 먼저 살펴볼 것이다. 또한 금융의 증권화에 연루된 주요 이해당사자 및 미국의 주요 금융기관 나아가 이들의 네트워크에 어떤 구조적 문제점과 취약성이 있는지를 집중적으로 밝혀봄으로써 미국 금융위기의 연쇄구조 및 파급경로를 추적할 것이다. 끝으로 이번 미국의 금융위기와 관련하여 필자는 다음과 같은 두 현상에 주목하여 서로 관련된 이 현상들의 두 가지 원인을 해명하고자 한다. 즉 첫째 현상으로서는 미국 주요 금융자본의 CEO들이 단기에 높은 금융수익성을 올리기 위해 높은 레버리지비율을 이용하여 극도로 위험한 공격적인 자산운용(포트폴리오투자와 대출)을 감행했다는 측면이다. 둘째, 국가 차원에서나 미시적인 개별 기업 차원에서나 미국 주요 금융자본 CEO의 이런 형태를 제대로 견제하고 감시하지 못했다는 점이다. 이는 투자은행 CEO들의 공격적인 투자대상이었던 MBS, CDO, CDS 등에 대한 연방정부·주정부 차원의 규제감독체제에 심각한 허점이 존재한다는 것을 의미한다. 또한 그것은 미국 기업 및 금융기관의 기업지배구조에 중대한 결함이 남아 있다는 것을 의미한다.

■ 영어 초록

The financial crisis in the U.S, beginning from subprime mortgage crisis, is giving an exorbitant damage to the whole world economy. Unexpectedly the Korean economy is too much fragile to the impact of the 2008 financial crisis in the U.S. This paper aims to provide an overview of veiled trend behind this crisis: the financialization of economy and the securitization of finance. In this crisis, particularly a series of the securitization process is crucially important. Next, this study tries to give a clear image of the transmission channels of the crisis, by analysing the successive securitization processes. RMBS and CDOs are the key representative securities created by the securitization process. To conclude, the author pays much attention to triggers of the recent financial crisis that have allowed CEOs of major investment banks to pursue a risky portfolio policy: Firstly, the deregulation policy of the federal financial supervisory authorities' toward the financial derivatives Secondly, major flaws in the corporate governance in the U.S.

■ 목차

1. 문제제기
2. 2008년 미국 금융위기의 배경과 조건: 경제의 금융화(Financialization)와 금융의 증권화(Securitization)
3. 미국 금융위기의 뇌관과 파급경로
4. 2008년 미국 금융위기의 제도적 요인
5. 맺음말에 대신하여: 금융위기의 참의와 교훈
주석
참고문헌
초록
Abstract

〈그림4-4〉DBpia 초록/목차 화면

이번엔 또 다른 연구주제 관련 키워드인 '대공황'으로 원문정보서비스 DBpia를 검색합니다. 검색된 258건의 학술논문의 제목에서 '1930년대 대공황과 케인즈의 경제사상'이란 학술논문이 연구주제와 관련이 있을 것 같아 자세한 정보를 확인하겠습니다. 이 학술논문의 목차 2장 '대공황의 발생과 그 원인'은 위의 '금융위기'와 유사한 내용을 담고 있습니다.

두 논문의 공통점은 무엇입니까? 모두 '금융위기'와 '대공황'의 발생원인을 공통점으로 다루고 있다는 겁니다. '글로벌 금융위기와 세계 대공황 비교연구'를 연구주제로 선정했다면 이 연구주제의 본문으로 위의 두 학술논문을 참고자료로 활용해 '금융위기와 대공항의 발생 배경'이란 제목으로 목차를 구성합니다. 단순히 두 논문을 짜깁기한 것일까요? 짜깁기 자체를 할 수 없습니다. 두 논문은 완전히 다른 저자가 다른 관점에서 연구주제를 다루고 있기 때문에 연구자의 해석에 따른 재구성 없이는 본문 자체를 쓸 수 없습니다. 지금까지 살펴본 원문정보서비스를 활용해 선행연구를 검토하는 방법을 정리해 보겠습니다.

선행연구 검토 방법

- '무엇의 어떤 점'으로 표현된 연구주제와 관련된 키워드를 추출
- 키워드를 검색어로 원문정보서비스 검색
- 연구주제와 관련 내용을 담았을 것으로 예상되는 학술논문 제목 검토
- 연구주제 관련 예상 학술논문의 초록과 목차 검토

2. 나의 **연구는?**

$\bigcirc$ 제 본격적으로 나의 연구에 대한 그림을 그리기 시작할 때입니다. 나의 연구주제와 연구문제를 해결하기 위해서는 먼저 어떤 방법으로 연구해야 할지 설계해야 합니다. 즉 주제분야에 따라, 연구방식과 목적에 따라 어떤 연구방법이 있는지 살펴보고자 합니다. 그리고 선행연구에서는 어떤 방법으로 연구를 진행했는지를 비교하면서 효과적인 연구방법을 찾아보려고 합니다.

2.1 양적연구인가? 질적연구인가?

먼저 연구문제를 어떻게 풀어야 할까요? 소논문을 쓰면서 '어떻게'에 대한 고민은 다음과 같이 확장할 수 있습니다.

- 어떻게 자료를 수집하는가? (자료수집 방법)
- 수집된 자료의 특성은 어떠한가? (자료의 특성)
- 자료의 분석 방법은 무엇인가? (분석방법)
- 분석 결과가 제시되는 방식이 어떠한가? (결과제시 방식)

위에 열거했듯이 연구자는 연구문제에 따라 어떤 방식으로 연구를 수행할지 결정해야 합니다. 이는 자료수집 방법, 자료의 특성, 분석방법, 결과 제시 방식에 따라 '양적연구(quantitative research)'와 '질적연구(qualitative research)'로 구분됩니다. 그리고 때로는 양적연구와 질적연구를 혼합하기도 합니다.

모든 연구논문은 그 구성 체제가 일정하게 정해져 있지만, 어떠한 연구방법을 사용하느냐에 따라 논문의 구성체제 또한 달라집니다. 다시 말해 질적연구와 양적연구의 논문구성은 서론과 결론은 같지만 본론에 해당하는 구성체제가 다릅니다. 따라서 연구자들은 연구방법에 따른 논문 구성 체제를 고민하는 과정을 통해 자신이 선정한 연구방향에서 어떤 연구방법이 타당한지를 사전에 이해할 수 있습니다.

질적연구가 이루어지는 인문과학분야 특히 문학, 철학, 역사학 분야의 논문은 논문체제의 구분을 거의 하지 않습니다. 논문이 서론, 본론, 결론의 형식으로 처음부터 끝까지 끊기지 않고 연결되어 있습니다. 논문체체 구분이 되어 있더라도 자연과학분야 논문처럼 분명하고 자세하게 나누어져 있지 않고 굵은 글씨체로 표제어를 눈에 띄게 하는 정도입니다.

반면 연구를 진행하면서 분석, 실험, 통계 활용 등이 잦은 양적연구는 그 구분이 확실합니다. 자연과학분야 대부분의 논문과 인문사회과학의 일부 분야인 언어학, 심리학, 정치학, 행정학, 교육학, 지리학 등의 논문에서는 서론, 재료의 방법, 결과, 논의, 결론과 같이 본론의 논문체제 구분을 분명하고 자세하게 하고 있습니다.

〈표4-1〉 주제 분야별 논문 전개 양식 사례 　　　　　　　　　　　출처:김태수(2011:38)

수학	서론, 정의, 정리, 적요
물리학, 화학, 생물학, 생화학	서론, 재료와 방법, 결과, 고찰, 결론
지질학	서론, 지질, 중력탐사, 해석 방법, 해석, 토론, 결론
천문학	서론, 재료, 방법, 결과, 고찰, 결론
대기과학	서론, 재료, 방법, 분석, 예상 및 예상도, 결과, 고찰, 적요
전산과학	서론, 시스템에 대한 설명, 시스템 설계, 시스템 구현, 시스템 평가 및 결론
가정학	서론, 이론적 배경, 가설 설정과 연구방법론 결과, 논의, 결론
공학	서론, 장치 및 재료, 방법, 성과, 고찰
의학, 간호학	서론, 검사대상 및 방법, 결과, 고찰, 결론

이렇듯 나의 연구가 질적연구인지, 양적연구인지에 따라 연구방법과 논문의 구성체제 등이 크게 달라집니다. 그리고 앞서 언급했듯이 연구문제에 따라 질적연구의 장점과 양적연구의 장점을 혼합하는 연구방식을 채택하기도 합니다.

그렇다면 여러분은 자신의 적성이나 관심을 고려할 때 어느 분야를 연구하고 싶나요? 어떤 분야의 주제를 삼아 소논문쓰기를 진행하고 싶나요? 여기서 고등학생 입장에서 중요한 것은 자신이 연구하고 싶은 '나의 연구'가위에 열거한 학문분야의 연구방법과 논문의 구성체제를 보고 지레 겁을 먹지 말라는 것입니다. 중요한 것은 나의 관심과 흥미입니다. 방법을 알게 되면 양적연구든 질적연구든 즐겁게 연구를 할 수 있기 때문입니다. 이 장의 사례는 '제1회 노원청소년 소논문쓰기대회 논문집(2013)'을 인용하였습니다. 그럼 질적연구와 양적연구의 특성을 좀 더 자세히 살펴보겠습니다.

가. 질적연구 (해석적 연구 방법)

질적연구는 일어나는 현상을 이해하기 위해 의미있는 개인이나 소수의 집단을 대상으로 인터뷰, 관찰, 대화, 기록물 등으로 깊이 있는 자료들을 끌어내고 이러한 자료의 의미를 분석하는 방식으로 이뤄집니다. 질적연구에서는 객관적인 사건보다는 사람들이 사건에 대해 부여하는 의미나 해석을 중요하게 다룹니다.

질적연구의 자료는 주로 개인면접이나 집단면접 등을 통해 수집할 수 있습니다. 그리고 연구자는 면접의 결과로 얻어진 자료에서 패턴이나 주제들을 찾아내는 방식으로 자료를 분석할 수 있습니다. 질적연구에는 현상학적 연구, 근거이론 연구, 문화기술지 연구, 사례연구 등 다양한 접근방법이 있습니다. 연구자는 자신의 연구문제에 대한 적합한 연구방법을 찾아 적용해야 합니다.

▶ **질적연구의 특징**

- 대화록, 관찰 일지, 비공식적 문서 등의 자료 활용
- 주관적 의식에 대한 심층적 이해
- 인간 행위의 동기와 의미 중시

▶ **질적연구의 구체적 단계 : 귀납적 연구방법**

　　■ 문제인식 → 연구설계 → 자료수집 → 자료처리 및 해석 → 결론 및 적용

▶ **질적연구의 한계**

　　■ 연구자의 주관적 가치 개입 우려됨

　　■ 객관적인 법칙을 발견하여 일반화하기 어려움

▶ **질적연구 예시** (연구 대상자의 주관적 의식과 행동을 해석하고 이해하려 함)

　　"남자인 A와 여자인 B는 만난 지는 얼마 안 됐지만 정말 서로를 좋아

　　합니다. 만나면 다정한 눈빛과 온화한 미소로 대화를 나눕니다. 통화

　　를 할 때도 따뜻한 말로 상대를 배려하며 사랑하는 마음을 전합니다."

〈질적연구 사례 1〉

연구주제 :
대중문화가 독서에 미치는 영향과 이를 통한 독서 활성화 방안

　　I. 서론

　　　　1. 연구의 목적 및 필요성

　　　　2. 용어 정리

　　　　3. 연구의 제한

　　II. 본론

　　　　1. 현재 우리나라 독서 생활의 실태

　　　　2. 대중매체와 독서 및 분석

1) 대중매체와 독서

    (1) 영화와 독서

    (2) 드라마와 독서

    (3) 텔레비전 프로그램과 독서분석

2) 대중매체를 통한 독서

    (1) 영화를 통한 독서

    (2) 드라마를 통한 독서

    (3) 예능 프로그램을 통한 독서

3. 대중문화를 통한 독서의 활성화 방안

    1) 텔레비전 독서 프로그램을 이용한 활성화 방안

    2) 영화를 이용한 활성화 방안

    3) 테마드라마를 이용한 활성화 방안

Ⅲ. 결론

〈질적연구 사례 2〉

연구주제 :
학교 도서관의 전자책 활성화 방안 :공공도서관의 사례를 바탕으로

Ⅰ. 서론

Ⅱ. 본론

    1. 전자책(e-book)의 특징 및 이용 현황

    2. 학교도서관의 현황

    3. 학교도서관의 전자책 이용 활성화 방안

Ⅲ. 결론

나. 양적연구 (실증적 연구 방법)

양적연구는 일어나는 현상을 측정한 후 수량화된 자료를 분석하여 그 결과를 수치로 제시하는 방법입니다. 양적연구는 주로 일어나는 현상을 수치화해서 기술하거나, 이론에 근거한 구체적인 가설이 있어서 가설을 검증하려는 목적을 갖습니다. 양적연구의 결과는 보통 통계프로그램을 이용하여 통계분석을 거치게 되는데 이를 위해 비교적 많은 수의 자료를 필요로 합니다. 통계분석을 위해 필요한 자료의 수는 연구에서 채택하는 변수의 수에 따라 달라집니다. 이때 변수가 많아질수록 많은 수의 자료가 수집되어야 통계분석이 원활하게 이루어질 수 있습니다.

여기에서 가설이란 연구문제로부터 도출되고 연구를 통해 분석되어야 하는 변수와 변수 간의 관계에 대해 연구자가 추정하는 것을 말합니다. 즉 연구를 통해 얻을 수 있는 결과를 추정하는 것을 서술한 것입니다. 가설과 변수에 대한 내용은 뒤에서 자세하게 살펴 보겠습니다.

▶ **양적연구의 특징**

- 추상적인 개념을 객관적인 관찰이 가능하도록 개념의 조작적 정의 과정을 거침
- 경험적, 통계적 연구
- 가설 검증 및 법칙 발견에 유리
- 객관적이고 정밀한 연구 가능

▶ **양적연구의 구체적 단계 : 연역적 연구방법**

- 문제인식 → 가설설정 → 연구설계 → 자료수집 → 자료분석 → 가설검증 → 결론도출

▶ **양적연구의 한계**

- 계량화하기 어려운 영역의 연구에 부적합

- 인간의 의식과 행위에 대한 깊이 있는 접근이 어려움

▶ **양적연구 예시** (연구대상자의 수치화된 구체적인 자료를 통해 분석)

"남자 A와 여자 B는 만난 지 100일 됐습니다. 둘은 평소 하루에 5번 이상 통화를 하고 문자메시지는 10번 이상 합니다. 그리고 하루에 사랑한다는 표현을 5번 정도 합니다."

〈양적연구 사례〉

연구주제 :
고등학생의 권장도서 목록 활용실태 및 활성화방안에 관한 연구

Ⅰ. 서론

Ⅱ. 이론적 배경
  1. 권장도서 관련 연구
  2. 고등학생들의 독서 실태 관련 연구

Ⅲ. 연구방법
  1. 연구설계
  2. 연구대상
  3. 연구절차
  4. 자료분석

IV. 연구결과

1. 고등학생들의 독서 실태

1.1 고등학교 입학 후 독서량 변화

1.2 독서 관심 분야

1.3 독서 관련 활동

2. 권장도서의 현황

2.1 권장도서 독서

2.1.1 학교도서관 이용을 통한 도서 대출 현황

2.1.2 각 학교의 권장도서 독서 현황

2.1.3 학생선호도에 따른 권장도서 장르

2.2 권장도서 선정 기준 및 활용

2.3 권장도서 목록의 현황

2.3.1 권장도서 목록의 활용 여부

2.3.2 권장도서 목록의 공표방법

3. 권장도서 목록 활용 및 비활용 요인분석

3.1 권장도서 활용의 직접적 요인

3.2 권장도서 비활용의 직접적 요인

3.3 권장도서 비활용의 간접적 요인

4. 도출방안

4.1 권장도서 목록 활용도가 높은 학교와 낮은 학교

4.2 권장도서 목록 활용도가 높은 학교와 낮은 학교의 특징

4.2.1 독서관련활동 활성도

4.2.2 권장도서 목록의 접근성

IV. 요약 및 논의

다. 양적연구와 질적연구의 통합

연구의 주제에 따라서 양적연구 방법과 질적연구 방법을 동시에 적용하여 연구를 진행할 수도 있습니다. 양적연구의 객관적인 정밀함과 질적연구의 심층적 이해라는 두 가지 연구방법의 장점을 통합해 상호보완적으로 활용할 수 있는 연구방법입니다.

〈양적연구와 질적연구의 통합 사례〉

> 연구 주제 :
> 심리학적, 인지과학적으로 제고한 독서의 효용성에 관한 연구

Ⅰ. 서론

Ⅱ. 본론

1. 인지 과학적인 관점으로 본 독서 방안

   1) 인지 과학적 독서 과정을 통해 살펴본 독서의 효용성

   2) 뇌 기능 분화로 살펴본 효율적 독서 방안

2. 독서가 미치는 심리적 영향과 효용성

   1) 독서와 인지의 정의

   2) 독서와 회복탄력성

   '회복탄력성'은 다시 튀어오르거나 원래대로 되돌아온다는 뜻인데, 심리학에서는 주로 '정신적 저항력'을 의미한다. 학자들은 회복탄력성을 주로 스트레스나 역경에 대한 면역성, 내·외적 자원을 효과적으로 활용할 수 있는 능력, 혹은 역경을 성숙한 경험으로 바꾸는 능력 등으로 정의한다. 한마디로 회복탄력성은 변화하는 환경에 적응하고 그 환경을 스스로에게 유리한 방향으로 이용하는 인간의 총체적인 능력이라고 할 수 있겠다. 유전의 영향도 받지만, 매우 역동적이어서 시간의 흐름에 따라 변하며, 환경 요인과 문화·교육·개인의 노력 등 다양한 요인에 의해 결정된다.

〈표 2〉 다독자 그룹과 비독서자 그룹 비교

	자기조절능력	대인관계능력	긍정성
다독자 그룹	64.52%	68.76%	62.72%
비독서자 그룹	56.375%	57.75%	55.75%

〈표 2〉는 2013년 11월 6일, 노원고등학교 1학년 학생 50명을 상대로 이루어진 설문조사의 통계를 나타낸 것이다. 25명씩으로 한쪽 그룹은 다독자 그룹, 나머지 그룹은 비독서자 그룹으로 나누었다. 다독자 그룹의 선정은 교내 다독자 리스트에서 무작위로 선택해 이루어졌고, 비독서자 그룹은 책을 한 권도 빌리지 않은 리스트 안에서 무작위로 선택해 이루어졌다. 설문지는 자기조절능력, 대인관계능력, 긍정성 세 가지 파트로 나누어 전반적인 심리상태를 판단하는 〈KRQ-53 테스트〉를 이용하였다.

설문조사 결과, 다독자 그룹의 자기조절능력(감정조절력+충동통제력+원인분석력)의 점수는 64.52, 비독서자 그룹의 56.375점보다 높은 수치이며 한국 성인의 자기조절능력 평균보다 높았다. 대인관계능력도, 긍정성도 다독자 그룹은 대조군과 비교했을 때 분명한 차이를 나타냈다. 그것은 결국 다독자 그룹이 일반적으로 높은 '회복탄력성'을 가지고 있다는 말과 마찬가지라고 볼 수 있겠다. (이하중략)

Ⅲ. 결론

2.2 나의 연구가설 세우기

소논문쓰기를 하면서 먼저 무엇을 연구할 것인가의 주제를 결정하는 고민이 매우 컸을 것입니다. 그런데 이에 못지않게 자신이 선정한 주제에 대해 어떻게 문제를 해결하고 입증할 것인가에 대한 고민 또한 어렵고 중요합니다.

이렇듯 연구문제를 해결하고 입증하기 위해서는 연구문제에서 연구의 결과를 추정하기 위해 연구가설을 세우고 가설에 대한 연구를 통해 입증을 하게 됩니다. 그러므로 연구가설은 연구자가 의도하는 분석 내용이 통계적 분석을 통해 증명이 되기를 희망하는 방향으로 기술하게 됩니다.

가. 나의 연구변수 찾기

앞서 이야기했듯이 연구가설은 연구문제에서 진술되고 연구를 통해 분석되어야 하는 변수와 변수 간의 관계에 대해 연구자가 추정하는 것을 가설의 형태로 서술하는 것입니다. 가설이란 둘 또는 그 이상의 변수 사이의 관계에 대한 잠정적 진술입니다. 연구문제는 의문문의 형태로 표현되는데 반하여 가설은 서술문의 형식을 갖습니다. 즉 연구문제가 "변수 A와 변수 B는 관련이 있는가?"의 형식이라면, 가설은 "변수 A와 변수 B는 관련이 있다" 또는 "A가 높을수록 B도 높다"라는 형태가 됩니다.

- 연구주제 – Wee센터(학생위기상담 종합지원서비스 센터) 이용자의 프로그램 만족도에 관한 연구
- 연구문제 – 이용자의 개인적 특성에 따라 프로그램 이용 만족도에 차이가 있을 것인가?
- 연구가설 – 이용자의 개인적 특성에 따라 프로그램 이용 만족도에 차이가 있을 것이다.

여기에서 변수(variable)는 변하는 수를 말합니다. 이를 변인이라고 하기도 합니다. 변수의 상반되는 개념은 변하지 않는 고정된 수를 말하는 상수

(constant)가 있습니다. 변수는 인과관계에 의해 독립변수와 종속변수로 구분됩니다.

인과관계에 의해 구분되는 독립변수(independent variable)란 다른 변수에 영향을 주는 변수를 말합니다. 종속변수(dependent variable)는 영향을 받는 변수, 다시 말해 독립변수에 의해 변화되는 변수를 의미합니다.

〈표4-2〉 연구주제에 나타난 독립변수와 종속변수

연구주제	독립변수	종속변수
대중문화가 독서에 미치는 영향을 연구	대중문화	독서
스키니진이 여고생의 몸에 미치는 영향에 대한 연구	스키니진	여고생의 몸
게임 중독이 청소년들의 폭력성에 미치는 영향	게임 중독	청소년들의 폭력성
Wee센터(학생위기상담 종합지원서비스 센터) 이용자의 프로그램 만족도에 관한 연구	프로그램 이용 실태 - 이용 기간 - 이용 횟수 - 이용 동기 - 이용 프로그램	이용 만족도 - 프로그램 만족도 - 시설 만족도

따라서 소논문을 진행하는 여러분들에게 중요한 것은 나의 연구에서 독립변수는 무엇이고 종속변수는 무엇인지를 제대로 파악하는 것입니다. 그리고 그 변수들이 어떤 속성을 지니는지 명확히 파악했을 때 연구방법을 설계하고 조사하는 등의 타당한 연구가 진행될 수 있습니다. 즉 이러한 변수를 분명히 이해하지 못하면 올바른 연구방법을 선택할 수 없음을 명심하기 바랍니다.

나. 연구가설 작성하기

연구가설은 연구문제를 해결하기 위해 만들어 집니다. 특히 연구가설은 통계적 분석을 통해 확인하고자 하는 내용을 진술하는 것입니다. 그리고 연구가설은 독립변수와 종속변수의 관계, 독립변수가 종속변수에 영향 등을 포함합니다. 연구가설을 작성하는 과정을 정리해 보면 〈표4-3〉과 같습니다.

〈표4-3〉 연구가설 작성 과정

1단계	연구문제 확인	– 연구가설이 필요한 연구문제 선별 – 연구문제의 변수 찾기
2단계	이론적 검토	– 변수간의 상호관계 확인 – 변수간의 역할 및 영향력 확인
3단계	연구가설 진술	– 변수간의 관계 제시 – 통계적 분석이 가능한 의문문 형태로 작성

연구문제에서 연구가설을 만드는 간단한 방법은 변수와 변수 간의 관계를 설정하는 것입니다.

〈표4-4〉 연구주제, 연구문제, 연구가설 표현사례

연구주제	Wee센터(학생위기상담 종합지원서비스 센터) 이용자의 프로그램 만족도에 관한 연구
연구문제	– 이용자의 개인적 특성에 따라 프로그램 이용 만족도에 차이가 있을 것인가? – 프로그램의 특성에 따라 프로그램 만족도에 차이가 있을 것인가?
연구가설	– 이용자의 개인적 특성에 따라 프로그램 이용 만족도에 차이가 있을 것이다. – 프로그램의 특성에 따라 프로그램 이용 만족도는 차이가 있을 것이다.

2.3 나의 연구방법 설계하기

논문체제에서 연구방법 부분은 연구자가 연구문제의 해결을 위해 고안한 연구 설계에 대해 구체적으로 진술하게 됩니다.

- 누구를 대상으로
- 어떤 도구를 사용하고
- 어떤 자료수집 절차에 따라
- 어떻게 경험적 자료를 수집하고
- 어떤 방법으로 자료를 분석하였는지 여부

연구방법에 대한 기술은 독자가 연구의 과정을 충분히 이해할 수 있고 그 과정을 반복해 볼 수 있을 정도로 상세하고 구체적이어야 합니다. 따라서 연구자인 여러분은 연구문제의 해결을 위한 연구방법에 대해 상세하게 기술해야 합니다. 연구방법 부분을 기술할 때 포함되어야 하는 내용이 정해진 것이 아니지만 연구대상, 측정도구, 방법 및 절차, 자료 분석방법 등은 구체적으로 기술되어야 합니다.

연구의 유형에 따라 각 요소의 중요성의 정도에 차이가 있을 수 있으나 그 어느 것도 생략될 수는 없습니다. 그리고 연구방법에 관한 세부목차의 내용과 항목은 연구문제의 성격에 따라 다를 수 있지만 〈표4-5〉의 연구방법 진술사례를 참고하면 도움이 됩니다.

1. 연구방법 　1) 연구대상 　2) 설문도구 　3) 실험방법 및 절차 　4) 연구기간	1. 연구방법 　1) 조사대상 및 선정방법 　2) 설문방법 　3) 자료처리방법 　4) 연구기간
1. 연구방법 　1) 연구대상 　2) 측정도구 　3) 연구절차 및 자료분석 방법	1. 연구방법 　1) 연구절차 　2) 연구대상 선정 방법 　3) 분석자료의 내용 　4) 분석방법
1. 연구방법 　1) 연구절차의 개요 　2) 설문도구의 특성 　3) 연구진행 절차 　4) 연구대상 　5) 분석방법	1. 연구방법 　1) 연구대상 　2) 연구설계 　3) 연구절차 　4) 프로그램(목적, 진행내용) 　5) 측정도구 　6) 자료의 분석방법

〈연구방법을 작성하면서 검토해 보아야 할 사항〉 출처 : 임민재, 김신영(2008:51)

- 실천 가능한 연구방법이며, 모든 방법 가운데 최선의 방법인가?

- 연구 설계의 장단점은 무엇이며, 특별한 약점은 없는가?

- 연구대상의 특성을 잘 기술하고 있는가?

- 표집방법은 적절했는가?

- 측정도구에 대해 잘 기술하고 있는가?

- 측정도구의 신뢰도와 타당도가 잘 검토되었는가?

- 자료수집 방법과 절차가 잘 기술되어 있는가?

- 자료수집을 위해 사용된 방법은 적절한가?

- 자료분석을 위한 방법이 잘 선정되었는가?

- 자료분석을 위한 방법이 제대로 적용되었는가?

- 연구의 진행절차가 충분히 잘 기술되어 있는가?

가. 연구대상

예를 들어 '여고생의 저작권 인식 실태와 방안'에 대한 연구라면 여고생의 집단 특성과 그 한계를 명시해야 합니다. 그리고 여고생 전체를 연구대상으로 삼을 수 없으므로 연구에 사용될 연구대상을 선정해야 합니다. 연구대상의 선정방법은 연구에서 얻어진 결과를 여고생 전체에 일반화할 수 있도록 편파적이지 않고 대표할 수 있는 대상을 선정해야 합니다.

연구를 할 때는 항상 누구를 연구할 것인지, 즉 그 대상을 염두에 두어야 합니다. 연구대상은 연구에 참여하는 사람으로서 연구결과에 결정적인 역할을 하는데, 어떤 연구방법을 사용할 것인지에 따라 연구대상의 선정방법이 달라집니다.

▶ 연구대상 선정방법

연구결과가 집단 전체의 특성을 객관적으로 나타낼 수 있도록 적절한 표집방법을 선택하여 표본을 선정해야 합니다. 또한 연구내용에 맞고 현실적으로 조사가 쉬운 대상을 선정해야 합니다.

▶ 연구대상의 규모

연구대상의 규모를 어느 정도로 하는 것이 좋은가에 대한 절대적인 기준이 있는 것은 아닙니다. 하지만 전통적으로 최소한 30명 이상의 연구대상이 필요하고, 비교−실험연구의 경우 비교되는 각 집단마다 최소한 15명 이상의 피험자가 있어야 합니다. 조사연구에서는 연구대상의 수가 각 하위 그룹별로 20~50명씩 최소한 100명 이상은 되어야 합니다.

▶ 연구대상 선정의 이유

연구대상 선정은 연구의 목적에 부합되어야 합니다. 이를 위해 연구대상의 선정이 연구목적에 맞게 이루어졌는지에 대해 명확히 기술해야 합니다. 그리고 연구대상의 연령이나, 학령, 성별 등이 연구주제에 적합하다는 것을 밝혀도 좋습니다.

▶ 연구대상의 기술방식

연구대상에 대해 기술할 때는 어떤 방식에 의해 연구대상이 선정되었는지를 상세히 기록해야 합니다. 일반적으로 실험연구의 경우에는 무선할당의 방법을 사용하고, 조사연구의 경우는 일반화를 목적으로 하기 때문에 연구목적에 타당한 표집방법을 사용해야 합니다.

그러나 실제로 연구할 때 현실적으로 집단을 대표하는 실험대상을 추출하는 데는 많은 어려움과 제약이 따르므로 연구대상 선정의 타당성에는 한계가 많습니다.

〈연구대상 작성 사례〉

연구주제 :
독서인증제가 학생들의 독서활동에 미치는 영향에 관한 연구

2. 연구 대상

상명고등학교 1학년 12학급, 2학년 12학급, 3학년 4학급 학생 총 814명을 대
상으로 상명고등학교에서 시행되고 있는 독서인증제에 대한 설문조사를 실시하
였다. 또한 대진여자고등학교 학생 118명, 대진고등학교 학생 188명, 불암고등
학교 학생 61명 총 367명을 대상으로 각 학교에서 시행되고 있는 독서 프로그
램들에 대한 설문조사를 실시하였다. 도서 대출 관련 데이터베이스 분석은 상명
고등학교 학생 전체를 대상으로 하였다.

한편, 연구대상의 선정할 때에는 연구윤리를 준수해야 합니다. 특히 연구
대상 학생뿐 아니라 학생의 교사나 부모에게 연구 참여에 대한 동의를 구
하는 것이 연구과정에서 꼭 필요합니다.

나. 자료수집 방법과 연구도구, 연구절차

자료의 수집방법과 실험진행절차, 검사도구의 특성 등에 관해서 구체적으
로 진술해야 합니다. 예를 들면 다음과 같습니다.

- 실험조사연구 : 사용되는 검사의 내용과 특징, 검사 실시 방법과 조건 등을 명시
- 면접조사연구 : 면접의 성격과 절차 및 내용, 면접수행에 적합한 면접자의 특
성 등을 기술

- 실험연구 : 적용된 실험과 도구에 대한 설명과 실시 방법 및 진행 절차를 명시

연구 절차에서는 연구대상이 선정된 후 연구결과를 얻기 전까지 일어나는 모든 연구과정을 단계적으로 기술해야 합니다.

▶ 실험연구에서의 연구절차

실험연구(experimental design)는 연구자가 관심있는 변수들 간의 인과관계를 밝히기 위해 실시합니다. 실험연구에서는 변화의 원인이 된다고 연구자가 가정하는 독립변수를 처치하는 실험집단과, 독립변수를 처치하지 않는 통제집단을 두고, 처치가 이루어진 후 두 집단의 종족변수를 측정하여 두 집단 간 종속변수에서 차이가 나타나는지를 집중하는 방식으로 연구가 이루어 집니다.

실험연구에서는 연구자가 인위적으로 실험집단에 대해서 독립변수에 대한 처치를 가하기 때문에 처치 이후에 두 집단 간 종속변수의 차이가 나타난다면 이는 독립변수의 영향으로 간주됩니다. 집단 간 종속변수의 차이는 통계적 방법에 의해 검증이 이루어 집니다.

실험연구는 실험에 동원되는 집단의 수나 검사의 실시 횟수에 따라 다양하게 이루어집니다. 이를 실험설계라고 하는데, 가장 전형적인 실험설계는 전후검사 통제집단 설계이다.

〈전후검사 통제집단 설계〉

- 무작위적으로 연구대상을 선정한다.
- 연구대상을 다시 실험집단과 통제집단에 무작위적으로 배치한다.

- 실험집단과 통제집단에 각각 사전검사를 실시한다.

- 실험집단에 실험처치를 가하고, 통제집단에는 실험처치를 주지 않는다. 이 밖의 모든 조건에서는 두 집단이 동일하도록 조건을 통제한다.

- 실험처치를 끝마친 다음 실험집단과 통제집단에 각각 사후 검사를 실시한다.

- 알맞은 통계적 방법을 사용하여 두 집단을 비교하면서 실험처치의 효과를 평가한다.

이와 같은 연구절차를 상세하게 기록해야 하는데, 특히 실험집단과 통제집단을 결정한 후 두 집단에게 다른 처치를 가했다면 어떤 처치를 얼마동안, 어떤 방법으로 가했는지를 구체적으로 기술해야 합니다.

실험연구의 연구방법에서 실험과 관련된 모든 내용이 추가됩니다. 이를 일반적인 조사연구에서는 '연구방법'이라고 한다면, 실험연구에서는 '실험설계'라고 말합니다. 실험설계 부분의 주요 요소로는 실험설계, 실험대상, 표본추출, 프로그램 내용, 절차, 과정, 평가기준과 방법, 자료처리방법 등으로 구성됩니다.

〈실험연구 설계 시의 실험연구 직성방법〉

- 실험시행 배경과 개요, 대상, 측정도구를 서술한다.

- 실험집단과 통제집단 구분, 내용, 회기를 기술한다.

- 실험처치자의 역할을 서술한다.

- 실험처치나 평가방법(일정. 프로그램 등)과 평가기준을 설명한다.

- 상기와 같은 내용을 표로 서술한다.

〈실험 연구의 연구설계 사례〉

> 연구주제 :
> 독서치료 프로그램의 효과에 관한 연구

> 연구 설계
> 1. 연구대상을 실험집단과 통제집단으로 구분
> 2. 실험집단과 통제집단 모두에 대하여 프로그램의 효과에 대한 사전검사 시행
> 3. 실험집단에는 치료 프로그램을 회차별로 시행
> 4. 프로그램 종료 이후 실험집단과 통제집단 모두에 대하여 사전검사와 같은 내용으로 사후검사 시행
> 5. 사전검사와 사후검사, 실험집단과 통제집단의 차이에 대한 통계적 분석

위의 사례는 실험연구에서 연구대상을 실험집단 통제집단으로 구분하고, 연구방법에 실험처치의 내용을 연구방법에 포함하여 구성하고 있습니다. 이 사례는 집단치료 프로그램을 연구대상에게 적용하고 그 효과를 검증하기 위한 연구입니다.

〈실험연구에서의 연구절차 및 자료분석 사례〉

> 연구 주제 :
> 중금속 흡착제로써 조류 알껍데기 활용가능성 검토

> I. 서론
> II. 이론적 고찰
>   1. 중금속

2. 흡착제

3. 흡착과 흡수

4. 물리적 흡착과 화학적 흡착

5. 반데르발스 힘(van der Waales force)

6. 탄산칼슘의 열분해

7. 중금속의 앙금생성 반응

Ⅲ. 실험재료 및 방법

  1. 실험재료

    1.1 알껍데기(흡착제)

    1.2 중금속 용액

    1.3 Na2S용액

  2. 실험방법

    2.1 중금속과 알껍데기의 종류에 따른 흡착정도 비교실험

    2.2 구운 알껍데기와 굽지 않은 알껍데기의 중금속 흡착정도 비교실험

    2.3 넣어준 알껍데기 질량에 따른 중금속 흡착정도 비교실험

    2.4 온도에 따른 알껍데기의 중금속 흡착정도 비교실험

Ⅳ. 실험결과 및 고찰

  1. 중금속의 종류에 따른 흡착정도 비교실험

    1.1 질산 아연(Zn(NO3)2) 수용액

    1.2 질산 구리(Cu(NO3)2) 수용액

    1.3 질산 납(Pb(NO3)2) 수용액

    1.4 질산 카드뮴(Cd(NO3)2) 수용액

  2. 구운 알껍데기와 굽지 않은 알껍데기의 중금속 흡착정도 비교실험

  3. 넣어준 알껍데기 질량에 따른 중금속 흡착정도 비교실험

  4. 온도에 따른 알껍데기의 중금속 흡착정도 비교실험

4.1 Pb(NO3)2 타조 알껍데기

4.2. Cu(NO3)2 타조 알껍데기

4.3 Cd(NO3)2 타조 알껍데기

V. 결론

VI. 제언

▶ 조사연구에서의 연구절차

조사연구(survey)는 아직 탐색되지 않은 문제나 현상의 특성을 파악하기 위해 실시됩니다. 조사연구에서는 연구자가 관심주제에 대한 질문지를 만들고, 관련된 사람에게 질문지에 대한 응답을 받는 방식으로 이루어집니다. 조사연구는 새로운 현상이 생기는 초기에 그 현상을 기술하기 위해 이루어질 수도 있지만, 특정한 현상의 실태조사를 주기적으로 실시함으로써 그 현상의 변화추이를 탐색하기 위해 이루어질 수 있습니다.

〈조사연구 사례〉
- 여고생의 저작권 인식 실태조사 연구
- 고등학생의 독도에 관한 인식조사

학술연구에서 조사연구방법을 사용하는 것은 결국 과학적 탐구를 통한 체계적이고 객관적인 이론이나 규칙성을 도출하기 위해서입니다. 사회과학연구에서 사회과학이론이 개인이 아니라 사회적 유형과 그 규칙성에 관심을 두는 경향이 강하다는 측면에서 양적연구방법이 보다 보편적으로 사용

220

되고 있습니다. 즉 사회과학은 사람을 설명하는 것이 아니라 사람들이 사회 안에서 행동하고 그렇게 행동하는 이유를 설명하는 체계를 이해하고자 하는 것입니다.

양적연구에는 여러 가지 방법이 있지만, 가장 대표적으로 사용되는 것이 조사연구입니다. 조사연구에서는 연구의 완성도를 극대화하기 위해 연구주제와 관련된 변수를 측정하는 도구를 사용하며, 그 도구를 사용하여 수집된 자료를 통계적 기법으로 분석하여 결과를 제시합니다.

따라서 조사연구는 사회적 현상에 대한 규칙성을 발견하고 일반화하기 위해 연구의 방법으로서 그 절차와 과정이 간결하고 명확합니다. 연구논문에서 조사연구방법을 사용하는 이유가 바로 이러한 장점과 의의 때문입니다. 이와 달리, 조사연구는 기본적으로 수집된 데이터를 분석하는 과정으로 이루어지며, 대부분의 조사연구가 설문지 또는 측정도구를 사용합니다.

⟨설문지를 사용한 조사연구의 일반적인 연구절차⟩

- 연구목적 구체화
- 연구대상 선정
- 설문지 제작
- 설문 실시(우편 발송, 이메일 발송, 직접 방법)
- 응답자료 수합
- 응답자료 분석

이때 어떤 설문지를 사용하여 어떤 방법으로 연구대상자에게 실시하고 회수하며, 어떤 절차에 의하여 자료를 분석할 것인지를 기술해야 합니다. 연구방법에서는 조사연구를 수행하는 데 필요한 과정을 기술합니다. 여기에는 연구대상, 연구모형, 연구가설, 조사도구(설문지)의 구성, 자료수집 절차, 자료의 분석방법이 포함됩니다.

〈표4-6〉 연구방법 기술 내용

연구대상	연구대상은 누구를, 얼마나, 어떻게 선정할 것인가를 고려해야 한다.
연구설계	실험 변인의 통제나 연구디자인에 대한 설명이 명확해야 한다
연구도구	실험, 조사 또는 평가에 사용되는 도구의 신뢰도, 타당도, 객관성이 인정되어야하며, 논문의 성격에 따라 도구의 사용방법 등이 서술되어야 한다.
연구절차	연구를 진행하면서 분리되는 각 단계를 요약하여 제시하여야 한다. 그리고 진행 단계에 대해 구체적인 방법 등을 서술해야 한다.
자료처리	자료처리 방법, 검증방법, 통계처리 소프트웨어 등이 정확히 기술되어야 한다.

〈조사 연구에서의 연구절차 및 자료분석 사례 1〉

연구주제 :
고등학생의 권장도서 목록 활용실태 및 활성화방안에 관한 연구

III. 연구방법

1. 연구설계

본 연구는 연구 방법의 주 수단으로 삼았다. 또한 각 학교 학생들의 권장도서 목록 활용 실태를 알아보고 그에 대한 원인을 분석하는 인과관계 연구의 특징을 띠고 있다.

2. 연구대상

본 연구의 조사대상은 노원구 소재 5개교인 영신여고, 상명고, 수락고, 혜성여고, 재현고(이하 노원구 소재 5개교)의 1, 2학년 학생들과 각 교의 사서 교사들이다.

3. 연구절차

설문조사의 경우 먼저 설문지에 포함할 문항을 정리하였다. 1차적으로 설문지를 완성한 후 학생들의 응답 능력, 질문의 의도 등의 다양한 요소를 고려하여 여러 차례에 걸친 수정 작업을 실시하였다. 이 과정에서 설문지의 표현 순화, 문항 순서 조정 등이 이루어졌다. 이러한 방법을 통해 2차적으로 완성된 설문지를 이용하여 영신여고 2학년 재학생 18명을 대상으로 예비설문조사를 실시하였다. 그 결과를 바탕으로 한 검토, 보완의 과정을 거쳐 최종 설문지를 완성하였다. 설문지 완성 이후 SPSS를 이용해 표본 규모에 따른 정확도를 확인한 후 표본을 설정하는 한편 연구 대상으로 선정한 학교들에 연락하여 설문지 배부, 수합 일정을 결정하였다. 설문지 수합 이후 광운대 경영학과 재학생인 이동훈님의 도움을 받아 수합한 설문지를 분석하였다.

4. 자료분석

표본추출과정에 통계분석 프로그램인 IBM SPSS SamplePower를 사용하여 추출한 표본에서 얼마나 정확한 결과를 이끌어낼 수 있는지 확인하였다. 표본 추출 방법으로는 비확률 표본 추출 중 편의 표본추출방식을 이용했다. 설문지에 포함된 권장도서 목록에서 장르에 따른 독서의 빈도 비교를 위해 디브러리라는 웹사이트를 참고하여 장르를 분류하였다.

수합한 설문지를 보다 수월하고 정확하게 분석하기 위해 Microsoft Excel 2007을 사용하였다. 문항과 장르에 따른 선호도는 빈도 분석을 통해 분석하였다. 또한 이를 이용하여 권장도서 목록 활용도를 수치로 계산하였다. PASW Statistics 18을 통해 독서활동 참가 여부와 권장도서 목록 사이의 상관관계를 분석하기도 했다.

〈조사 연구에서의 연구절차 및 자료분석 사례 2〉

연구 주제 :
고등학교 '릴레이 독서 프로그램'활성화를 위한 연구

III. 연구방법

1. 연구설계

본 연구에서는 '릴레이 독서 프로그램의 활성화'를 위해 용화여자고등학교의 학생과 교사를 대상으로 프로그램에 대한 인식과 실태를 알아보기 위해 설문 조사를 시행하기로 하였다. 연구 내용에 필요한 설문들을 작성하여 연구를 진행하고 설문결과를 분석하여 프로그램의 문제점과 활성화 방안을 연구하였다.

2. 연구대상

용화여자고등학교를 중심으로 연구를 진행함에 따라 연구의 조사 대상은 용화여자고등학교 학생들과 교사로 정하였다. 릴레이 독서 프로그램에 대한 인식과 현황을 알아보기 위하여 설문조사를 진행하였다. 교사는 1,2학년 담임교사 28명과 연구부 소속 릴레이 독서 프로그램 담당교사, 사서교사에게 약 300부의 설문지를 배부해 설문조사를 실시하였으며 필요에 따라 심층 인터뷰도 진행하였다. 학생의 설문 조사 대상 현황은 다음과 같다.

〈표 1〉 설문 조사 대상자 현황(학생)

학년	반	학생 수 (명)
1	1	35
	2	34
	4	34
	11	36

학년	반	학생 수 (명)
2	1	35
	2	33
	3	35
	10	35
계		277

3. 연구절차

본 연구를 진행하기에 앞서 릴레이 독서 프로그램에 관한 자료를 수집하기 위해 먼저 인터넷 검색을 통해 모든 문헌자료들을 수집하였다. '릴레이 독서 프로그램'에 관련한 다양한 정보수집 후 분석하여 앞으로의 연구방향을 회의 하였다. 그 결과, 연구에 관련한 심층 자료들의 필요성을 느껴 설문지법을 진 행하기로 하였다.

용화여자고등학교 학생과 교사들을 대상으로 연구에 알맞은 질문들을 구성 해 설문조사를 실시하였다. 설문지는 학생용, 담임교사용, 사서교사·프로그 램 담당 교사용 3종류를 작성하였고, 1차적으로 완성된 설문지로 여러 선생님 들께 설문지에 대한 조언과 첨삭을 받았다. 여러 회의와 토의를 거쳐 3차 수정 끝에 설문지가 완성 되었으며, 설문의 대상자들에게 설문지를 진행하였다.

설문결과에 따라 통계를 내어 그 결과를 분석하는 활동을 통해 현 릴레이 독 서 프로그램의 문제점들을 파악하고 앞으로의 해결 방안을 모색할 수 있었 다. 또한 더 많은 정보 획득과 연구 보안을 위해 국회도서관에 직접 방문해 선행 연구를 포함한 주제와 관련된 여러 자료들을 수집하였다.

설문결과 분석과 여러 회의, 다양한 자료들을 중심으로 '릴레이 독서 프로그 램'을 활성화 시킬 수 있는 여러 방안들을 연구 하였고 근본적으로 학습자들 로 하여금 규칙적인 독서 습관과 독서에 대한 흥미를 높일 수 있는 결과를 도출 할 수 있도록 모색하였다.

4. 자료분석

첫 번째로 수집한 문헌 자료는 읽고 연구 주제에 관련된 내용에는 각자의 생각을 적고 함께 토의하는 등 다각도에서 자료를 분석했다. 두 번째로 설문조사 자료는 연구자들이 분담을 해 직접 통계를 내었다. 주관식 문항은 한글 문서로 작성하여 통계를 내었으며, 주관식 문항을 제외한 객관식 문항 통계를 좀 더 쉽게 분석하고 비교할 수 있도록 표를 만들어 응답자 수와 백분율을 작성했다. 표 작성 후 토의를 통해 릴레이 독서 프로그램의 근본적인 문제점들을 분석하고 파악하여 앞으로의 활성화 방안을 생각해 보았다.

가) 학생용 설문지

(1) 일주일에 아침 릴레이 독서에 참여하는 평균 일수는 며칠인가요?

〈표 2〉 참여율

	참여하지 않는다.	1일	2일	3일	4일	5일 (매일)	합계
응답자(명)	112	63	49	36	22	15	297
응답률(%)	38	22	16	12	7	5	100

'릴레이 독서 프로그램'의 학생들의 참여율을 정확히 알아보기 위한 질문으로 통계 결과, 위 문항에서 '참여하지 않는다.'와 '1일'의 응답률이 과반수이상으로 매우 높게 나타났다. 따라서 릴레이 독서 프로그램이 효율적으로 이루어지고 있지 않음을 알 수 있다.

(2) 아침 릴레이 독서에 참여하지 않는 날, 프로그램에 참여하지 않는 이유는 무엇인가요?

〈표 3〉 불참 이유

	숙제, 다른 공부를 해서	졸려서	아침 식사	지각	지루한 책의 내용	책을 읽을 시간이 부족	기타	무응답	합계
응답자(명)	133	68	7	11	96	28	16	3	362
응답률(%)	37	18	2	3	27	8	4	1	100

'독서 활동'의 참여를 떨어뜨리는 이유를 알기 위해 실시한 질문으로 프로그램에 참여하지 않는 이유를 묻는 질문에 '숙제나 다른 공부를 해서' 가 37%로 가장 높은 응답을 보였다. 이로 인해 학생들이 독서의 중요성을 인식하지 못한 채 독서에 무관심한 태도를 보이고 학업에 열중하고 있다는 것을 알 수 있다.

'지루한 책의 내용'역시 응답률이 비교적 높은 것으로 나타났다. 이는 릴레이 독서 프로그램에서 제공되는 책의 내용이 학생들의 관심을 끌지 못하고 있다는 것을 알 수 있다. 자신의 관심 분야와 상관없이 지정된 책을 읽게 된다면 독서 활동에 강제성을 띄게 되어 흥미가 떨어질 수 있다.

(3) 릴레이 독서 프로그램이 잘 실행되고 있다고 생각하시나요?

〈표 4〉 학생 인식

	매우 그렇다	그렇다	보통 이다	그렇지 않다	매우 그렇지 않다	합계
응답자(명)	0	17	62	129	69	277
응답률(%)	0	6	22	47	25	100

전체 응답자 중 '매우 그렇지 않다'가 25%이고, 47%가 '그렇지 않다'라고 응답하였으며 '매우 그렇다'의 응답자 수가 0명인 것으로 부정적인 반

응을 보였다.

(4) 아침 릴레이 독서 시간의 분위기는 어떤가요?

아침 릴레이 독서 시간의 분위기를 묻는 질문에는 '조용히 자습을 한다.'
라는 답이 78명으로 가장 많았다. 그 밖에 '졸거나 잠을 잔다.'(27명), '다
른 책을 가져와서 읽는다.'(18명), '시끄럽고 분위기가 안 좋다.'(17명),
'조용하다'(13명)등의 의견들이 있었다.

전체적으로 프로그램에 참여하는 학생의 수가 매우 적고 분위기 또한 좋
지 않다는 결과를 보이고 있다.

(5) 릴레이 독서 프로그램의 개선되어야 할 점은 무엇이라고 생각하시
나요?

〈표 5〉 개선 필요 사항

	책을 읽을 분위기 조성	흥미 있는 책을 제공	부족한 독서 시간	기타	무응답	합계
응답자(명)	32	194	30	30	6	292
응답률(%)	11	67	10	10	2	100

응답자의 과반수 이상이 흥미 있는 책을 제공해야 한다는 의견을 보였
다. 이는 〈표 3〉에서의 '지루한 책의 내용'의 응답률과 관련이 있다.

'책을 읽을 분위기 조성'의 응답률이 두 번째로 높다. 프로그램 진행 시간
인 10분 동안 책을 읽을 분위기가 조성이 되지 않아 프로그램 활동에 방
해가 되고 있음을 알 수 있다.

기타 답은 '릴레이 독서를 하지 않는 것이 좋다.'(8명), '자습을 하는 것이
더 좋다.'(4명), '릴레이 독서 프로그램의 시간을 더 늘렸으면 좋겠다.'(4
명), '학생이 원하는 책을 골랐으면 좋겠다.'(3명), '자신이 관심 있는 분야

를 선택하여 독서를 하는 것이 좋다.'(2명) 등 다양한 답변이 있었다. 이를 통해 독서 프로그램에 많은 문제점들이 있다는 것을 알 수 있었다.

나) 교사용 설문지

(1) 현재 아침 릴레이 독서 시간에 반에서 독서 지도를 하고 계신가요?

〈표 6〉 교사 지도

	그렇다	아니다	합계
응답자(명)	28	0	28
응답률(%)	100	0	100

응답자 모두가 릴레이 독서 시간에 반에서 독서 지도를 하고 있다고 답했다. 하지만 앞에서 분석한 학생들의 설문 결과를 볼 때, 담임교사가 독서 지도를 하고 있음에도 불구하고 학생들은 책을 읽지 않고 있으며 그 밖에 다른 행동을 하는 학생들이 있는 것으로 보아 담임교사의 독서 지도가 잘 이루어지지 않는다는 것을 알 수 있었다.

(2) 릴레이 독서 프로그램이 잘 실행되고 있다고 생각하시나요?

〈표 7〉 교사 인식

	매우 그렇다	그렇다	보통이다	그렇지 않다	매우 그렇지 않다	합계
응답자(명)	0	6	12	7	3	28
응답률(%)	0	21	43	25	11	100

'보통이다'에 답한 교사가 43%이지만 전체적으로 보았을 때 부정적인 답변이 조금 더 많다. 교사들 또한 릴레이 독서 프로그램에 대해 그리 긍

정적이지 않다는 것을 알 수 있다.

(3) 아침 릴레이 독서 시간의 분위기는 어떤가요?

'조용하다.', '조용하지만 책을 읽는 학생은 소수이다.', '독서이외에 것을 하는 학생들이 있다.'와 같은 답을 한 교사가 대부분이었다. 학생들의 독서 프로그램에 대한 호응도가 매우 낮으므로 교사들이 독서의 중요성과 필요성을 인식시켜줄 필요가 있다.

(4) 릴레이 독서 프로그램의 개선되어야 할 점은 무엇이라고 생각하시나요?

〈표 8〉 개선 필요 사항

	책을 읽을 분위기 조성	흥미 있는 책을 제공	부족한 독서 시간	기타	무응답	합계
응답자(명)	5	6	13	6	30	292
응답률(%)	17	20	43	20	100	100

학생들은 흥미 있는 책을 제공해야 한다는 의견이 많았던 반면, 교사들은 독서 시간이 부족하다는 의견이 많다. 학생과 교사의 의견을 적절히 수렴해 프로그램 활성화 방안을 제시해야 한다.

기타의견에는 '일주일 중 독서를 자유롭게 하두록 지도하는 것이 좋을 것 같다.', '시간 부족, 자신이 읽고 싶은 책을 읽도록 해야 한다.', '현행의 제도는 의미가 없다고 본다.' 등의 의견이 있었다.

(5) 릴레이 독서 프로그램에 대한 생각을 자유롭게 적어주세요.

대부분의 교사들은 릴레이 독서 프로그램에서 개선되어야 할 많은 사항들을 제시했다. 한 교사는 '책 읽는 시간도 부족하지만 담임으로서는 조회시간이 부족하다. 방송을 통한 학교의 전달사항이 있는 날이면 더욱 그렇다. 책 읽는 분위기도 조성되지 않으며, 시간도 턱없이 부족하다. 조회가 길어져 종이 칠 때까지 끝나지 않는 경우가 많다. 독서도 중요하지만 아침시간에는 조회시간이 충분히 보장되는 것이 우선이다. (중략) 그리고 가장 좋은 방법은 아침 시간이 아닌 충분히 여유 있게 독서할 수 있는 시간대로 변경하는 것이다.'라고 의견을 냈다. 그 밖에도 '시간확보와 도서 자율 선택권이 개선되면 좋겠다.', '독서를 해야 하는 이유를 먼저 가르쳐줘야 한다.', '책 읽는 시간을 확보해주는 것은 좋으나 10여분의 짧은 시간 동안 집중도 힘들고 강제로 흥미 없는 책을 읽게 하는 것이 어떤 의미가 있나 싶다.', '인위적으로 독서시간을 주는 것은 효과나 효율성이 없다.', '릴레이 독서는 매우 좋으나 학생들이 선택하여 좋아하는 분야의 글을 읽게 하는 것이 좋을 듯하다.', '학생들이 책을 읽을 기회가 적은데 이런 기회를 통해 책 읽는 시간을 갖게 되어 바람직하다.' 등의 다양한 의견이 있었다. 전체적으로는 시간에 대한 문제점을 언급한 교사가 많았고, 효용성에 대해 의문이 든다는 의견과 독서환경을 자유롭게 해야 한다는 의견도 다수였다.

〈그림 56〉 통계 결과 분석

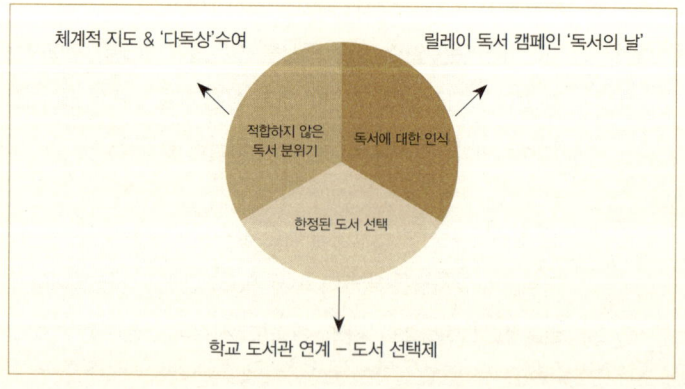

앞으로 본 연구를 통해 교사들과 더욱 심층적인 면접을 통해 프로그램에 대해 토의를 나눠본다면 릴레이 독서 프로그램을 더욱 더 활성화 시킬 수 있을 것이다.

설문 통계 자료를 바탕으로 '릴레이 독서 프로그램'의 근본적인 문제점을 다음 세 가지로 나눌 수 있었다. 바로 적합하지 않은 독서 분위기와 독서에 대한 인식 그리고 한정된 도서 선택이다.

이를 바탕으로 우리는 다음과 같은 '릴레이 독서 프로그램'의 필요 요건들을 정리할 수 있었다. 먼저 독서 프로그램에 참여하는 학생들에게 자율성을 부과해야 한다. 독서에 대한 흥미 유발이 목적인 독서 활동에서 교육적인 효과를 이유로 지정된 도서를 읽게 한다면 자연히 학생들의 관심과 참여도가 떨어질 수 있다. 따라서 자율 선택제를 도입한다. 하지만 원하는 책들만 읽는다면 다양한 책을 접할 수 있는 기회가 적어질 수 있다. 따라서 각 교과 선생님들이 추천하신 책 목록을 작성하여 그중에서 관심이 있는 책을 학생들이 직접 선택한다. 과반수 결과를 얻은 책을 바탕으로 현재 학교의 도서 구입비로 구입하도록 하고 나머지 책들은 학교 도서관에 배치해 두어 독서 참여율을 높이도록 한다.

또한 주변 환경을 들 수 있다. 독서 프로그램에 있어서 잘 활성화가 되고 시행이 되려면 체계성을 갖추어야 된다. 주변 환경부터 잘 조성이 되지 않는다면 프로그램 진행에 있어 많은 문제점들이 야기될 것이다. 따라서 담임교사의 지도가 잘 이루어져야 하며 10분의 짧은 시간이지만 명확히 릴레이 독서 프로그램이 구분되어 시행될 수 있는 체계적 제도가 필요하다.

마지막으로 독서에 대한 인식이다. 독서에 대한 인식이 제대로 확립되지 않는 상태라면 독서 활동의 높은 참여도를 기대할 수 없다. 따라서 지속적인 독서에 관련된 동영상 시청 또는 유명 강사를 초청하는 등 여러 활동을 통해 올바른 인식을 심어줄 수 있도록 한다.

▶ 질적연구에서의 연구절차

질적연구는 사람들은 어떻게 행동하며, 그런 일들이 어떻게 일어나는지 등에 대하여 관심을 갖는 연구입니다. 질적연구의 자료수집은 문서, 참여관찰, 서술적 관찰, 심층 면담, 서술적 설문조사를 통해서 이루어집니다.

- 문서 자료 – 교육과정, 교과서, 일기, 스케치 노트 등 공식적, 비공식적인 자료
- 참여관찰 자료 – 연구자가 현장에 참여하면서 보고 듣고 느낀 것을 참여관찰 일지나 참여관찰기록지 등의 형태로 기록한 것
- 서술적 관찰 자료 – 연구자가 최소한의 참여만 하면서 수업이나 회의, 조회, 행사 등을 있는 그대로 가능한 한 상세히 기록한 자료
- 심층면담 자료 – 기록되거나 녹음된 공식적 심층면담 결과와 추후에 기록된 대화 형식의 비공식적 면담 결과 등
- 서술적 설문조사 자료 – 전체 또는 일부 문항을 열린 질문으로 구성한 설문조사 결과

질적연구를 통해 수집된 자료는 대개는 그 양이 상당히 많은데, 이 자료들이 의미를 가지기 위해서는 체계적으로 분류될 필요가 있습니다. 이를 위해 자료를 분류할 체계를 개발해야 합니다.

연구주제 :
학교 도서관의 전자책 활성화 방안:공공도서관의 사례를 바탕으로

Ⅲ. 연구방법

이번 연구는 기존에 있었던 자료를 분석하고, 그를 통해서 최고의 학교 도서관의 전자본 연구는 단순히 전자책의 현황, 학교 도서관의 현황에 대한 자료만을 수집하지 않고, 공공도서관과 학교 도서관의 협력에 관한 자료 또한 수집하여 결론을 내고자 하였다.

1. 자료수집대상

독서교육통합지원시스템은 전국적으로 깔려 있는 학교 도서관 네트워크 시스템이지만, 현재의 모습으로는 전국적인 학교 도서관 네트워크 관리에 사용하기에 부족하다는 점이다. 현재 서울시에 소재한 초 · 중 · 고등학교의 전자도서관 설치율은 정확히 알려져 있지 않다. 그러나 필자는 서울시 강남구에 소재한 초등학교 20개교의 전자책 도서관을 대상으로 한 조사를 통해 학교 도서관 내에서의 전자책 이용 현황을 일부 찾을 수 있었다. 연구 대상인 학교 도서관 20개관은 자치단체 내의 전자책 도서관으로서 전국 1,566개 초등학교에 전자책을 무료로 서비스하고 있다.

그리고 이들은 문학과 만화 중심의 오락 위주의 책들 중심으로 구성되어 있다. 물론 이것은 초등학교 전자책 도서관을 대상으로 한 현황 조사이지만, 장서가 문학의 편중되어 있다는 점은 고등학교의 도서관에서도 마찬가지로 일어나고 있는 일이므로(이연희, 2009) 전자책이 도입된 경우에도 큰 차이는 없을 것으로 예상된다.

2. 자료수집절차

먼저 논문작성에 필요한 자료를 찾기 위해 네이버 전문정보와 국회도서관, 그리고 정책 브리핑 등의 공인된 사이트에서 자료들을 훑었다. 그 중 주제와 관련된 키워드를 이용한 검색을 통해 많은 자료들을 수집만 했다. 그리고 처음 찾았던 자료들 중에서 좁은 범위로 다시 설정한 연구주제에서 벗어나는 자료를 제외시키고 주제에 포함되는 새로운 자료들을 추가했다.

3. 자료분석

1) 전자책

(1) 전자책 이용 현황

2011년 조사에 따르면, 2011년 성인 전체의 전자책 독서율은 2010년 11.2%에 비해 약 5% 이상 증가한 16.5%를 기록하였다. 중학생 전체의 독서율은 2010년 49.2%를 기록하고 2011년에는 55.4%를 기록하였고, 고등학생의 경우에도 2010년 47.9%를 기록하였던 것이 53.6%를 기록하였다. 이로 미루어 보아, 전자책 독서율은 단기적인 데이터이지만 시간이 지날수록 높아지는 모습을 확인할 수 있다(문화체육관광부, 2012).

(2) 공공도서관에서의 전자책 이용 현황

공공도서관에서의 전자책 도입은 주로 2002년 12월을 시작으로 해서 2003년에 대다수의 공공도서관에서 이루어졌는데 도서관을 둘러싼 정보환경의 변화와 디지털 기술의 발전 등에 따라 공공도서관이 디지털도서관으로 변모하는 과정에서 전자책의 도입은 효과적인 수서정책의 일환이었다고 볼 수 있다(신은주, 공공도서관에서의 e-book 서비스 이용 증진에 관한 연구(재인용)).

이후 공공도서관의 전범위적인 네트워크화에 따라 정보 검색 환경이 발전되었고, 자료 소장을 위한 별도의 공간을 필요로 하지 않은 전자책이

수장 공간의 한계를 느끼고 있던 한계를 보완할 수 있던 것이 당시 교육
인적자원부와 문화관광부가 디지털 자료 구입 예산을 확보하게 되는 발
받침이 되었다. 2003년 국립중앙도서관에서는 '공공도서관 전자책 공동
구매 사업'을 펼쳤다. 이에 다른 많은 공공도서관들이 이 사업에 동참한
8개 전자책 업체를 통해 전자책 콘텐츠와 시스템을 구축할 수 있게 되었
다. 2007년 현재 디지털도서관 보급 및 전자책 콘텐츠 현황을 살펴보면
다음 〈표 4-2〉와 같다.

〈표 4-2〉 디지털도서관 보급 및 전자책 콘텐츠 현황

구 분	항 목	공공도서관
전 자 책	디지털 도서관 도입 수	461
	장서 수(권)	436,591
	예산액(천원)	32,344,029

이러한 방식의 전자책 이용은 도서관 자체의 것이 아닌 전자책 업체의
서버 시스템을 경유하기 때문에, 전자책 업체별 전용 뷰어를 설치하여
이용해야 한다. 상기한 8개 전자책 업체 중 '북토피아'와 '바로북'은 같은
전자책 솔루션을 이용하기 때문에 이 두 시스템을 이용하는 도서관끼리
는 하나의 뷰어로 다른 도서관의 자료를 열람하는 것도 가능하다.
2007년 현재 전자책 도서관 이용률이 미흡한데, 이에 대한 이용교육을
실시하는 곳은 없으며, 적극적인 홍보조차 이루어지고 있지 않다.

2) 학교도서관의 현황
한국 도서관 연감.2011에 따르면, 2010년 말 현재 전국의 학교도서관은
11,461개관으로, 초·중·고등학교의 95%에 이를 정도로 그 설치율이 높

은 상태이다.(한국 도서관 연감.2011) 그러나 같은 기간 학교도서관의 네트워크 구축 현황에 대한 조사는 이루어지지 않은 관계로, 후술하겠지만 '독서교육종합지원시스템'을 통해 막연하게 추측할 수밖에 없는 상태이다. 그렇지만 전자책을 도입하기 위한 기본적인 조건인 학교도서관의 설치와 기본적인 수준의 네트워크를 구축하고 있다는 것은 괄목할 수 있는 상황으로, 적절한 도입 방안만 찾아낸다면 학교 도서관에 전자책을 도입하는 것은 어렵지 않은 일일 것으로 예상된다.

(1) 학교도서관 네트워크 구축 현황

전자책은 디지털 매체로서 그것을 이용할 네트워크 기반이 있어야 한다. 전자책은 어느 한 학교 또는 한 지역에서만 도입되는 것으로는 그 활성화를 기대하기 힘들기 때문에, 전국의 학교도서관을 일괄적으로 관리할 수 있는 네트워크가 필요하다. 이런 역할을 할 수 있을 것으로 예상하는 시스템이 바로 '독서교육종합지원시스템(이하 독서지원시스템)'이다.

독서지원시스템은 '디지털자료지원센터(Digital Library System)'로서, "시·도교육청 단위에 설치되는 표준화된 학교 도서관 정보시스템으로서, 교육청 관내의 개별학교도서관의 도서 관리업무 (수서·목록구축·대출/반납 등)를 자동화하고, 인터넷 기반의 독서지원 기능 (정보 검색, 독서정보제공, 독서표현활동, 독서지도 및 상담 등)을 통합적으로 서비스하는 체제"이다. 지역별로 나뉜 독서지원시스템에 등록한 전체 학교 수는 2013년 현재 부산 지역 제외 11,898개이다. 2010년 말 기준 우리나라 전체 학교 수는 11,461개관이므로 100%가 넘는 등록률을 보여주는 셈이다. 이 정도로 높은 등록률을 보여주고 있는 시스템이지만, 문제는 독서지원시스템은 2013년 3월 1일부로 통합적으로 운영되던 것이 전국 17개 시·도 교육청 운영으로 분리된 것이다.

정리하자면, 독서교육통합지원시스템은 전국적으로 깔려 있는 학교 도서관 네트워크 시스템이지만, 현재의 모습으로는 전국적인 학교 도서관 네트워크 관리에 사용하기에 부족하다는 점이다.

(2) 학교도서관 내에서의 전자책 이용 현황

현재 서울시에 소재한 초·중·고등학교의 전자도서관 설치율은 정확히 알려져 있지 않다. 서울시 강남구에 소재한 초등학교 20개교의 전자책 도서관을 대상으로 한 조사를 통해 학교도서관 내에서의 전자책 이용 현황을 일부 찾을 수 있었다.(박태미, 2009)

자료수집대상인 학교도서관 20개관은 자치단체 내의 전자책 도서관으로서 전국 1,566개 초등학교에 전자책을 무료로 서비스하고 있다. 전자책 도서관의 총 장서는 아래 〈표 4-3〉과 같다.

〈표 4-3〉 전자책도서관 장서

분류	권수	분류	권수	분류	권수
문학	99,877	에세이/산문	14,264	장르문학	23,438
인문	7,080	역사	11,012	종교/역학	11,592
사회	5,210	경제/비즈니스	5,029	자연/과학	2,513
컴퓨터/인터넷	2,375	어린이	113,110	외국어	1,017
수험서/자격증	876	취미/여행	2,354	문화/예술	3,726
가정/생활	3,507	대학교재	1,111	만화	20,607
총계		13,033종 346,214권			

여기서 문학, 에세이, 산문과 장르 문학의 경우 그 판단기준이 애매함으로 카테고리의 구별은 의미가 없다. 또한 어린이 카테고리의 경우에도 그 구별 기준이 정확하게 제시되어 있지 않다. 다만 여기서 확인할 수 있는 것은 문학과 만화 중심의 오락 위주의 책들 중심으로 구성되어 있다는 것이다.

물론 이것은 초등학교 전자책 도서관을 대상으로 한 현황 조사이지만, 장서가 문학에 편중되어 있다는 점은 고등학교의 도서관에서도 마찬가지로 일어나고 있는 일이므로(이연희, 2009) 전자책이 도입된 경우에도 큰 차이는 없을 것으로 예상된다.

▶자료처리와 분석

연구에서는 주로 통계적 기법을 활용하여 객관적인 수치로서 연구결과를 도출하고 분석합니다. 이때 통계적 결과에 대한 의미의 해석이 매우 중요합니다. 연구결과에 대해서는 단순한 통계자료의 제시에 그치는 것이 아니라 연구자의 풍부한 이론적 지식과 경험을 토대로 관련 변수 간의 관계를 충분히 검토하여 해석해야 합니다.

연구방법을 기술할 때 자료처리에 적용될 분석방법을 명시해야 합니다. 분석방법은 자료가 수집되기 전에 미리 고려해야 합니다. 분석방법에 대한 탐색없이 많은 경비와 노력을 들여 자료를 수집했을 경우, 수집된 자료를 정리하고 분석할 수 있는 적합한 통계적 방법이 존재하지 않는다면 많은 손실이 발생하기 때문입니다.

통계적 분석방법에 관해서는 통계전문가와 사전에 상의하는 것이 좋습니다. 통계적 방법은 연구목적을 달성하기 위한 수단이므로 연구문제의 해결에 적합한 통계적 방법이 적용될 수 있어야 합니다. 무엇보다도 설정된 연구의 목적과 문제가 통계적 방법의 적용을 위해 왜곡되는 일은 없어야 겠습니다.

소논문을 제출하는 날이 얼마 남지 않았습니다.

"내가 썼지만 정확히 무슨 말인지 잘 모르겠어.

자료를 정리해 글로 표현하는 것이 왜 이렇게 어렵지?"

소논문쓰기에 도전하면서 많은 학생들이 어려움을 겪는 것이 바로 글쓰기입니다.

그야말로 "구슬이 서 말이라도 꿰어야 보배다"라는 속담이 떠오르는 상황이기도 합니다.

더욱이 지금은 인터넷으로 자료와 정보가 흘러넘치는 시대입니다.

아무리 유용하고 적합한 전문정보와 자료를 가지고 있더라도

그것을 인과관계에 맞게 잘 연결하지 못하면 쓸모없는 것이 됩니다.

제5장은 소논문쓰기에서 **본격적인 본문 쓰기 단계**입니다.

아무리 연구주제와 맞는 좋은 자료를 모아도

논문 형식에 맞는 글쓰기로 표현하지 않으면 안 됩니다.

그러기 위해서는 먼저 **논문의 형식**을 알아야 합니다.

소논문 역시 논문이기 때문에 형식에 맞게 **써야합니다.**

형식에 맞아도 기본적인 **글쓰기 원리**를 따라야 합니다.

그리고 논문을 쓰는 방법으로 워드프로세서를 이용합니다.

워드프로세서 '흔글'의 어떤 기능을 논문쓰기에 활용할 수 있는지도 배울 것입니다.

고지가 보입니다. 끝까지 유종의 미를 거둡시다.

5 PART

어떻게 쓸까?

1. 글쓰기에 대한 생각 정리하기

글쓰기에 관심 있다면 무분별한 외국어 사용, 의미 없이 난무하는 축약, 뜻을 알 수 없는 외계어 등 때문에 우리 글쓰기가 망가지고 있다는 것을 알 수 있습니다. 이는 국·영·수처럼 수업시간에서 체계적인 글쓰기 교육을 제대로 받지 못했기 때문이기도 합니다. 또한 TV나 스마트폰처럼 '보고 듣는데' 익숙한 대중문화의 영향이기도 합니다. 보고 듣는데 익숙한 우리가 '읽고 쓰는데' 집중해야 하는 소논문쓰기는 결코 쉬운 글쓰기가 아닙니다.

연구주제 선정까지는 엄밀하게 말하면 본격적인 글쓰기 단계는 아닙니다. 그동안 연구주제와 관련된 다양한 자료를 찾아 읽으며 해석했다면 준비운동은 완전히 끝난 겁니다. 컴퓨터를 켜고 워드프로세서를 실행하며 소논문 본문을 직접 입력해야 하는 지금부터가 진짜 시작입니다. 하지만 첫 문장을 쓰려니 막막합니다. 소논문형식이 어떤 건지 모르는 가운데 무조건 워드에 쓰기만 하면 되는지, 본문쓰기에서 주어는 몇 인칭으로 쓰며 문장은 어떻게 끝맺어야 하는지, 그리고 찾은 자료를 어떻게 인용표시를 하며 본문에 넣어야하는지 생각해보면 소논문을 어떻게 써야하는가에 대해 제대로 배워본 적이 없습니다. 본격적인 본문쓰기에 앞서 이런 물음에 대하여 차근차근 살펴보겠습니다. 먼저 글쓰기부터 생각해 봅시다.

글쓰기는 개성(個性)의 하나로 말할 수 있을 만큼 개인마다 모두 다릅니다. 그렇더라도 글쓰기에 있어 최소로 알아야 할 원칙은 몇 가지 있습니다. 이런 원칙은 글쓰기 개성과는 별개입니다. 글쓰기의 기본적인 원칙을 따른 후에 자신만의 글쓰기를 세울 수 있습니다. 그렇기 때문에 이런 글쓰기의 기본원칙은 꼭 알아야 하고 그에 맞춰 글을 써야합니다. 특히 소논문쓰기처럼 엄격한 형식에 맞춰 써야하는 경우 더욱 그렇습니다.

소논문쓰기는 논증적 글쓰기입니다. 형식이 자유로운 수필(隨筆)에 비해 소논문쓰기와 같은 논증적 글쓰기는 정해진 형식을 엄격하게 지켜야 합니다. 논증이라는 것 자체가 주장과 증거를 제시해야 하기에 형식으로부터 자유로울 수 없습니다. 연구주제를 선정했다면 이젠 그 형식에 맞춰 글을 직접 써야합니다. 이를 위해서 소논문쓰기는 어떤 형식에 맞춰 써야 하는가를 알아야 합니다.

2. 일반적인 논문형식 알아보기

소논문 역시 논문의 한 유형이기 때문에 논문형식에서 벗어나지 않습니다. 기존 논문형식을 중심으로 소논문 형식을 이야기하겠습니다. 글은 기본적으로 서론, 본론, 결론의 3단 구성으로 이뤄집니다. 소논문처럼 논증적 글쓰기는 이런 형식을 그대로 가져옵니다. 서론에서는 문제를 제기하고, 본론에서는 제기한 문제에 대해 논증을 하며, 결론에서는 논증한 결과를 바탕으로 서론에서 제기한 문제에 대하여 판단을 내리고 매듭을 짓습니다.

가. 제목

제목은 논문의 얼굴이라고도 합니다. 그만큼 연구의 내용과 성격을 잘 드

〈논문양식〉

제목

목차

본문

　– 서론

　– 본론

　– 결론

참고문헌

부록

러낼 수 있어야 합니다. 논문의 제목은 간결하면서도 구체적이며 문구의 구성이 어색하지 않도록 해야 합니다. 막연하거나 과장된 표현보다는 핵심 주제어와 내용을 적절히 포함하여 무게감을 더한 표현이 더욱 좋습니다. 이런 설명이 어렵다면 실제로 여러분 친구들이 쓴 소논문의 제목을 다양하게 살펴본 2장을 참고하시기 바랍니다.

나. 목차

목차는 논문의 본문을 내용에 따라 묶은 골격이라 할 수 있습니다. 목차는 논문의 내용이 얼마나 논리적으로 구성되어 있는가를 보여 줍니다. 목차의 제목은 간단명료한 것이 좋으며, 기호와 활자형태까지도 원칙을 잘 지켜야 합니다. 또한 본문안의 제목과 반드시 일치하여야 합니다.

또한 표나 그림이 본문 중에 많이 나올 경우 따로 표와 그림의 목차를 분리하여 제시하는 것이 좋습니다. 목차가 많으면 많을수록 복잡하고 산만하기 때문에 4단계 수준(장〉절〉항〉목)까지 나누는 것이 적당하며 각 목차별 기호는 숫자와 문자를 조합합니다.

〈표5-1〉 목차별 기호 예시

I. ……	I. ……	I. ……	I. ……
A. ……	1. ……	가. ……	1. ……
1. ……	1) ……	(1) ……	1.1. ……
a. ……	(1) ……	(가) ……	1.1.1. ……
b. ……	(2) ……	(나) ……	1.1.2. ……
2. ……	2) ……	(2) ……	1.2. ……
a. ……	(1) ……	(가) ……	1.2.1. ……
b. ……	(2) ……	(나) ……	1.2.2. ……
B. ……	2. ……	나. ……	2. ……
1. ……	1) ……	(1) ……	2.1. ……
a. ……	(1) ……	(가) ……	2.1.1. ……
b. ……	(2) ……	(나) ……	2.1.2. ……
2. ……	2) ……	(2) ……	2.2. ……
a. ……	(1) ……	(가) ……	2.2.1. ……
b. ……	(2) ……	(나) ……	2.2.2. ……
II. ……	II. ……	II. ……	II. ……
A. ……	1. ……	가. ……	1. ……
1. ……	1) ……	(1) ……	1.1. ……
a. ……	(1) ……	(가) ……	1.1.1 ……

다. 초록 (Abstract)

초록은 논문의 전체적인 내용과 결론을 요약한 것입니다. 대부분의 경우 논문 본문을 읽기 전에 연구자 자신이 필요로 한 내용을 담고 있는가를 확인하기 위해 초록부터 읽습니다. 따라서 논문제목, 연구의 필요성 및 목적, 연구방법, 연구결과와 결론, 그리고 앞으로의 응용에 대한 내용을 반드시 포함해야 합니다. 초록에는 참고문헌을 인용하거나 표나 그림을 사용하지 않으며, 대략적 분량은 본문 규격으로 1장을 넘기지 않습니다.

라. 서론

서론은 논문주제를 이해하고 평가하는데 필요한 배경을 기술하는 부분으로, 연구의 목적 및 필요성, 연구방법 및 범위, 이론적 배경을 간략히 서술합니다. 서론은 가능한 한 간결하게 작성해야 합니다. 서론을 거창하게 진술해 놓고 본론이나 결론이 빈약하면 용두사미(龍頭蛇尾)가 되고 맙니다.

첫째, 연구의 목적과 필요성은 독창적이며 구체적으로 제시되어야 하며 참신하고 실현 가능한 목표를 설정하는 것이 중요합니다.

둘째, 서론에서 기술되는 연구방법은 독자가 충분히 이해하기 쉽도록 논제의 접근방법을 순서대로 상세하게 기술해야 합니다. 그리고 연구의 범위는 논문 작성자가 논지와 방법론을 보호하는 구실을 하기 때문에 명확하고 구체적으로 기술하는 것이 좋습니다.

셋째, 논문주제에 대한 선행연구는 핵심적인 것만을 언급하도록 합니다. 기존 연구를 소개할 때에는 간단하면서도 비판적 논의를 이끌 수 있도록 소개하는 것이 좋습니다.

넷째, 특수한 용어를 사용하거나 일반적인 의미의 용어를 본문에서 다른 의미로 규정하여 사용할 경우 해당 용어에 대한 개념을 밝혀 내용의 혼란이 발생하지 않도록 합니다.

마. 본론

본론은 연구의 핵심이며 연구대상에 대한 구체적인 검증과 분석이 이루어지는 곳입니다. 따라서 충분한 자료와 일관된 이론으로 논제를 명백히 설명해야 합니다. 그만큼 본론에서 다루는 내용의 가치와 논리가 무엇보다 중요합니다. 본론은 크게 연구방법, 연구결과, 연구결과에 대한 논의 부분으로 나뉩니다.

첫째, 연구방법의 장에서는 연구에서 사용한 연구방법을 다른 연구자가 그대로 시현할 수 있을 정도로 구체적으로 기술해야 하고 실제 사용한 도구가 있다면 본문이나 부록에 제시합니다.

둘째, 연구결과는 논문에서 주장하는 결론을 정당화하기 위한 부분이므로, 연구방법을 수행함으로써 추출된 데이터를 연구 질문에 따라 함축적이면서도 결론을 뒷받침할 수 있도록 충분하게 제시하는 것이 중요합니다. 이때 주관적인 해석보다는 설명과 강조, 주의 환기 정도의 기술이 적합하고 표나 그림을 이용하여 독자가 데이터를 이해하거나 비교하는데 도움이 되도록 합니다.

셋째, 논의부분에서는 자신의 의견과는 상반되는 입장도 소개하고 그에 대한 비판도 합니다. 이때 논거의 제시와 추론의 과정이 얼마나 합리적이고 타당한가가 중요합니다. 따라서 철저히 분석한 자료를 바탕으로 그 내용과 가치를 객관적이고 체계적으로 제시하도록 합니다. 그리고 논의를 전개해 나갈 때 개인적인 이해관계를 떠나 논지의 공정성을 기해야 하며,

연구자의 독단이나 일시적이고 즉흥적인 판단이 개입되지 않도록 주의해야 합니다. 또한 남의 견해 및 주장에 대한 비판에서는 감정이나 편견이 개입되지 않도록 조심해야 합니다.

바. 결론

결론에서는 본론에서 전개한 사실을 간단히 요약하고 연구의 중요한 결과를 지적함으로써 논문 전체를 매듭짓는 부분입니다. 특히 자신의 새로운 주장을 다시 한 번 반복하여 논문의 타당성과 가치를 분명히 드러내도록 합니다.

사. 참고문헌

참고문헌에서는 본문에 기술된 내용을 논의하기 위해 언급한 모든 인용문헌, 즉 단행본, 학술지 논문, 학위논문, 그 외의 자료 등을 일정한 양식에 따라 일목요연하게 제시해야 합니다. 참고문헌을 통해 연구주제에 관한 관련성 및 인용관계를 살펴볼 수도 있습니다.

아. 부록

부록은 본문에 넣으면 너무 번잡하거나 분량이 많은 자료, 또는 참고자료나 증거자료가 되는 것을 수록하며, 주로 참고문헌 다음에 둡니다.

3. 소논문쓰기에 있어 꼭 알아야할 글쓰기 원칙

대학은 고등학교 때와 같이 중간·기말고사처럼 객관식 지필고사도 보지만, 대부분은 term paper라고 하는 보고서를 제출해야 합니다. 지금 여러분이 쓰는 소논문은 대학 때 쓰는 보고서처럼 자신이 선정한 자료를 자신의 관점에서 분석 해석하여 글로 풀어내는 높은 수준의 글쓰기입니다. 대학에서 써야 하는 보고서는 다양한 참고자료를 활용해 본인의 의견을 논리적으로 풀어야 하는 일종의 소논문과 같습니다. 여러분이 쓰는 소논문과 다른 점은 보고서 주제를 담당 교수가 정한다는 것과 분량이 소논문보다 상대적으로 적다는 정도가 차이입니다. 보고서 주제는 소논문쓰기의 연구주제와 같으며 보고서를 써야하는 형식은 소논문 형식과 거의 같습니다.

신문이나 강연을 통해 대학 교수들이 하는 이야기 중 하나가 중·고등학교 때 체계적인 글쓰기 교육을 배우지 못해 대학에서부터 다시 글쓰기를 가르쳐야 한다는 것입니다. 하지만 여러분들은 동의하지 않을 겁니다. 오히려 "나는 글을 잘 쓰는데?"라고 생각하겠지요.

정말 그럴까요? 글쓰기에 관심이 있고 잘 쓰시는 선생님들이 공통으로 하는 말씀이 글은 쓰면 쓸수록 어렵다는 겁니다. 연구주제까지 선정해서 이제 본격적으로 소논문을 쓰려는데 첫 문장을 어떻게 써야하나 고민한다면 그 자체가 아직까지 소논문쓰기와 같은 논증적 글쓰기가 익숙하지 않다는 것입니다.

논증적 글쓰기를 어떻게 해야하는가에 대한 분명한 원칙을 설명하기는 쉽지 않지만 자주 틀리고 실수하는 부분을 반추하면서 기본적인 원칙을 세울 수 있습니다. 그 원칙을 한 번 알아봅시다.

3.1 본문을 기술할 때는 최대한 사실을 객관화해야 합니다.

원칙 자체가 참 어렵습니다. 다시 풀어쓰면 소논문쓰기에서 글을 쓰는 방법은 최대한 자신을 드러내지 않고 객관화해서 문장을 써야 한다는 뜻입니다. 예문을 한 번 보면 쉬울 것 같습니다.

> 문장 1 : 제가 읽어본 소병문(2007)이란 논문은 15세기 국어의 문장유형으로서 수사의문문은 전제, 가정, 양보의 뜻이 있는 선행절을 둔 복문형식으로 실현된다고 설명합니다.

문장 2 : 소병문(2007)은 15세기 수사의문문이 전제, 가정, 양보의 뜻이 있는 선행절을 둔 복문형식으로 실현됨을 밝혔다.

위 두 문장은 소병문(2007)이란 논문의 내용을 정리하는 겁니다. 같은 내용을 담았지만 전달하는 방법이 다릅니다. 우선 〈문장 1〉은 글을 읽는 사람에게 연구자 자신을 드러내고 소병문(2007)이 어떤 논문인가를 친절하게 설명합니다. 하지만 〈문장 2〉는 연구자는 자신을 철저하게 감추고 오직 소병문(2007)이란 논문에 대해서만 이야기를 합니다.

무엇 때문에 〈문장 1〉과 〈문장 2〉가 차이가 나는 걸까요? 〈문장 1〉의 "제가 읽어 본~"이란 절(cause) 때문입니다. 독후감이나 서평과 같은 일반적인 글쓰기에서 '제가~'라는 주어를 밝히는 것은 자연스러운 일입니다. 하지만 소논문과 같은 논증적 글쓰기에서 가장 중요한 것은 주장하고자 바와 이를 뒷받침하는 증거 또는 사실만 밝히는 것이 먼저입니다. 그러다 보니 글쓴이가 드러나는 인칭주어는 거의 찾아볼 수 없습니다.

또 하나 소논문 쓰기에서 서술어로 문장을 맺을 때는 건조한 문어체로 합니다. 〈문장 1〉은 구어체인 "~합니다"로 끝납니다. 읽기에는 편하고 바로와 닿지만 소논문쓰기와 같은 논증적 글쓰기에서는 사용해서는 안 됩니다. 소논문쓰기는 논리적으로 연구자가 하고자 하는 바를 정확하게 전달해야 하기에 〈문장 2〉와 같이 문어체로 "~밝혔다"와 같은 문장을 맺어야 합니다.

3.2 서술어에 중심을 두고 써야합니다.

속담에 "우리말은 끝까지 들어봐야 한다"는 말이 있습니다. 왜 그런지를 영어와 한 번 비교해보겠습니다.

Hatred stirs up dissension, but love covers over all wrongs. [NIV Proverbs 10]

미움은 다툼을 일으켜도, 사랑은 모든 허물을 가린다.

어절을 중심으로 봤을 때 같은 뜻을 전달하더라도 영어는 두 어절 만에 가능합니다. 하지만 우리말은 세 어절 만에 무엇을 말하고 싶은가가 분명해집니다. 접속사 But 이후의 문장을 보더라도 영어는 두 어절 만에 말하고자 하는 내용이 분명해집니다. 하지만 우리말은 네 어절이 지나야 비로소 무슨 뜻인가를 알 수 있습니다.

물론 위의 예시를 두고 영어가 우리말보다 의사표현에 탁월하다고 할 수는 없습니다. 언어의 순위를 판단할 수 있는 객관적인 기준은 없기 때문입니다. 여기서 중요한 것은 어떤 언어든 뜻을 분명하게 전달하는 역할을 하는 문장성분은 서술어라는 것입니다. 따라서 위의 예는 말하고자 하는 바를 전달할 때 우리말보다 영어가 더 빠를 수 있는 이유가 뜻을 분명히게 전달하는 서술어의 배열순서와 관련이 있다는 것을 보여주기 위함입니다. 어떤 언어라도 내용을 전달하는데 있어 가장 중요한 문장성분은 서술어입니다. 우리말에서 서술어를 구성하는 동사, 형용사는 다른 품사에 비해 상대적으로 한자어, 외국어가 적습니다. 물론 한자어, 외국어에 접사(接詞) '~하다'가 붙어 동사, 형용사로 파생되는 경우는 있지만 이런 경우는 위의 사실에 해당한나고 보기 어렵습니다.

명사의 경우 순수한 우리말이 있어도 한자어로 바뀐 예는 상당히 많습니다. 요즘은 영어와 같은 외국어와 혼용해 사용하고 있습니다. 하지만 동사, 형용사가 한자어, 외국어에 영향을 많이 받지 않은 이유는 뜻을 전달하는데 가장 중요한 역할을 하기에 낯선 표현방식에 저항하는 언어의 보수성 때문입니다.

정리하자면 글을 쓰거나 읽을 때 그리고 고칠 때 우리가 중점을 두고 봐야할 부분은 서술어란 점입니다. 반드시 기억하길 바랍니다. 글쓰기의 중심은 동사, 형용사로 이뤄진 서술어입니다.

3.3 문장은 짧게 쓰는 것이 좋습니다.

오랫동안 많은 이들의 사랑을 받고 읽히는 책을 스테디셀러(steady seller)라 합니다. 이런 스테디셀러의 대표적인 작품에는 조세희의『난장이가 쏘아올린 작은 공』이 있습니다. 워낙 유명한 작품이기에 한 번은 들어봤을겁니다. 이 작품을 지금 이야기하고자 하는 것은 문학적 가치는 말할 것도 없거니와 글쓰기에 있어서도 큰 의미가 있기 때문입니다.

책장에 있다면 펼쳐보길 바랍니다. 어디를 펼쳐 본문을 읽어도 한 문장이 최대 두 줄을 넘는 경우가 거의 없습니다. 문장이 매우 짧기에 읽는 속도가 빨라지고 집중할 수 있습니다. 하지만 글을 짧게 쓰다보면 하고 싶은 내용을 담기가 쉽지 않은데, 짧은 문장을 이어가면서도 작가가 말하고자 하는 것을 담아내는 이 부분이 작가 조세희의 글쓰기 역량이 아닐까 합니다.

글쓰기 관련 책을 보면 공통적으로 말하는 원칙이 바로 글은 짧게 쓰라는 것입니다. 특히 소논문처럼 논리적인 글쓰기는 한 문장을 길게 쓰다보면 자신이 무엇을 말하는지 논점을 놓치는 경우가 많습니다. 그렇기 때문에 더욱 짧게 써야 합니다. 다음은 장하준의 '나쁜 사마리아인'이란 책을 읽고 쓴 서평입니다. 글을 짧게 쓸 경우 어떻게 달라지는 살펴봅시다.

① 이 책엔 생각지 못했던 여러 반전이 있었는데 특히 사람들이 어렵게 만든 작품의 저작권을 보호해준다고만 생각했던 지적소유권 제도가 오히려 개발도상국 등에 대하여 선진국들의 선진 문물을 받아들이기 힘들게 만든다는 점이 흥미로웠다. 작가 자신이 학창시절 때 해적판 영어 사전이 없었다면 자기가 지금의 자리까지 올 수 없었을 것이라는 예는 자칫하면 개발도상국은 우리완 먼 이야기라고 생각할 수 있는 사람들까지 공감할 수 있게 한 것 같다.

이 서평을 쓴 학생은 책의 내용을 분명하게 이해하고 있습니다. 하지만 읽기가 왠지 자연스럽지 않습니다. 위의 문단이 두 개의 문장으로 구성돼 읽는 호흡이 굉장히 길기 때문입니다. 상당히 긴 문장입니다. 글을 간결하게 쓰라는 지적에 이 서평을 쓴 학생은 아래와 같이 고쳤습니다.

② 이 책엔 생각지 못했던 여러 반전이 있었다. 보통 사람들은 지적소유권 제도를 통해 공급자가 공들여 만든 작품의 저작권을 보호할 수 있다고만 생각할 것이다. 하지만 이 책은 지적소유권 제도가 오히려 개발도상국 등에 대하여 선진국들의 선진 문물을 받아들이기 힘들게 만든다는 점을 지적하고 있어서 흥미로웠다. 작가는 학창시절 때 해적판 영어 사전이 없었다면 자기가 지금의 자리까지 올 수 없었을 것이라는 예를 들었다. 이 예는 자신과 개발도상국은 별로 관계가 없을 것이라는 생각을 갖고 있는 사람들까지 공감할 수 있게 만들었다.

서평 내용에 대하여 말하기 앞서 우선 읽기가 편하다는 느낌이 옵니다. 글쓴이가 무슨 말을 하려는지 좀 더 명확해졌습니다. 서평 내용도 거의 변하지 않았지만 두 문장에서 다섯 문장으로 늘어났습니다. 글을 길게 쓰면 안 되는 이유가 여기에 있습니다. 지나치게 많은 수식관계와 주어와 서술어의 길어진 간극으로 뜻이 분명하게 전달되지 않기 때문입니다.

3.4 문장의 주어와 서술어는 호응이 일치해야 합니다.

글에는 뜻을 분명하게 전달하기 위해 주어, 서술어, 목적어, 보어가 있습니다. 여기서 주어와 서술어가 없다면 문장은 성립될 수 없습니다. 주어는 사건이나 상태의 주체입니다. 서술어는 주어의 동작이나 상태 및 성질을 나타냅니다. 주어와 서술어는 반드시 호응관계를 이룹니다. 하지만 글을 쓰다 보면 호응관계가 맞지 않는 경우가 많습니다.

다음은 에드워드 기번의 『로마제국 쇠망사』란 책을 읽고 쓴 서평입니다. 6권이 넘는 방대한 분량이기에 고등학생에게는 결코 쉬운 책은 아니었는데 끝까지 읽고 써낸 글입니다. 주어와 서술어 호응이 어떤지 찾아봅시다.

> 에드워드 기번이 로마제국 쇠망사를 쓴 ①동기는 1764년 10월 로마 시를 여행했었을때 이미 폐허가 된 카피톨리노 언덕에 ②앉아있었다. 동시에 거기에서는 맨발의 탁발승들이 기도하고 있던 소리가 들렸다. 그 곳은 로마제국의 위상이 보인 게 아니라 오히려 로마의 존재 자체를 잊게 만들 정도였다. 그런 스산함 속에서 들리는 기도 소리가 그에게 강렬한 인상이 남아 폐허를 다시 걷게 만들었고 로마제국 쇠망사를 쓸 생각을 했다고 한다.

밑줄 친 첫 문장의 주어 〈①동기는〉과 서술어 〈②앉아있었다〉 사이 호응관계는 어떤가요? '앉다'라는 행동을 할 수 있는 주체는 사람과 같은 유정명사라야 가능합니다. 그런데 여기서는 '동기―어떤 일이나 행동을 일으키게 하는 계기'라는 무정명사로 잘못 선정했습니다. 동기가 앉을 수는 없습니다. 이 문장은 주어와 서술어의 호응관계가 잘못된 경우입니다. 한 번 고쳐본다면 '동기'와 호응관계를 고려할 때 가장 적절한 서술어는 '〜 때문이다'정도면 어떨까 합니다.

> 에드워드 기번이 로마제국 쇠망사를 쓴 ①동기는 1764년 10월 로마 시를 여행했었을때 이미 페허가 된 카피톨리노 언덕에 앉아 느낀 로마제국에 대한 감회 ②때문이었다.

앞에서 '글은 짧게 쓰는 것이 좋다'라고 했습니다. 그 이유는 주어와 서술어 호응관계와도 관련이 있습니다. 글이 길어지면 쓰는 과정에서 하려고 하는 내용을 잊는 경우가 많습니다. 그렇게 나타나는 것이 주어와 서술어의 호응문제입니다. 글이 길어지면 주어와 서술어의 사이도 길어지기에 주어의 행동/상태/성질을 생가하며 글을 쓰기 어려워집니다.

3.5 문장을 쓸 때 영어 번역투로 쓰지 마세요.

우리나라 중·고등학생이 가장 많이 공부하는 과목이 영어입니다. 이 영어는 말하기, 글쓰기까지 다양한 영향을 끼칩니다. 특히 머릿속에 영어를 해석하는 습관이 남아있어 우리글을 쓰면서 그 잔상이 자신도 모르게 나오는 경우가 있습니다.

다음은 에마뉘엘 피에라의 『검열에 관한 검은 책』을 읽고 쓴 서평입니다. 검열(檢閱)이란 결코 쉽지 않은 주제지만 내용을 정확하게 이해하고 정확하게 풀어낸 글입니다. 그 서평 가운데 한 문단을 가져왔습니다. 영어 번역투가 어떻게 실현되었는지 살펴봅시다.

> 그러나 과거와 현재의 검열 사이에는 뚜렷한 차이점이 존재한다. 과거는 국가 독점적 주체가 되어 검열을 지배했다. 하지만 현재는 시민의식이 높아졌고 윤리적 단체들의 항의가 계속되자 국가의 검열은 조금 수그러졌다. 하지만 그렇게 되자 검열은 사적인 주체들에게 흡수되어져 버렸다. 그리고 검열의 형태에도 변화가 생겼다. 과거에는 정보를 대중들로부터 ①<u>차단시키기</u> 위해 관련서적이나 미디어를 장악하는 노골적인 방법을 사용했다. 하지만 현재는 조금 다르다. 정보를 ①<u>차단시키기</u> 보다는 그 양을 기하급수적으로 늘려서 우리들로 하여금 어떤 것이 진실이지 구별하지 ②<u>못하게 만들고 있다.</u> 우리는 그 속에서 허우적거릴 뿐이다.

여기서 〈①차단시키기〉는 동사 '차단하다'에 누군가에게 무엇을 하게하는 사역(使役)의 의미를 부여한 것입니다. 우리글에서 사역으로 문장을 표현하는 것은 많지 않습니다. 영어 사역동사 make, have, let을 해석하는 과정에서 알게 모르게 글쓰기에 들어온 것입니다. 위의 원문 '과거에는 정보를 대중들로부터 차단시키기 위해'에서 사역의 의미가 있는 ~시키기를 빼면 '과거에는 정보를 대중들로부터 차단하기 위해'가 됩니다. 전달하려는 내용이 달라지진 않습니다. 〈②못하게 만들고 있다〉 역시 불필요한 사역의 의미가 있습니다. '못하게 한다'면 될 것을 굳이 '만들다(make)'를 넣어 썼습니다.

위의 서평 예문을 통해 사역의 의미를 중심으로 우리 머릿속에 자리 잡고 있는 영어번역투가 어떻게 글쓰기에 영향을 끼치는가를 봤습니다. 사역동사 이외에도 영어번역투 글쓰기에는 have, become 등의 동사와 불필요한 완료시제 등이 있습니다.

4. 논문 작성 도구

본 격적인 소논문쓰기를 위해 글쓰기에 대한 기본적인 원칙을 살펴봤습니다. 그 다음으로 어떤 방법으로 본문을 쓸까 생각해 봅니다. 소논문을 쓰려면 논리 정연한 글쓰기와 함께 다양한 형식의 자료나 이미지, 틀이 필요합니다. 자신의 연구논문을 명확하게 보여줄 틀을 만들고 편집하여 보여주어야 하는데 그렇지 못하면 참으로 난감합니다. 다른 사람에게 부탁을 해도 연구자의 의도를 정확하게 알지 못하기에 원하는 틀을 구현하기가 어렵습니다. 요리로 따지자면 음식은 다 만들었는데 예쁘게 담을 수 있는 그릇이 없는 것과 마찬가지라고 볼 수 있습니다. 그렇다면 논문은 무슨 그릇에 어떻게 담아야 더욱 맛있어 보일까요? 지금부터 논문을 맛있게 담아내는 팁(tip)을 알려드리고자 합니다.

4.1 흔글(HWP)이용하여 논문 작성하기

여러분이 논문을 쓰려하는데 공책에 볼펜으로 쓸 생각은 전혀 하지 않았을 겁니다. 고등학교 수행평가 역시 컴퓨터로 작성해 프린터로 출력을 하는데 하물며 소논문쓰기를 그렇게 하겠습니까? 소논문 작성은 워드프로세서라는 프로그램을 사용해 작성합니다. 우리나라 공공기관은 한글과 컴퓨터에서 만든 워드프로세서인 '흔글'을 사용합니다. 물론 대부분의 기업은 마이크로소프트사의 '워드'를 사용하지만 고등학교에서 가장 많이 사용하는 '흔글'을 통해 논문 작성하는 법을 살펴보고자 합니다.

가. 스타일 적용하기

스타일이란 문서작성에 있어 서식을 통일할 때 쓰는 편집 도구를 칭합니다. 〈그림5-1〉과 같이 흔글 창 우측 상단에 있는 것이 스타일을 지정하는 곳입니다. 스타일을 지정하게 되면 원하는 문장, 문단의 글씨체, 문단 간

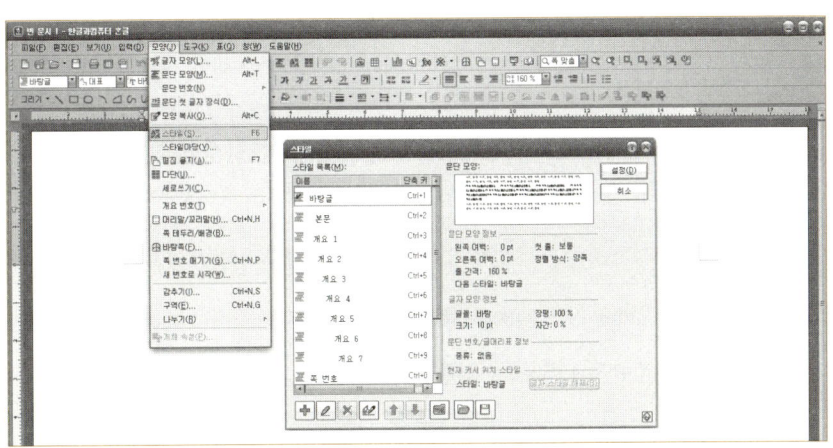

〈그림5-1〉'흔글' 스타일 지정 화면

격, 자간 등의 형태를 동일하게 유지할 수 있습니다.

이제 본격적으로 스타일을 편집하도록 하겠습니다. 먼저 F6을 누르게 되면 스타일 창이 나옵니다. 창의 하단 왼쪽에 있는 ➕ 버튼을 누르면, 문단, 글자 모양을 지정할 수 있습니다. 또는 문장을 본인이 희망하는 대로 편집한 후 🖋 을 눌러 편집한 모양대로 저장할 수 있습니다. 이렇게 스타일을 만들어 적용하면, 문장 또는 문단 하나하나 수정하는 수고를 덜 수 있습니다. 논문 작성 규정은 학교나 전공에 따라 다를 수 있는데 서울대학교 학위논문 문서 설정은 아래와 같습니다.

- 본문의 글씨체 : 명조체나 신명조체
- 글씨 크기 : 10~11포인트
- 자간 : 0
- 줄간격 : 160~170%
- 장평 : 100%로 설정 (서울대학교 학위논문 규정)

나. 그림, 표 넣기

그림과 표는 논문을 작성하는데 매우 중요한 근거자료로 이용됩니다. 흔글에서 그림과 표를 넣는 방법은 다릅니다.

- 그림은 Ctrl + N + I(Image) 버튼
- 표는 Ctrl + N + T(Table) 버튼
- ⇨ 본인이 원하는 곳에 그림이나 표를 삽입

그림과 표는 본문 기술의 보조적인 역할을 하기에 너무 작아서 보이지 않거나 너무 커서 본문을 읽는데 방해가 되지 않게 해야 합니다. 또한 표와 그림을 넣을 때에는 각각 표제목과 그림 제목을 넣어야 합니다.

- ■ 표제목은 표의 상단에,
- ■ 그림제목은 그림의 하단에 넣는 것이 좋음

표를 넣을 때 유의할 점은 표의 왼쪽, 오른쪽을 개방해야 하는 겁니다. 본문과 독립된 것이 아니라 연결되어있다는 것을 표시하기 위하여 〈그림 5-2〉의 오른쪽 표와 같이 왼쪽, 오른쪽의 선을 없애는 것이 좋습니다. 글씨크기는 보통 본문의 내용의 크기와 같거나 1pt 작게 넣습니다. 표와 그림을 다른 자료에서 인용했을 경우 출처를 명확하게 적는 것도 잊지 말아야합니다.

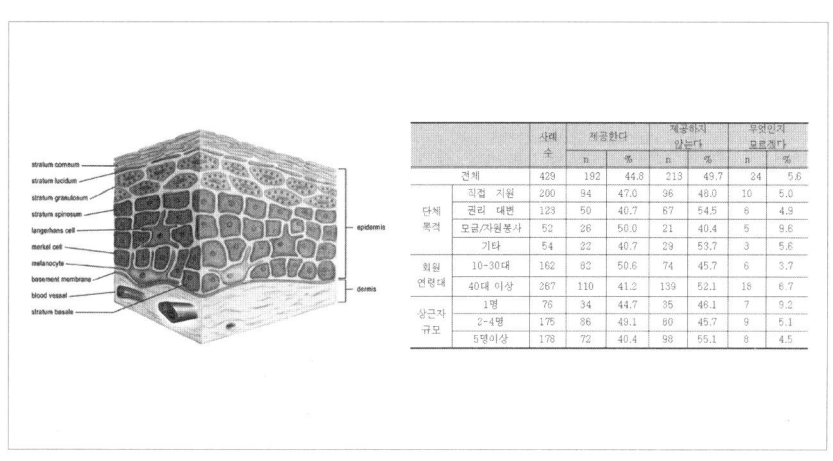

〈그림 5-2〉 그림과 표 예시

다. 쪽번호

장마다 쪽번호를 넣으면 목차 작성이나 참고문헌 작성 시 유용하게 사용됩니다.

- Ctrl + N + P 버튼 또는
- 메뉴의 [모양] – [쪽번호매기기] 버튼

쪽번호는 하단 중앙에 아라비아 숫자로 넣습니다. 여기까지는 쉬운데 어려워지는 부분이 있습니다. 첫째는 쪽번호를 없애는 것과 쪽번호 새로 매기기입니다.

- 표지에는 장수로 넣지 않기에 쪽번호를 넣지 말아야 할 때
  표지 부분에서 메뉴의 [모양]–[나누기]–[구역나누기]를 누른 후에 쪽번호 매기기를 하면 됨

- 새로 쪽번호를 매길 경우
  새로 번호를 매길 페이지에서 F7을 누르고 하단 부분에 [적용범위]를 문서전체에서 새 구역으로 바꿔주고 [모양]–[새 번호로 시작]을 누르면 됨. 그러면 기존의 쪽번호와는 상관없이 새 번호로 다시 시작하게 됨.

라. 각주 넣기

다른 논문이나 책에서 필요한 부분을 인용하였을 때 각주로 표시하게 됨

니다.

- 인용한 단어의 맨 마지막 부분에 마우스를 클릭하고 메뉴의 [입력]–[주석] –
  [각주] 클릭

각주의 번호는 자동으로 부여됩니다. 혹시라도 잊고 나중에 입력해도 번
호 걱정은 하지 않아도 됩니다. 각주의 글씨체는 본문과 같은 글씨체로 통
일하고 각주의 글씨크기는 보통 9~10pt로 본문보다 1pt 작거나 같게 합
니다.

마. 목차 만들기

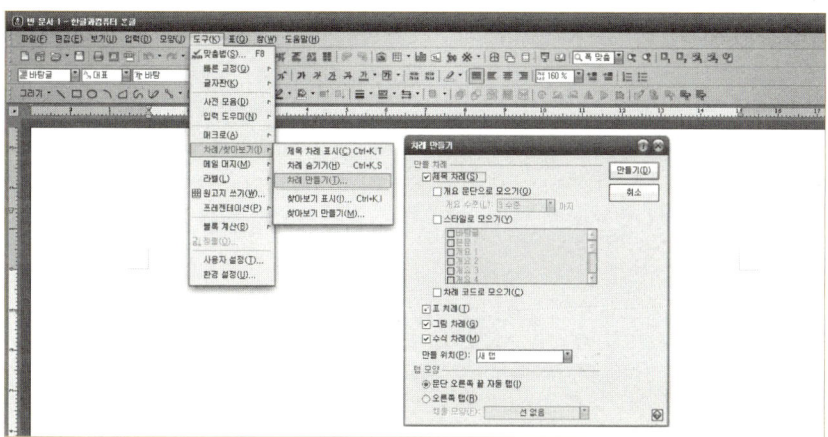

〈그림5-3〉 '흔글' 차례 만들기 화면

논문 표지 다음에는 목차가 들어갑니다. 목차를 만들 때는 페이지를 확인
하면서 하나씩 입력하면 좋겠지만, 페이지수가 바뀔 때마다 목차의 페이

지를 바꾸는 수고를 해야 합니다.

- 메뉴의 [도구] – [차례/찾아보기] – [차례만들기]를 클릭

위에서 배운 대로 스타일을 적용했을 경우에 목차를 쉽게 만들 수 있습니다. [제목 차례] – [스타일로 모으기]를 선택하면 적용한 스타일의 페이지를 목차로 만들 수 있습니다. 또한 같은 방법으로 표, 그림에 대한 차례도 만들 수 있습니다.

- 창의 맨 하단 부분의 [탭모양] – [오른쪽 탭 채울모양]을 선택
  ⇨ 다양한 모양의 선을 선택

새로운 흔글 창에 목차가 만들어지면 글씨 크기, 굵기, 들여쓰기 등을 수정하여, 논문 안으로 넣어주면 됩니다.

5. 기호 및 구두점

5.1 순서기호

논문은 일관성 있게 진술해야 합니다. 논문 내용에 있어서 수직, 수평 관계를 잘 구성하기 위해서는 기호에도 통일성을 주어야 합니다.

〈표5-2〉 논문에 사용되는 다양한 기호

로마자 계열	Ⅰ. Ⅱ. Ⅲ. Ⅳ. Ⅴ. Ⅵ. Ⅶ. Ⅷ. Ⅸ. Ⅹ. Ⅺ. Ⅻ …
상위	ⅰ. ⅱ. ⅲ. ⅳ. ⅴ. ⅵ. ⅶ. ⅷ. ⅸ. ⅹ. ⅹⅰ. ⅹⅱ …
숫자 계열	1. 2. 3. 4. 5. …
	1) 2) 3) 4) 5) …
	(1) (2) (3) (4) (5) …

한글 계열	ㄱ. ㄴ. ㄷ. ㄹ. ㅁ …
	ㄱ) ㄴ) ㄷ) ㄹ) ㅁ) …
	(ㄱ) (ㄴ) (ㄷ) (ㄹ) (ㅁ) …
	가. 나. 다. 라. 마 …
	가) 나) 다) 라) 마) …
	(가) (나) (다) (라) (마) …
알파벳 계열	A. B. C. D. E …
	a. b. c. d. e …
	a) b) c) d) e) …
	(a) (b) (c) (d) (e) …

학교, 전공 별로 다르기는 하지만 〈표5-2〉와 같이 통일성 있는 순서 기호를 사용합니다.

5.2 구두점

논문에는 많은 구두점들이 사용됩니다. 문장의 다양한 의미는 구두점으로 형성된다고 할 수 있지요. 하지만 사소한 구두점 쓰기 오류로 인하여 전체 논문의 질이 저하될 수도 있습니다. 가장 많이 쓰는 대표적인 구두점의 종류와 그 쓰임새를 알아보도록 하겠습니다.

가. 마침표 – 온점(.) 느낌표(!) 물음표(?)

문장의 끝에는 반드시 온점을 붙여야 합니다. 문장이 끝나고 괄호가 있을 경우 문장 뒤가 아니라 괄호 끝에 온점을 찍습니다. 문장을 끝맺을 때 온점을 찍지 않는 경우가 있는데, 이는 본문에 시(詩)가 있는 경우 문장 끝에

점을 찍지 않기 때문입니다.

온점, 느낌표, 물음표는 공통적으로 제목, 표제 뒤에는 생략하며, 따옴표가 있을 경우 따옴표 안에 붙입니다.

> 예시) 학생들의 학업 성취도 향상이 주요 관심사가 되는 학교 교육에서는 학습 효과에 영향을 주는 주요 변인 중 학습자 요인으로 학습 태도를 들고 있다
> (Welberg, 1970).

나. 쉼표 – 반점(,) 쌍점(:) 반쌍점(;)

반점은 그 쓰임이 다양하지만 보통 문장이나 단어가 길어질 때 쓰입니다. 반점은 문맥을 부드럽게 해주고 끊어 읽기 쉽게 만들어줍니다. 쌍점은 앞의 문장을 부연 설명할 때 많이 쓰이고, 반쌍점은 하나 이상의 참고문헌들이 주어질 때 구별하기 위하여 사용합니다.

> 예시) 우리나라에서 가장 큰 섬의 순서는 다음과 같다 : 제주도, 거제도, 진도
> (김정석, 1942 ; 윤철훈, 1976).

다. 묶음표 – 소괄호

소괄호는 반점이니 줄표처럼 강조나 설명 혹은 본문과는 다소 거리가 있는 추가적인 내용을 적거나 내용과 분리할 때 사용합니다. 또한 용어에 대한 원어, 연대, 설명 등을 넣을 경우에 사용합니다. 문장을 마칠 때 사용하는 마침표는 소괄호 뒤에 찍습니다.

> 예시) 최고혈압(수축기혈압)에서 최저혈압(확장기혈압)을 뺀 수치인 맥압(Pulse Pressure)이 클수록 위험한 형태의 부정맥인 심방세동(心房細動)이 나타날 가능성이 높아진다는 연구결과가 나왔다 (Gary, 2007).

라. 따옴표 – 큰따옴표(" "), 작은따옴표(' ')

큰따옴표는 다른 연구자의 말을 인용할 경우에 사용하거나 직접 대화일 경우 사용합니다. 작은따옴표는 문장에서 중요한 부분이나 인용하는 단어, 구절을 표시할 때 씁니다.

> 예시) 2006년 포털업계에서는 올 한 해를 이끌어갈 검색 서비스의 2대 키워드로 '멀티미디어'와 'UCC'를 언급하기도 했다....(중략)...한 광고의 기획자는 "새로운 상품을 알리는 데 이미 잘 알려진 동영상을 사용하는 게 좋다고 판단했다."라고 말하기도 했다.

5.3 로마숫자

로마숫자는 논문의 장을 구별할 때와 페이지를 작성할 때 이용됩니다. '1장 서론'처럼 해도 무관하나 'I. 서론'과 같이 쓰는 것이 원칙입니다. 또한 논문에서의 페이지는 아라비아숫자(1,2,3,4....)로 적는 것이 원칙이나 논문이 시작되기 이전에 나오는 내용(초록, 차례 등)은 로마숫자 소문자로 쪽 번호를 매기며, 논문에서 가장 상위 제목은 대문자로 표기합니다.

〈표5-3〉 아라비아숫자 대응 로마숫자

1	I	7	VII
2	II	8	VIII
3	III	9	IX
4	IV	10	X
5	V	20	XX
6	VI	30	XXX

6. 설문지 작성

6.1 설문지 작성 과정

설문지는 목적을 위해 설계된 질서있고 체계적인 질문 목록입니다. 논문을 작성하면서 쓰고자 하는 주제의 논문 자료를 모으는 과정이기도 합니다. 설문이 작성된 후에는 문항 수정이 불가능하기 때문에 설문을 작성하는 과정에서 치밀한 준비과정이 필요합니다. 설문지를 작성하는 과정은 다음과 같습니다.

① 필요한 정보의 결정
↓
② 자료수집 방법의 결정

③ 개별항목의 내용 결정

④ 질문 형태의 결정

⑤ 개별 항목의 완성

⑥ 질문 순서의 결정

⑦ 설문지 외형 결정

⑧ 설문지 사전 조사

⑨ 설문지 완성

① 본인이 설문의 희망하는 내용을 선정합니다.

② 자료수집 방법을 결정합니다.

설문지를 통한 자료수집의 방법에는 직접 응답자와 면담하는 방법이 있습니다. 각각의 방법에는 장단점이 있지만 학생들의 소논문 작성을 위해서는 직접 면담을 하는 방법이나 구글 드라이브 같은 인터넷 설문 도구를 통해 조사하는 방법을 추천합니다.

③ 개별항목의 내용을 결정합니다.

첫 번째, 자신이 조사하고자 하는 주제와 상관이 없는 질문항목이 들어가서는 안 됩니다.

예시) 선호하는 음식을 조사하는 설문 – 부모님의 종교를 질문 (X)

물론 종교에 따라 선호 음식이 다를 수 있어 그 차이를 분석한다면 상관없습니다. 하지만 이유가 뚜렷하지 않은 경우는 삭제하는 것이 바람직합니다.

두 번째, 응답자가 설문 문항에 대한 정보를 어느 정도 알고 있어야 합니다. 만약 모른다면 응답을 하지 못할 수 있기 때문입니다.

세 번째, 사생활에 대한 질문이나 개인정보 관련 질문을 해서는 안됩니다.

④ 질문 형태를 결정해야 합니다.

질문 형태는 Yes/No형, 다지선다형, 자유응답형 등이 있습니다.

- Yes/No형 – 응답과 분석이 쉽지만, 다양한 응답을 이끌어 내기 어려움이 있음.
- 다지선다형 – 응답할 수 있는 선택지를 조사자가 미리 만들어 제공하여 응답자에게 부담을 주지 않고 다양한 많은 응답을 이끌어 낼 수 있다는 장점이 있음.
- 자유응답형 – 응답자에게 자유롭게 서술하는 것으로 설문지 작성은 용이하고 응답이 다양하지만, 응답자의 작성 및 조사자의 분석에 대한 어려움이 있음.

⑤ 질문 형태를 결정한 후 설문 문항의 오류가 없는지 확인해봐야 합니다.

단어의 선정은 정확한지, 중복된 질문은 없는지 등을 파악하여 문항을 완성합니다.

⑥ 질문의 순서를 결정합니다.

- 처음 질문 문항 – 응답자가 응답에 대한 어려움을 갖지 않도록 최대한 쉬운 문항
- 뒤쪽 문항 – 응답자의 인적사항에 관련된 부분은 가능한 뒤에 배치
- 질문은 넓은 범위에서 좁은 범위로 좁혀가는 식(예: 우리나라 산업 → 자동차 산업)

⑦ 응답자가 설문을 쉽게 할 수 있도록, 보기 좋게 설문지의 외형을 만듭니다.

⑧ 조사자가 원하는 응답이 나오는지 몇몇의 응답자에게 자신의 설문지를 테스트 합니다.

⑨ 설문지 완성

6.2 구글 드라이브(Google Drive) 이용하여 설문지 작성하기

우리가 설문지를 만들어 직접 친구들에게 배포하고 그 결과를 컴퓨터에 입력하는 과정은 상당한 수고를 해야 합니다. 그런데 그런 수고를 덜어 주는 인터넷 서비스가 있는데 바로 구글의 구글 드라이브(http://drive.google.com)입니다. 구글 드라이브를 이용하려면 구글 계정이 있어야 합니다. 구글의 구글 드라이브 문서 프로그램을 이용하면 설문지를 만들어 쉽게 배포할 수 있습니다. 설문지를 보내려고 하는 응답자의 이메일을 알고 있다면 설문지를 보내고 그 결과를 웹을 통해서 확인, 저장까지 가능하다는 장점이 있습니다. 이번 장에서는 구글 드라이브를 이용하여 설문지를 작성하여 배포하는 방법을 알아보고자 합니다.

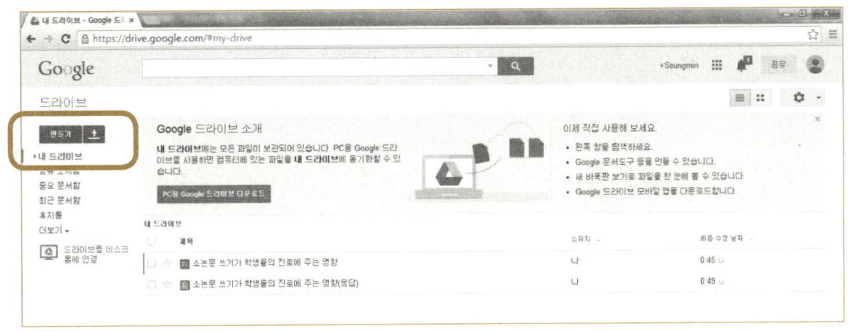

〈그림5-4〉 구글 드라이브 첫화면

위 화면은 구글 드라이브의 첫 화면입니다. 설문지를 배포하기 위해서는 먼저 웹에서 설문지를 만들어 주어야 합니다. 먼저 왼쪽 상단 빨간 버튼으로 되어 있는 [만들기]-[양식]을 클릭합니다. 우리가 배웠던 설문지 작성 순서와는 조금 다르게 구글 드라이브에서는 설문지의 외형부터 선정하게 됩니다. 설문지의 [제목]을 넣어주고 [테마]를 고릅니다.

새로운 창이 뜨면 이제부터 본격적으로 설문지 작성을 시작하게 됩니다. 새로운 창에는 [질문제목], [도움말 텍스트], 그리고 [질문유형] 3가지가 나타납니다. [질문제목]에서는 설문 문항의 제목을 입력합니다. [도움말 텍스트]는 설문 문항이 조금 어려울 경우 보충 설명하는 말을 입력합니다. [질문유형] 응답자가 응답을 할 항목을 만들어 입력하는 것으로 질문의 유형은 9가지가 종류가 있습니다.

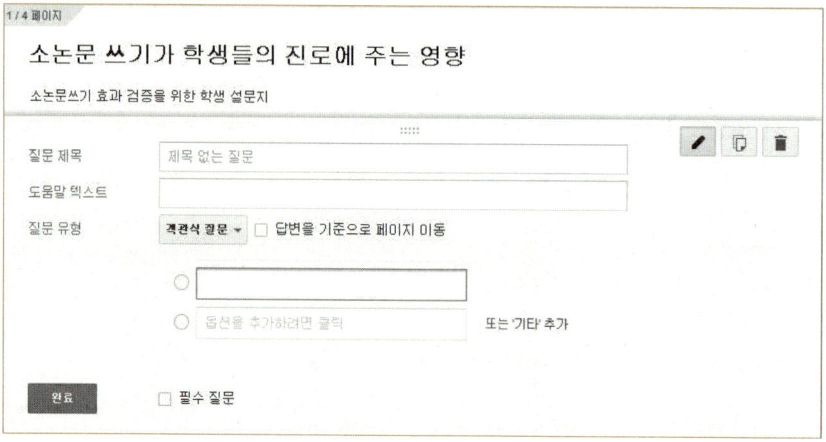

소논문 쓰기가 학생들의 진로에 주는 영향

소논문쓰기 효과 검증을 위한 학생 설문지

질문 제목	제목 없는 질문
도움말 텍스트	
질문 유형	객관식 질문 ▾ ☐ 답변을 기준으로 페이지 이동

○ _____

○ 옵션을 추가하려면 클릭   또는 '기타' 추가

완료   ☐ 필수 질문

〈그림5-5〉 구글 드라이브에서 설문항목 만들기

구글 드라이브에서 제공하는 9가지의 [질문 유형]

- 텍스트는 단답식 질문을 취합할 때 사용합니다.

- 단락 텍스트는 서술형 답변이 필요할 때 사용합니다.

- 객관식 질문은 여러 선택 문항 중 1개만 선정해야 할 때 사용합니다.

- 확인란은 객관식과 외양은 흡사하지만 여러 선택 문항 중 복수로 여러 개 선정을 할 때 사용합니다.

- 목록에서 선택은 질문자가 제공한 목록에서 선택하도록 하는 것인데 선택형은 답이 좀 긴 경우, 목록 선택지는 답변이 짧은 단어인 경우 쓰는 것이 좋습니다.

- 점수 범위 선택은 1점에서 5점까지 점수를 매기고 그 점수 범위에서 응답자가 생각하는 점수를 매기게 할 때 사용합니다.

- 그리드형 질문은 행, 열의 점수를 주어 그래프를 그릴 수 있게 하는 방식입니다.

- 날짜는 날짜를 응답할 수 있게 합니다.

- 시간은 시간을 응답할 수 있게 합니다.

구글 드라이브에서 제공하는 9가지 질문 유형 가운데 객관식 질문의 경우 답변을 기준으로 페이지를 이동할 수 있습니다.

예를 들어 1번 항목을 선택할 경우 5번 페이지로 이동하고, 2번 항목을 선택할 경우 6번 페이지로 이동 할 수 있게 합니다. 페이지는 영역이 다를 때 설정하며, 페이지 설정 방법은 [삽입]-[레이아웃]-[페이지나누기]에서 할 수 있는데, 페이지를 나눌 때는 상단의 영역 제목을 적어주는 편이 좋습니다.

[항목추가] 버튼을 눌러 원하는 만큼의 설문 문항을 만들고 [완료]를 누르면 만든 설문지 문항이 보이면서 〈그림5-6〉처럼 이메일로 설문지를 다른 사람에게 보낼 수 있는 창이 뜹니다.

이메일을 입력하면 응답자의 메일 주소로 응답지가 들어가게 되고 응답자가 설문을 완료하면 구글 드라이브의 메인 화면을 통하여 〈그림5-7〉과 같은 결과를 볼 수 있습니다.

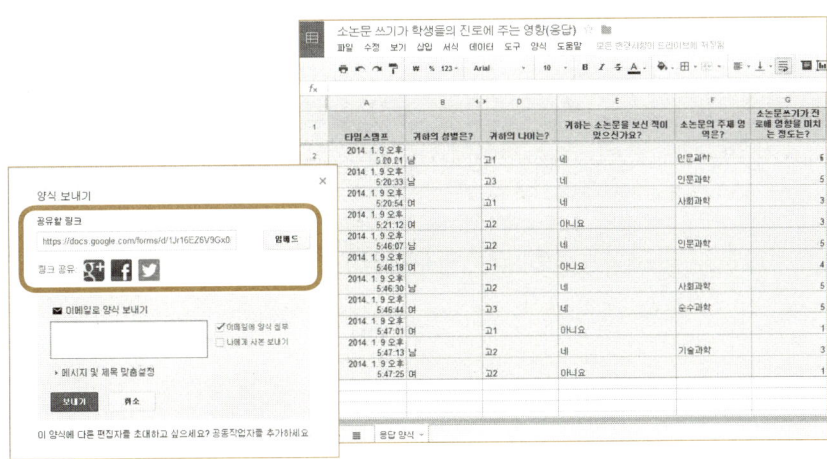

〈그림5-6〉 구글 드라이브 설문항목 보내기　　　〈그림5-7〉 구글 드라이브 설문결과 화면

구글 드라이브의 설문지는 이메일을 통해 사용할 수도 있지만 인터넷을 연결할 수 있는 스마트폰 메시지를 통해서도 가능합니다. 구글 드라이브 자체에서 제공하는 URL 주소는 〈그림5-6〉의 공유할 링크처럼 상당히 복잡하고 길기 때문에 스마트폰 메시지로 보내기 쉽지 않습니다. 길고 복잡한 URL 주소는 **http://goo.gl** 이라는 URL shortener 사이트를 통해 아주 짧고 간단하게 줄일 수 있습니다. 설문에 응할 대상자에게 이렇게 줄인 구글 드라이브 설문 URL 주소를 복사해 스마트폰 메시지로 전송합니다. 해당 메시지를 받은 대상자는 메시지에 있는 URL 주소를 따라 인터넷에 접속하면 스마트폰 화면에 구글 드라이브 설문화면이 나타납니다. 그러면 스마트폰으로도 구글 드라이브를 통해 설문조사를 할 수 있습니다.

7. 저작권과 참고문헌 기술

7.1 저작권(著作權, copyright)

요즘 TV 뉴스를 보면 심심치 않게 표절이라는 단어를 들을 수 있습니다. '모 가수, 외국가수의 음악 표절', '유명 모 광고인, 외국의 광고 표절' 등등. 지금도 우리 주변에는 남의 것이라는 것에 대한 별 의식 없이 다른 사람의 창작물을 무단으로 사용하는 경우가 많습니다. 그렇다면 우리가 흔히 접하는 저작권이란 대체 무슨 뜻일까요? 그리고 논문을 작성할 때 우리가 지켜야 할 저작권은 무엇이 있을까요? 이번 장에서는 논문 작성을 하며 저작권을 지키는 윤리적 연구 방법을 배워보고자 합니다.

저작권(copyright)이란 재산권의 하나로서 저작자가 저작물에 대하여 행사할 수 있는 권리를 말합니다. 쉽게 말해 저작권은 "저작자의 독창적인 창작물은 허락 없이 사용할 수 없다"고 할 수 있습니다. 그렇기에 우리가 알고 있는 음악, 영화, 사진, 그림, 문학 등 예술적인 작품들뿐만 아니라 컴퓨터 프로그램, 신기술, 상표, 특허 등의 사람의 사상이나 감정을 독창적으로 표현한 창작물은 함부로 사용하면 이 저작권을 침해하는 겁니다.

겨울 강에서	겨울 나무
흔들리지 않는 갈대가 되어 겨울 강 강언덕에 눈보라 몰아쳐도 눈보라에 으스스 내 몸이 쓰러져도 흔들리지 않는 갈대가 되리	흔들리지 않는 나무가 되어 겨울 강 언덕에 눈보라 몰아쳐도 눈보라에 으스스 내몸이 쓰러져도 흔들리지 않는 나무가 되리
〈정호승. "겨울 강에서"〉	〈○○고등학교 백일장 출품작〉

그렇다면 남의 것을 그대로 사용하면 안 된다면 비슷하게 바꿔서 사용해도 되는 것일까요? 남의 저작물의 전체나 부분을 몰래 가져다 쓰는 행위를 표절(plagiarism)이라고 합니다. 이 표절 역시 저작권을 침해하는 범죄입니다.

 도서관에 있는 모든 자료, 책, 잡지, 신문, 학술 논문, 학위 논문, 연구보고서, 음반, 데이터베이스, CD-ROM 자료, 전자책, 전자잡지 등도 모두 저작권을 갖고 있습니다. 이에 국가는 저작권법을 통해 저작자와 저작물의 권리를 존중하고 문화 및 관련 산업의 발전을 위하여 저작권을 보호하고 있습니다.

가. 저작자와 저작물

저작권을 가지고 있는 사람을 저작자라 하고, 저작자가 만들어낸 객체를 저작물이라고 합니다. 저작자는 저작재산권과 저작인격권이라는 두 가지 권리를 갖습니다. 저작재산권은 저작물의 사용에 따른 경제적 대가를 받는 것으로, 저작자는 복제권, 배포권, 전시권, 상연권, 전송권의 권리가 있어 자신이 만든 창작물에 대한 보상으로 사용료(royalty)를 받게 됩니다.

예를 들어 음악을 감상하고 싶다고 한다면, 정당하게 돈을 내 음반을 사거나 멜론, 벅스와 같은 음악 감상 사이트에 가입하게 되겠지요. 만약 불법으로 음악을 다운을 받거나 다른 사람들에게 전송했다면, 저작재산권을 침해하는 겁니다.

▶ 저작재산권

저작재산권(economic right)이란 저작자가 자신의 저작물에 대해 갖는 재산적인 권리를 뜻합니다. 따라서 일반적인 물권(物權)과 마찬가지로 지배권이며, 양도와 상속의 대상일 뿐만 아니라, 채권적인 효력도 있습니다. 이런 저작재산권은 저작자가 자신의 저작물에 대해서 갖는 배타적인 이용권이라고도 할 수 있습니다. 그러나 실제로는 자신이 직접 저작물을 이용하는 경우보다는 남에게 저작물을 이용하도록 허락하고 그 대가를 받는 경우가 대부분이다. 우리가 인터넷을 통해 쉽게 다운로드하는 음악, 영화 파일에 정당한 대가를 지불하지 않았다면 저작권 가운데 저작재산권을 위반하는 행위입니다.

▶저작인격권

저작물에 대한 동일성을 유지하는 것을 의미합니다. 저작물이 사용되는 과정에서 저작자가 작품 속에 나타낸 창작 의도를 그대로 유지해야 합니다. 저작물은 인간의 사상과 감정을 표현한 독창적인 창작물이기에 함부로 창작물을 변형해서는 안 됩니다. 예를 들어 작곡가, 작사가의 허락 없이 무단으로 노래를 함부로 리메이크를 하는 것은 안 되겠지요. 이것은 저작재산권뿐만 아니라 저작인격권도 침해하는 불법 행위라 할 수 있습니다.

저작자가 가진 저작권에 대한 권리는 저작자 사망 후 70년 동안 법으로 보호 받습니다. 저작권은 부분적으로 양도가 가능합니다. 경제적 이익을 보호하기 위한 저작재산권은 양도가 가능하나 저작자가 저작물에 대하여 가지는 정신적, 인격적 이익을 보호하기 위한 권리인 저작인격권은 양도가 불가능합니다.

나. 저작권을 보호받지 못하는 저작물

하지만 이런 저작권에서 보호받지 못하는 것들이 있습니다. 저작권에서 보호받지 못하는 아래의 다섯 가지 저작물의 경우에는 저작물로서의 요건을 갖추고 있으나 사회 공공의 이익을 위하여 공유저작물로 규정하고 있습니다. 국민 모두가 자유롭게 이용이 가능합니다.

① 헌법, 법률, 조약, 명령, 조례 및 규칙과 같은 법령

② 국가나 지방 자치 단체의 고시, 훈령, 공고

③ 법원의 판결, 결정, 명령 및 심판이나 행정 심판 절차

④ 국가 또는 지방 자치단체가 작성한 것으로 상기의 편집물 또는 번역물

⑤ 사실의 전달에 불과한 시사 보도

①~④은 국가 단체와 법에 관련된 사항이라 별다르게 어렵지 않습니다. 하지만 ⑤번의 경우 유의해야 합니다. 사실의 전달에 관한 시사 보도는 신속하고 광범하게 국민에게 알리기 위하여 저작권에서 제외를 하고 있습니다. 하지만 신문에는 시사보도뿐만 아니라 다양한 정보가 실려 있습니다. 따라서 신문의 논설, 칼럼, 예술적 창작성이 인정될 수 있는 사진, 신문에 게재된 소설이나 만화는 저작권 보호를 받고 있습니다.

저작권의 보호를 받지 못하는 것들 이외에 누구나 자유로이 무료로 이용할 수 있는 저작물들도 있습니다. 이를 공유저작물(자유이용저작물)이라고 합니다.

① 저작권의 보호기간이 만료된 저작물

② 저작권자가 저작 재산권을 포기한 저작물

③ 저작재산권이 소멸된 저작물

④ 저작권자가 무료로 이용하도록 허락한 저작물

⑤ 저작권 기증저작물

저작권도 저작자의 재산입니다. 앞서 저작권은 저작자 사망 후 70년까지 보호가 가능하다고 했습니다. 하지만 그 후 저작자가 저작권을 상속할 사람이 없거나 국가에 기증하는 경우 저작권료 지불 없이 비영리적인 목적에 한하여 국가의 허용선 안에서 누구나 자유롭게 이용이 가능합니다. 대표적인 예로 안익태 선생님의 유족들이 기증한 애국가와 사진작가 김중만 씨의 사진 작품들이 있습니다. 한국저작권위원회 홈페이지에서 만든 공유저작물 사이트(www.freeuse.copyright.or.kr)에 들어가면 자유롭게 사용가능한 기증 저작물들을 볼 수 있습니다.

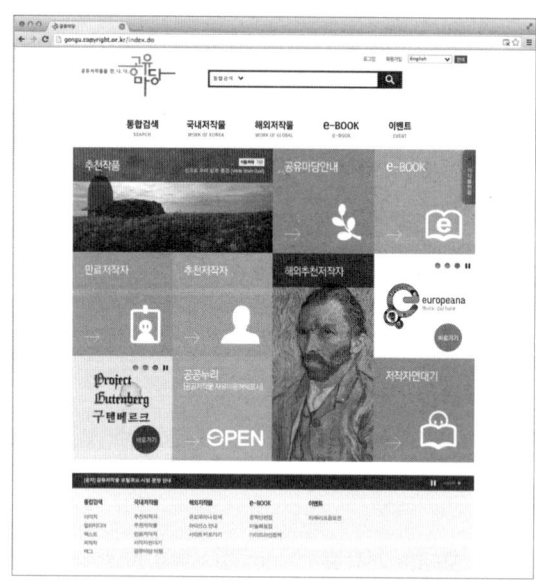

〈그림5-8〉 한국저작권위원회 공유저작물 사이트 첫화면

다. 저작권의 제한

모든 창작물은 기본적으로 저작권을 갖고 있고 그 권리는 법으로 보호받고 있습니다. 하지만 사용에 있어서 저작자의 재산을 침해하지 않는 범위 내에서 공공의 목적을 위해 저작권에 제한을 두고 있습니다. 이것을 저작물의 자유 이용이라고 합니다. 저작물을 자유롭게 이용할 수 있는 경우는 대부분이 국가가 사용을 위한 것으로 일정한 조건 내에서 어느 정도 저작권을 제한하고 있습니다. 즉 정보의 원활한 이용 및 정보 이용자의 편의를 도모하는 것이 그 의도라고 할 수 있습니다.

① 재판절차 등에서의 복제
② 정치적 연설 등의 이용
③ 학교교육 목적 등에의 이용
④ 시사보도를 위한 이용
⑤ 사적이용을 위한 복제
⑥ 시험문제로써의 복제
⑦ 영리를 목적으로 하지 아니하는 공연 방송
⑧ 시각장애인 등을 위한 복제 등

위에서 이야기한 것 이외에도 다양한 저작권 제한에 대한 규정이 있으나 논문작성을 위한 부분을 중심으로 설명하고자 합니다.

첫 번째, 다음과 같은 학교 교육목적 등에의 이용은 저작권을 면책 받습니다.

- 고등학교 및 이에 준하는 학교 이하의 학교의 교육목적상 필요한 교과용 도서의 공표된 저작물의 게재
- 교육기관의 수업 또는 지원 목적상 복제, 배포, 공연, 방송, 전송
- 교육받는 자의 수업 목적상 복제, 전송

교수·학습 활동은 영리활동이 아닙니다. 이에 국가에서는 교육에 있어 교과서 이외에도 다양한 저작물이 필요하다고 인정하여 이러한 규정을 두고 있습니다. 하지만 모든 학생들에게 적용이 되지는 않습니다. 예를 들면, 전교생을 상대로 강당에서 영화를 상영하는 것이나, 쉬는 시간에 음악을 틀어주는 것은 수업목적의 이용이라고 할 수 없기 때문입니다. 또한 수업을 듣지 않는 학생들에게 저작권이 있는 자료를 제공하는 것은 저작권에 위배되는 행동입니다.

이 면책 사유의 근본적인 목적은 '수업 또는 지원 목적상 필요하다고 인정되는 경우'로 한정되어 있습니다. 소논문 작성 후 수업을 같이 듣는 학생들에게 논문을 공개하기 위한 프리젠테이션 시간에 수업을 위한 사진, 음악, 동영상 자료를 이용하는 것은 가능하나 수업 이외의 시간에 개인적인 목적을 위하여 음악, 사진, 영화 등을 복제, 배포, 전송하는 것을 저작권 위반이라 할 수 있습니다.

두 번째로, 다음과 같이 사적 이용을 위한 복제의 경우 저작권을 면책 받습니다.

- 영리를 목적으로 하지 아니하고 개인적으로 이용하거나 가정 및 이에 준하는 한정된 범위 안에서 이용하는 경우
- 다만 공중의 사용에 제공하기 위하여 설치된 복사기기에 의한 복제는 금지

개인적으로 가정이나 한정된 범위 안에서 이용하는 것은 저작자의 경제적 이익을 크게 손상할 우려가 없습니다. 또 그것을 일일이 규제하여 저작 재산권자의 이용 허락을 얻게 한다는 것이 현실적이지 못하여 면책 규정을 두게 되었습니다. 예를 들어서, 가족과 친구끼리 노래를 부르기 위하여 악보를 복사하는 것은 면책사유입니다. 하지만 이러한 복사본을 다른 사람에게 사고파는 행위는 불법 행위입니다.

또한 가정에 설치된 복사기를 이용해야만 합니다. 도서관, 복사실, 학교 등에 있는 공중의 복사기에서는 사적 이용을 위한 복사로 간주하지 않습니다. 아무리 가족이나 친구를 위해서 복사를 한다고 하더라도 공중용 복사기에 의한 복제는 허가되지 않으며 저작권자의 허락을 받아야 합니다.

7.2 참고자료 이용방법

논문을 작성할 때 많은 자료를 접하게 됩니다. 다른 연구자들의 관련 지식과 정보를 공유하며 필요한 자료를 선정하고 활용하게 됩니다. 타인의 아이디어와 연구과정, 결과를 표절하지 않고 정당하게 이용하는 방법에 대하여 배워봅시다.

가. 인용 – '남의 말이나 글을 자신의 말이나 글 속에 끌어 쓰는 것'

논문을 작성하는 과정에서 연구하고자 하는 주제에 관한 선행연구와 관련해 다양한 인용을 하게 됩니다. 하지만 인용을 너무 많이 하게 되면 선행연구자의 글을 모아놓은 요약집에 불과하게 됩니다. 꼭 필요한 부분에만 인용을 하여 자신이 주장하는 내용에 대한 정당성과 신뢰성을 부여하여야 합니다. 또한 그렇기에 인용을 할 때는 분명하게 다른 사람의 저작물에서 가지고 왔다는 것을 표현하여 주어야 합니다. 인용은 직접인용과 간접인용 그리고 재인용으로 구분할 수 있습니다.

▶ 직접인용(quotation)

다른 사람이 쓴 원문을 그대로 가져다 쓰는 것입니다. 짧은 언급이나 요약만으로 불충분한 경우나 저자가 표현한 대로 옮기는 것이 필요한 경우에 사용하게 됩니다. 특히 수식이나, 공식, 문학 작품이나 사료의 일부를 제시할 경우 직접인용의 효과가 큽니다. 직접인용을 하는 경우 큰 따옴표로 묶어 표기하고, 3줄 이상의 긴 부분을 인용할 경우에는 독립된 문단으로 구성하고 인용문단 전체를 본문보다 안으로 들여 써야 합니다. 하지만 직접인용의 분량이 너무 많으면 산만해지고 그 표현력이 줄어들기 때문에 인용을 하면서 불필요한 부분이 있다면 줄임표'…'로 생략을 하여 필요한 부분만 인용하는 것이 좋습니다.

> 이길재(2004)는 "마케팅은 표적 시장의 필요와 욕구를 만족시키기 위하여 마케팅 주체들이 행하는 그들의 제품에 관한 계획 활동을 포함하며, 고객의 욕구를 충족시킬수 있는 제품을 생산하고, 교환을 촉진시키기 위해서 가격, 의

사소통, 그리고 유통 등의 방법을 효과적으로 사용하는 것이다"라고 정의하
였다(p.21).

▶ 간접인용(citation)

다른 사람이 쓴 원문을 그대로 가져다 쓰는 직접인용과는 다르게 논문 작
성자가 이해한 내용으로 요약하거나 말을 재구성하여 표현하는 것을 의미
합니다. 간접인용의 경우, 인용한 내용을 본문의 내용과 관련된 근거나 보
충 설명, 비교나 요약으로 활용할 수 있습니다. 하지만 다른 연구자의 원
문을 자신의 글로 표현할 때는 원 저작자의 뜻이 왜곡되지 않도록 하는 것
이 중요합니다. 간접인용을 할 때는 '~에 의하면', '~에 따르면'과 같은
표현을 하여 간접적으로 인용되었다는 것을 표현해주어야 합니다.

이길재에 따르면 마케팅은 표적시장의 요구를 충족시키기 위하여 마케팅 주
체들이 제품에 대하여 계획하고, 소비자 욕구 충족을 위한 제품생산, 유통 등
을 하는 활동이라 했다(이길재, 2004, p.21).

▶ 재인용(secondary source citation)

인용은 원문에서 바로 인용하는 것이 원칙이지만 부득이하게 다른사람이
인용한 내용을 다시 인용할 수도 있습니다. 이때 재인용(secondary source
citation)을 하게 됩니다. 재인용은 원문의 내용이 우리가 흔히 쓰지 않는 다
양한 언어로 쓰여 있거나 원문의 입수가 불가능한 경우에 쓰게 됩니다. 이러
한 경우에도 재인용의 표시를 꼭 해줘야 합니다. 재인용의 경우에는 원저자

와 발행연도, 원문의 표제와 수록 매체를 적은 다음, '재인용'이라는 어구 다음에 실제 인용한 자료의 저자명, 발행연도, 해당 쪽 수를 기재하면 됩니다.

> 학생들의 학업 성취도 향상이 주요 관심사가 되는 학교교육에서는 학습
> 효과에 영향을 주는 주요 변인 중 학습자 요인으로 학습태도를 들고 있다
> (Welberg, 1970: 윤철훈, 2000에서 재인용).

나. 인용의 방법 – '주(note)'

타인의 자료를 자신의 글에 인용을 하게 되면 논문에 표시를 하게 됩니다. 이때 '내가 이 문헌을 인용하였다'라는 표현은 두 가지 방식으로 하게 되는데, 하나는 논문의 내용 안에 적는 '주'이고, 나머지는 논문의 마지막 부분에 적는 '참고문헌'입니다. '주'는 다양한 종류가 있는데 크게 기능과 위치에 따라 나눌 수가 있습니다. 기능적 '주'에는 가장 많이 쓰는 참조주와 내용주가 있습니다.

▶ 참조주(參照註)

인용하거나 참고한 내용을 명시하는 것입니다. 아래와 같이 자신의 논문에 인용하거나 참고한 내용을 적고 그 끝에 참고한 논문의 저자명과 연도를 적는 것이 참조주입니다.

> 누구나 어떤 영역에서는 '불완전한 능력'을 보이며, '기본적 심리과정'의 장
> 애는 평가가 어려우며, 학습장애는 다른 장애와 공존할 수 있다(김동일, 이대식,
> 신종호, 2009).

▶ 내용주(內容註)

논문내용에 대한 보충 설명을 하는 것입니다. 특수용어나 전문용어에 대한 개념, 정의 및 풀이, 본문 내용에 표기하기 어려운 보충 설명들이 필요할 때 내용주로 표현할 수 있습니다. 아래와 같이 일탈행위와 관련하여 범죄라는 용어가 새롭게 나와 그 부분을 보충 설명하기 위하여 내용주를 이용하여 헌법재판소에서 제시하는 범죄에 대한 정의를 제공하고 있는 것입니다.

> 일반적인 규칙을 위반하는 행위의 의미인 '일탈행위'는 광의의 개념과 협의의 개념으로 구별할 수 있는데 광의의 일탈행위는 반사회적인 행위 모두를 포함하고 있으며 협의의 의미로는 형법과 관련된 위반행위인 범죄[10]를 제외한 규칙위반과 규범위반을 뜻한다.

---

10 헌법재판소. (2007). 범죄는 법질서에 의해 부정적으로 평가되는 행위와 그로 인해 발생하는 부정적인 결과의 발생이라고 말할 수 있다.

▶ 각주(脚註, footnote)

본문에 주의 번호를 표시, 본문 하단에 주의 번호와 일치하는 인용 문헌의 서지사항을 기재하는 것입니다.

> 다품종소량생산의 산업특성상 적은 자본으로도 시장에 진입할 수 있어 영세한 규모의 기업이 많으며, 전체 제조업자 수의 77.6%가 생산규모 10억원 미만인 기업으로, 산업 내 양극화 현상이 심각하다.[24]

▶ 내주(內註)

본문 내에 저자명, 발행년, 인용면수 등을 괄호( )안에 묶어서 기재하는 것입니다. 각주와의 차이점은 내주는 본문 내에, 각주는 본문이 아니라 페이지의 밑에 기재하는 위치의 차이가 생깁니다.

> 저자가 복수일 때, 참고문헌 작성에서는 표지에 서술된 저자들을 모두 명기해야 하지만, 본문주에서는 간략히 표기한다. 한글, 동양어 문헌은 '홍길동 외'라고 하며, 서양어 문헌은 'Alexander, et al.'[1]로 쓴다(정병기, 2009, p.115).

---

1 et al.은 et alibi 혹은 et alii의 약자로 사람과 장소 등을 열거할 때 사용되지만, 출처표기에서는 저자에 한해 사용된다.

▶ 후주(後註)

본문에 주의 번호를 표시, 논문의 뒷부분에 주 번호와 일치하는 자료의 서지 사항을 각주와 참고문헌을 혼합한 형식으로 기재하는 것입니다.

다양한 주를 사용하는데 있어서 선택의 어려움이 있을 수 있습니다. 주의 사용은 선택의 문제입니다. 연구자는 하나의 주를 선택하여 논문의 완성까지 일관성 있게 사용한다면 논문의 완성도를 높일 수가 있습니다. 다음은 주를 작성하는데 몇 가지 유의할 사항입니다.

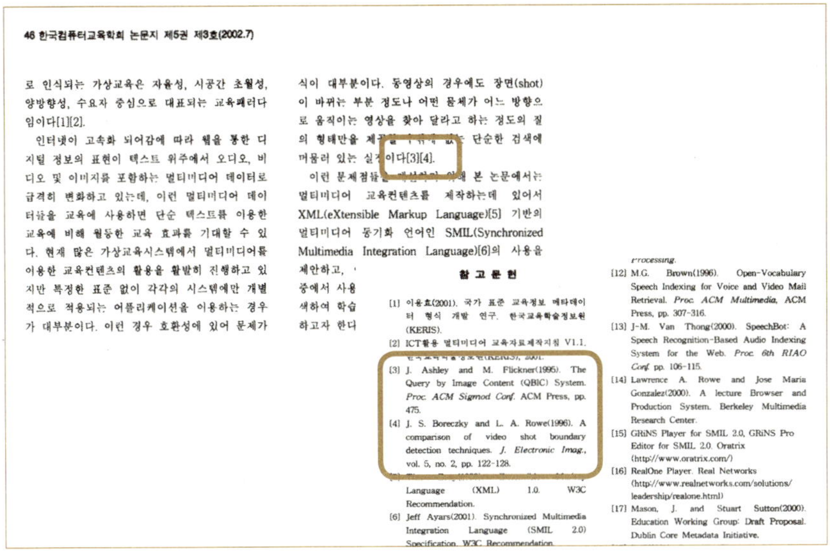

46 한국컴퓨터교육학회 논문지 제5권 제3호(2002.7)

로 인식되는 가상교육은 자율성, 시공간 초월성, 양방향성, 수요자 중심으로 대표되는 교육패러다임이다[1][2].

인터넷이 고속화 되어감에 따라 웹을 통한 디지털 정보의 표현이 텍스트 위주에서 오디오, 비디오 및 이미지를 포함하는 멀티미디어 데이터로 급격히 변화하고 있는데, 이런 멀티미디어 데이터들을 교육에 사용하면 단순 텍스트를 이용한 교육에 비해 월등한 교육 효과를 기대할 수 있다. 현재 많은 가상교육시스템에서 멀티미디어를 이용한 교육컨텐츠의 활용을 활발히 진행하고 있지만 특정한 표준 없이 각각의 시스템에만 개별적으로 적용되는 어플리케이션을 이용하는 경우가 대부분이다. 이런 경우 호환성에 있어 문제가

식이 대부분이다. 동영상의 경우에도 장면(shot)이 바뀌는 부분 정도나 어떤 물체가 어느 방향으로 움직이는 영상을 찾아 달라고 하는 정도의 질의 형태만을 제공할 수밖에 없는 단순한 검색에 머물러 있는 실정이다[3][4].

이런 문제점들을 개선하기 위해 본 논문에서는 멀티미디어 교육컨텐츠를 제작하는데 있어서 XML(eXtensible Markup Language)[5] 기반의 멀티미디어 동기화 언어인 SMIL(Synchronized Multimedia Integration Language)[6]의 사용을 제안하고, '
중에서 사용
색하여 학습
하고자 한다

참 고 문 헌

[1] 이용효(2001). 국가 표준 교육정보 메타데이터 형식 개발 연구. 한국교육학술정보원(KERIS).
[2] ICT활용 멀티미디어 교육자료제작지침 V1.1. 한국교육학술정보원(KERIS), 2001.
[3] J. Ashley and M. Flickner(1995). The Query by Image Content (QBIC) System. *Proc. ACM Sigmod Conf.* ACM Press, pp. 475.
[4] J. S. Boreczky and L. A. Rowe(1996). A comparison of video shot boundary detection techniques. *J. Electronic Imag.*, vol. 5, no. 2, pp. 122-128.
Language (XML) 1.0. W3C Recommendation.
[6] Jeff Ayars(2001). Synchronized Multimedia Integration Language (SMIL 2.0) Specification. W3C Recommendation.
Processing.
[12] M.G. Brown(1996). Open-Vocabulary Speech Indexing for Voice and Video Mail Retrieval. *Proc. ACM Multimedia*, ACM Press, pp. 307-316.
[13] J-M. Van Thong(2000). SpeechBot: A Speech Recognition-Based Audio Indexing System for the Web. *Proc. 6th RIAO Conf.* pp. 106-115.
[14] Lawrence A. Rowe and Jose Maria Gonzalez(2000). A lecture Browser and Production System. Berkeley Multimedia Research Center.
[15] GRiNS Player for SMIL 2.0, GRiNS Pro Editor for SMIL 2.0. Oratrix (http://www.oratrix.com/)
[16] RealOne Player. Real Networks (http://www.realnetworks.com/solutions/leadership/realone.html)
[17] Mason, J. and Stuart Sutton(2000). Education Working Group: Draft Proposal. Dublin Core Metadata Initiative.

〈그림5-9〉 후주(後註) 예시

첫째, 주의 번호는 본문보다 작은 아라비아 숫자로 적는다.

둘째, 주 번호 다음에는 반 괄호를 붙인다.

셋째, 본문의 주 번호는 인용된 문구의 끝이나 문장의 끝, 또는 설명을 필요하는 내용과 구두점, 부호의 바로 다음에 붙인다.

넷째, 동일한 저자의 동일한 문헌을 바로 재인용할 경우, Ibid. 또는 상게서라고 표기한다. Ibid.는 라틴어 ibidem의 약어로 ibidem은 같은 책이라는 뜻을 가지고 있다.

다섯째, 동일한 저자의 동일한 문헌을 재인용하는데 중간에 다른 인용문헌이 있을 경우에 op. cit.이라 표기한다. op. cit은 라틴어 'opere citato'의 약어로 '앞서 언급한 책/글에서'라는 뜻을 가지고 있다.

7.3 참고문헌 기술방식 – APA(American Psychology Association) 스타일

논문을 작성할 때 많은 자료를 보고, 읽는 활동을 합니다. 다른 연구자들이 작성한 자료 속에서 필요한 자료를 이용하고 재구성하고 새로운 지식으로 만들어 내는 과정을 하게 됩니다. 앞서 이야기한대로 본인이 작성한 논문의 질을 보장하며, 타 연구자들의 연구를 존중하기 위하여 참고자료의 출처를 명시해야 합니다. 출처를 적는데 있어 각각의 연구자들이 일관성이 없이 기술한다면 보기도 힘들 뿐더러 추후연구도 참고하기가 어렵습니다. 그래서 동일한 자료가 동일한 의미로 전달될 수 있도록 참고문헌 기술방식을 통일성을 유지하기 위하여 국제적 대표성을 갖춘 표준 참고문헌 기술양식들이 나오고 있습니다.

전 세계적으로 통용되고 있는 기술방식에는 APA 스타일, Chicago 스타일, MLA 스타일 등이 있습니다. 각각의 기술방식은 통용되는 분야가 다릅니다. 예를 들면 Chicago 스타일은 인문학 분야에서, MLA 스타일은 인문, 예술 분야에서, APA 스타일은 사회과학 분야에서 주로 통용되고 있습니다. 이러한 다양한 참고문헌 기술방식에는 기본적으로 몇가지 요소가 공통적으로 사용됩니다.

> 저자, 출판연도, 제목, 학술지명, 출판사, 출판지(위치), 페이지

항상 다른 글을 참고할 때 위의 7가지를 파악하고 있어야만 합니다. 이번 장은 다른 기술방식에 비해 학생들이 접하기 쉽고 간단하며 영역에 상관없이 많이 사용되는 APA 스타일을 알아보겠습니다.

가. 본문 내 인용 표시방법

APA 스타일은 미국 심리학회 규정 지침으로 1929년 논문 원고 작성에 필요한 스타일을 제안한 것입니다. 오늘날에 인문, 사회과학의 전 학문 분야에 걸쳐 다양한 정보원을 인용할 때 흔히 이용되고 있습니다.

APA 스타일은 표현 특성상 각주를 사용하지 않고 내주를 통하여 표현합니다. 인용방법은 앞서 말했듯이 직접인용과 간접인용 그리고 재인용이 있습니다.

▶ 직접인용 표기

저자명(발행연도) "직접인용한 글"(쪽수).

예시) 이병기(2006)는 "도서관 활용 수업은 사서교사와 교과교사가 상호 협력 체계를 구축할 때 할 때 가장 효과적이다." 라고 주장 하였다(p.29).

▶ 간접인용 표기

…하였다(저자명, 발행연도, 페이지).

예시) 도서관활용 수업은 사서교사와 교과교사의 협력의 과정이며 이를 가장 잘 나타낼 때 그 효과가 극대화 될 수 있다(이병기, 2006, p.29).

▶ 재인용 표기

(원전의 저자, 원전의 발행연도: 재인용한 자료의 저자, 재인용자료의 발행연도+에서 재인용).

예시) 도서관활용 수업은 사서교사와 교과교사의 협력의 과정이며 이를 가장 잘 나타낼 때 그 효과가 극대화 될 수 있다(이병기, 2006: 송기호, 2010에서 재인용).

나. 참고문헌 작성방법

본문에 인용된 정보자료는 반드시 참고문헌에 또한 기록해야 합니다. 즉, 본문에 각주나 참고주로 한번, 참고 문헌으로 한번, 총 2번을 작성해야 합니다. 참고문헌을 작성할 때는 몇 가지 원칙을 지켜야 합니다.

첫째, 동양도서, 서양도서의 순서로 합니다.

둘째, 동양서는 자모순, 서양서는 알파벳 순으로 나열합니다.

셋째, 동일 저자의 2개 이상의 저서가 있을 경우 연대순으로 그다음엔 자료명 순으로 나열합니다.

넷째, 동일 저자의 동일 연도의 자료는 연도 뒤에 a,b,c로 표기하여 구분합니다.

다섯째, 서명의 관사(A, An, The)는 제외하고 다음 단어의 문자순으로 나열합니다.

여섯째, 서양 저자는 '성, 이름'의 순서로 나열하고, 성은 완전명으로, 이름은 약자로 씁니다.

위의 여섯 가지 기본 원칙을 잘 기억하고 지금부터 본격적으로 참고문헌의 작성 방법을 알아보겠습니다. 참고문헌은 참고문헌의 종류에 따라 다르게 기술합니다. 여러 가지의 종류의 정보원에 따라 기술방식이 다른데 여러분이 많이 사용하는 단행본, 학술지, 신문, 학위논문, 전자(인터넷)자료를 중심으로 설명하겠습니다.

▶ 단행본

단행본은 지속적으로 발행하는 잡지 따위와는 달리 한 번의 발행으로 출판이 완료되는 책을 뜻합니다. 단행본을 논문자료로 이용했을 경우 아래와 같이 기술합니다.

저자명. (출판연도). 서명. (판차). 발행지: 발행사.

예시) 이신동, 최병연. (2011). 최신교육심리학. 서울: 학지사.
풀이) 이신동, 최병연 저자가 2011년에 쓴 최신교육심리학을 참고 했으며, 최신교육심리학은 서울에 있는 학지사에서 출판하였습니다.

▶ 학술지

학술지는 연구자가 집필한 논문을 게재하는 잡지를 뜻합니다. 학술지의 경우 계속해서 발행되는 연속간행물의 한 종류이기에 권(호)를 신경써서 기술하여야 합니다.

저자명(발행년). 논문명. 저널명, 권(호), 수록쪽수.

예시) 공현선, 김명(2002). 학생정보마이닝 설계 및 구현. 한국컴퓨터교육학회, 6(1), 55-63.

풀이) 공현선, 김명 연구자가 2002년에 쓴 학생정보마이닝 설계 및 구현이라는 논문을 참고하였으며 이 논문은 한국컴퓨터교육학회 제6권 1호, 55-63 페이지에 게재되어 있습니다.

▶ 신문

신문 기사의 경우는 '발행년' 사항에 연도, 월, 일을 쓰고 수록 쪽수에 'p.'나 'pp.'을 적어 신문의 쪽 번호를 적어 줍니다.

기자명(발행년.월.일). 기사명. 신문사명. 페이지.

예시) 유희경(2014.1.13). 삼성, 웨어러블 기가 주도권 잡았다. 문화일보, p.16.

풀이) 유희경 기자가 2014년 1월 13일 쓴 "삼성, 웨어러블 기가 주도권 잡았다"라는 기사를 참고하였으며 이 기사는 문화일보 16페이지에 기재되어 있습니다.

▶ 학위논문

학위논문은 석사, 박사 등의 학위를 취득하기 위하여 작성하는 논문입니다. 학위논문의 경우 학위를 수여하는 기관과 학위 수준(석·박사)를 정확히 기재하여야 합니다.

저자명(수여년도). 논문명. 학위명. 수여기관명. 소재지.

예시) 이승민. (2012). 도서관과 정보생활 교과교육이 국제학업성취도평가(PISA)
의 학습전략이용에 미치는 영향. 석사학위논문. 공주대학교 교육대학원,
충청남도.

풀이) 이승민이 2012년에 쓴 도서관과 정보생활 교과교육이 국제학업성취도평
가(PISA)의 학습 전략이용에 미치는 영향이라는 석사학위논문을 참고하였
으며 이 논문으로 공주대학교 교육대학원에서 학위를 수여받았습니다.

▶ 전자자료

전자자료는 인터넷에서 존재하는 정보 중 사용한 자료를 뜻하며 끊임없이
변화하는 자료의 특성상 검색 일자와 주소를 정확하게 제시해야 합니다.
전자자료에는 인터넷을 통하여 이용한 모든 자료(온라인 잡지 논문, 인터넷 뉴
스, 온라인 도서, 인터넷 기타 문서 등)를 포함합니다.

저자명(출판연도). 웹자료의 제목. [검색날짜]. 〈웹사이트 주소〉

예시) 한국MBTI연구소(2004). MBTI 이해. [2011.1.28]. 〈http://www.mbti.
co.kr/under/under_01.htm〉

풀이) 한국MBTI연구소에서 2004년에 작성한 MBTI의 이해라는 자료를 2011
년 1월 28일 검색하여 사용하였으며, 이 자료는 http://www.mbti.co.kr/
under/under_01.html 에 있습니다.

부록의 소논문은 여러분 또래가 직접 쓴 소논문 전문(全文)으로,

인문계와 자연계 한 편씩 실었습니다.

이 소논문의 경우 연구자가 전문가가 아닌 고등학생이기에 함부로 평가할 수 없습니다.

그러나 논문주제에 맞는 연구방법과 논문형식에 맞는 글쓰기를 두고 볼 때

여러분께 좋은 예시가 될 수 있는 훌륭한 논문입니다.

따라서 이 소논문을 보면서 잘 모르는 부분을 어떻게 했는지 이해할 수 있고,

내가 한 것과 비교해서 수정할 수 있을 것입니다.

그리고 1장에서 5장까지 소논문을 쓰는 과정에서 참고할 수 있는

참고문헌과 본문을 좀 더 빨리 찾을 수 있는 색인(index)을 실었습니다.

여러분에게 소논문은 결과도 의미가 있지만

한 단계 한 단계 그 과정이 더 값지다고 생각합니다.

읽기 어려운 논문자료를 읽어야 했고,

설문문항을 만들기 위해 고민했을 겁니다.

또한 소논문 본문의 첫 문장을 쓰기 위해 지우고 쓰기를 반복했을 것이며

어쩌면 한 장 전체를 다시 썼을 수도 있습니다.

그 과정에서 여러분은 또 다른 공부를 경험했을 겁니다.

결코 쉽지 않은 지금까지 여정을 완주한

여러분을 격하게 응원합니다.

부록

소논문
한국 인디음악의 대중성 확보와 발전방안에 관한 연구
아스파탐의 유해성 연구

나의 적성과 꿈을 키우는 소논문쓰기 전개 과정

참고문헌

색인

한국 인디음악의 대중성 확보와
발전방안에 관한 연구

보성여자고등학교 임 수 현

목차

Ⅰ. 서론

Ⅱ. 본론
 1. 한국 인디음악
  1) 개념 및 특성
  2) 형성과정
 2. 인디음악의 현황 및 분석
  1) 대중음악계에서의 위치
  2) 대중의 인식과 인지도
  3) 인디음악의 대중성 확보
 3. 인디음악의 대중화 발전 방안
  1) 인터넷 매체 활용
  2) 음악 페스티벌 활성화

Ⅲ. 결론
 1. 연구 결과 요약 및 연구 한계

참고문헌

논문 개요

인디 음악은 주류 음악의 단점을 보완하는 비주류 대중음악으로서 최근 언론과 대중의 관심을 받고 있다. 그러나 이 관심이 단기적인 신드롬에서 그치는 것이 아니라 장기적인 발전을 위한 디딤돌로서 계속 유지하는 방안을 찾을 필요가 있다. 그렇기 때문에 본 연구는 인디음악이 대중성을 획득하고 발전하는 방안을 찾는 데 목적을 두었다. 이를 위해 한국 인디음악의 개념과 형성 과정을 살펴보고, 현재 대중 음악계에서의 위치와 대중이 가지고 있는 이미지를 알아보았다. 대중 음악계에서의 위치를 알아보기 위해 한국 대중음악상 결과를 이용했으며 대중의 인식을 알아보기 위해 선행연구의 설문조사를 발췌해 분석하였다. 인디 음악의 대중화 방안으로는 인터넷 매체 활용과 음악 페스티벌 활성화를 들었다. 두 가지 방법으로 대중적 인지도를 높인 인디 뮤지션들을 예로 들었다. 이 부분에서는 실제로 인디 뮤지션들이 활용할 수 있는 현실적인 면을 고려했다. 그와 동시에 대중의 의견을 수용하고자 설문조사를 통해 얻어진 결과를 활용하기도 하였다.

그러나 본 연구는 고등학생의 연구이기 때문에 학술적으로 부족한 부분이 많고, 구체적인 과정과 방안을 내지 못한 데에서 그 한계를 드러낸다. 또한 선행 연구와 자료가 적은 주제이기 때문에 세밀한 결과를 얻는데 어려움이 있었다.

이런 아쉬운 부분이 있지만 본 연구는 과거 1세대 인디음악이 잠깐의 주목 이후 다른 사회적 상황 때문에 잊혀지고, 왜곡된 이미지를 가졌던 실수를 반복하지 않기 위해 나시금 주목받는 이때에 필요한 연구였다. 인디 음악에 대한 연구는 한국 대중음악이 음악적 진정성과 대중성을 동시에 획득하고 발전하는데 있어 상당히 중요한 요소이다. 그런 주제를 다룬 것 자체는 의미 있는 시도였다. 이런 연구로 인디음악이 대중성을 확보하고 발전할 수 있는 방향을 모색하는 것은 문화적, 예술적 측면에서 바람직하다고 할 수 있다.

I. 서론

2000년대 국내 음악 시장의 중심이 음반에서 음원으로 옮겨가면서 대중음악이 거대 자본에 의해 지배당하고 있다 해도 과언이 아니다. 자본에 의해 이끌어지기 때문에 작품성에 치중하기보다는 잘 팔리는 음악, 즉 상업성이 짙은 음악이 주류를 이루는 것이 당연하게 되었다. 이런 주류를 이루는 음악은 주로 발라드와 댄스 음악으로만 국한 되어 있기 때문에 장르적 다양성이 부족하다. 대중음악으로서 주류를 이루는 음악에 시장이 지배당할 수밖에 없다. 장르적 다양성의 부족은 한 쪽에 치우친, 불균형한 발전의 원인이 될 것이다. 장르의 다양성을 확보하기 위해 하나의 대안으로 다양한 장르를 다루는, 주류와 다른 음악적 성향을 가진 비주류 대중음악이 있다. 그것이 바로 인디 음악이다. 비주류 음악이기 때문에 대중성이 떨어지는 편이지만, '자우림', '노브레인', '장기하와 얼굴들'과 같은 몇몇 인디밴드들과 대중성을 얻으며 인기를 형성하기도 하고, 일명 '홍대 여신'이라는 칭호로 인터넷에서 화제가 되며 얼굴과 음악을 알린 '요조'나 '레이디 제인' 같은 여성 뮤지션들도 있다. 그러나 아직 많은 수의 인디뮤지션들이 대중에게 알려지지 않았다. 또한 인디음악에 대한 홍보 또한 잘 이루어지지 않아 대중성이 주류 음악 뮤지션과 비교하면 매우 미미한 수준이다. 이런 상황에서는 주류 음악의 장르 문제의 대안으로서의 역할 이행의 문제는 물론, 그 존속의 문제를 마주하게 될 것이 자명하다. 그렇기에 인디음악의 대중성 확보는 인디음악만의 발전이 아니라 대중음악계 전체의 발전을 위해서 중요하다고 생각된다. 본 연구는 앞서 언급한 인디음악의 대중성을 확보하고, 더 많은 인디 뮤지션이 대중에게 소개되는 방안을 찾는 것을 목적으로 한다. 또, 전체적인 인디음악의 인지도를 향상시키고, 대중음악계에서 인디음악을 발전시키는 방안을 도출하는 것에 목적을 둔다.

본 연구는 한국인디 씬[1]을 이루는 인디 뮤지션과 그들이 속해 있는 레이블을 대상으로 한다. 일본, 미국, 영국 등의 인디 씬은 다루지 않는다. 우리나라 인디 씬과는 전체적인 시장 규모가 훨씬 크고, 음악적 성향은 물론 제작 및 유통 과정에도 차이가 있기 때문이다. 이런 차이가 인디음악과 대중음악의 관계에 영향을 미치기 때문이다. 음원, 음반 시장 또한 K-pop(한국 대중가요)를 대상으로 한다. 본 연구를 위해 한국 인디음악의 정의 및 특성과, 간단한 역사를 살펴보고, 국내 음악 시상식을 중심으로 대중 음악계에서의 위치, 선행 연구 자료를 토대로 대중의 인식과 인지도를 조사한다. 이를 토대로 현재 인디음악의 대중성을 파악하고, 이를 발전시킬 수 있는 방안을 찾는 데 초점을 맞추려 한다. 발전 방안을 제시할 때에는 이미 대중성을 얻은 인디 뮤지션의 사례를 참고할 예정이다.

---

1 씬(scene) 대중음악 연구에서 음악이 생성되고, 수용되고, 유통되는 음악적 행위와 관련된 일체의 시스템을 의미한다. (straw, 1991)

Ⅱ.본론

1. 한국 인디음악

1) 개념 및 특성

인디음악은 'independent music'의 약자로 글자 그대로 '독립 음악'이라 정의한다. 여기서 독립은 제작 및 기획, 홍보, 유통 과정에서 주류 음악 산업 구조에서의 독립을 말한다. 특히 거대 자본에 의한 주류 음악으로부터 차별되어 상업성에 구속받지 않고, 창작 의지에 따라 음악을 만든다. 그러나 이 때 상업성보다 뮤지션의 창작 의지를 중시한다고 해서 대중성을 외면한 것은 아니다. 오히려 인터넷과 거리 공연 등으로 대중과 소통하려 한다.

인디 음악에서 상업성이 창작 의지보다 후위에 놓인다고 해서 상업성을 완전히 배제하는 것은 아니다. 이제 인지도가 비교적 높은 인디 밴드들은 자신들의 음악성을 바탕으로 상업성 또한 획득하는 경우도 많다. 음악 경연 프로그램 '나는 가수다'에 출연하는 '윤도현 밴드'와 '자우림'은 인디 밴드이지만 인지도 면에서는 주류 음악 가수들에 비해 떨어지지 않는다. 지상파 방송에도 출연하기도 한다. 지상파에 출연하고, 인지도가 높다고 해서 주류 음악으로 전향한 것은 아니다. 자신들의 음악 스타일을 유지하면서 대중과 소통하고, 팬덤을 형성하며 인지도를 높인 것이다. 그들의 음악이 난해하거나 같은 인디 밴드라고 해서 완전히 같은 장르의 음악을 하는 것도 아니다.

그러나 이 경우 대량 생산을 위해서 메이저의 유통 방식을 따르게 된다. 아직 국내에 인디 음악의 대량 유통을 위한 시스템이 구축되지 않았기 때문이다. 인디음악 초창기에는 음반 수익에 대한 불안정성 때문에 소규모 유통이 행해졌다. 그러나 2000년 이후 음반의 기획과 제작 방면을 제외한 부분에서는 주류 음악 산업 구조를 따르고 있다. 유통 측면에서는 이제 메이저 유통사를 통하는 경우가 많아, 기존의 소규모 유통은 사라지고 있다. 그러므로 현재 인디음악을 규정하는 것은 유통 과정에서 보이지 않는다.

박준흠은 인디 음악에 대해 이렇게 말한다.

> "인디 음악은 특정 장르의 개념이 아니다.(중략) 한국에는 인디음악을 소개하는 음악 전문 라디오 방송국이나 유통망이 없기 때문에 온전한 의미의 인디씬은 존재하지 않는다. 그래서 한국에서는 주로 창작자와 뮤지션의 태도를 기준으로 인디 여부를 따질 수밖에 없다."[2]

인디음악은 장르 면에서도 한가지로 규정되지 않는다. 인디음악 초창기에는 모던 록과 펑크가 주를 이뤘으나, 이 역시 2000년 이후로는 포크, 일렉트로닉 뮤직, 재즈 등 여러 가지 장르가 나타나고, 그 빈도가 늘어감에 따라 인디음악을 하나의 장르로 규정하기 어려워졌다.

주류 음악에서 주로 다루는 R&B, 발라드, 댄스 같은 장르 또한 인디 음악에서도 다루고 있기 때문에 사실상 장르에서 인디 음악만이 가지는 특

---

2 박준흠, 『대한 인디 만세』, 서울: 세미콜론, 2006, p.10

성은 거의 없어졌다고 볼 수 있다.

결론적으로 현재 인디 여부를 나누는 것은 창작자와 뮤지션의 태도 밖에 없다. 이 때 태도는 창작, 기획, 제작 단계에서의 거대 자본으로부터의 자율성을 의미한다. 즉, 인디 뮤지션들은 상업성과 대중성을 배척한다기보다는 자신의 음악과 창작 환경을 지키는 방법으로서 인디음악을 선택할 뿐인 것이다.

2) 형성 과정

한국에서 인디 씬이 형성되기 시작한 것은 1990년대 중반이다. 그 기점을 1994년 최초의 라이브 클럽 '드럭(drug)'이 생긴 것으로 잡는다. 이후 IMF이전 까지 라이브 클럽이 인디 레이블의 역할을 하고, 인디 뮤지션들이 활동하는 주 무대가 되었다. 또, 젊고 실력 있는 신인 뮤지션들에게 설 무대를 제공하고, 주류 음악에서 다루지 않는 장르의 음악을 전파하는 데 핵심적인 역할을 했다. 1995년에는 '언니네 이발관', '델리스파이스', '노브레인', '크라잉 넛' 등이 데뷔하며 인디 밴드의 한 세대를 구축했다. 주로 모던 록과 펑크록을 하는 뮤지션이 많았다. 이 때문에 인디음악의 이미지가 록 밴드로 한정되기도 하였다. 1996년 명동과 홍대에서 열린 '스트리트 펑크 쇼' 와 최초의 인디음반 'Our Nation'이 큰 반향을 일으키며 인디 문화에 대한 전반적인 관심이 높아졌다. 하지만 이때 인디 음악을 아마추어적인 음악으로 보도함에 따라 대중에게 제대로 된 평가를 받게 하는 데 걸림돌이 되었다.

1997년 IMF이후 사회는 모든 면에서 바뀌었다. 인디 씬도 예외는 아니었다. 대중의 관심은 예술보다는 경제와 안정으로의 복귀에 집중 되었다.

실험성을 추구하고 다소 파격적인 것을 추구했던 인디음악은 자연스레 대중의 관심에서 밀려나게 되었다. 이때 인디 밴드 1세대를 이끌던 많은 뮤지션이 잠시 인디 씬을 뜨게 되었다. 주요 밴드들을 공백기를 가지게 되다 보니, 인디 음악은 소수의 마니아만 즐기는 음악으로 굳어지게 되었다. 2000년에 인디 레이블 문라이즈가 생기면서 인디 뮤지션 스스로 자신의 레이블을 통해 음악 활동을 하기 시작했다. 인디 밴드 '넬'과 '피아'등이 서태지 컴퍼니를 통해 메이저에 진출하기도 하였다. 이때부터 현재의 유통 및 홍보 부분에서 주류 산업 구조를 차용하는 방식이 시작 되었다. 이로써 인디 뮤지션의 주류 매체 진출이 시작되었다. 또, 인디와 메이저 사이 경계가 모호해지기 시작하였다.

2000년대 초반 대중화를 향한 움직임이 있었으나 전반적인 침체기를 겪고 있던 와중 일명 카우치 사건이 일어나면서 인디음악이 다시 대중의 관심을 받게 되었다. 2005년 MBC 생방송 음악캠프에 출연한 인디 밴드 '럭스'와 '카우치'가 출연했다. 이 공연 중 카우치 멤버 2명이 성기를 노출하는 퍼포먼스를 벌였다. 이 사건으로 카우치 멤버 두 명이 공연 음란 및 업무 방해죄로 기소되었고, 이후로 인디밴드의 지상파 출연이 어렵게 되었다. 대중은 인디음악과 인디 뮤지션에 대해 부정적이고 퇴폐적인 이미지를 갖게 되었다.

그러나 이후부터 2007년까지 '브로콜리 너마저', '허밍 어반 스테레오', '요조' 등의 인디 뮤지션들이 인디뮤지션의 새로운 세대를 이루기 시작했다. 이들의 음악은 1세대 인디밴드들과는 달리 과격하거나 실험적이기 보다는 대중 친화적이고, 부담스럽지 않은 멜로디에 치중하는 경향을 보였다. 또, 이때부터 안정적인 활동과 배급을 위해 인디 레이블과 대형 음반 기획사가 손을 잡기 시작하였다. 아래 표와 같이 대형 음반 기획사가 음반을 만드는 과정에 개입하는 정도에 따라 적극적 인디 시스템과 소극적 인디 시스템으로 나눌 수 있다.

〈표 1〉 국내 인디음악 시스템[3]

소형 인디 레이블	대형 음반 기획사	독립체제율
기획, 제작, 유통, 홍보	–	적극적인 인디 시스템
기획, 제작, 유통	유통	
기획, 제작	홍보, 유통	
제작	기획, 홍보, 유통	소극적인 인디 시스템

이런 시스템을 통해 인디음악의 배급이 이전보다 쉬워짐에 따라 음반의 배급이 비교적 안정화되었다. 이 동안 CF와 영화 음악 등으로 부드럽고, 편안한 스타일의 인디 음악이 쓰임에 따라 대중화가 진행되기도 하였다.[4]

본격적으로 대중의 관심을 다시 얻게 된 것은 '장기하와 얼굴들'의 등장이었다. 2008년 싱글 '싸구려 커피'로 폭발적인 관심을 얻는데 이어 '달이 차오른다, 가자'가 영화 '좋은 놈, 나쁜 놈, 이상한 놈'의 OST와 아이스크림 빠삐코의 CM송과 함께 리믹스 된 UCC가 인터넷에서 인기를 얻으며 화제가 되기 시작했다. '장기하와 얼굴들'의 등장으로 인디 뮤지션에 대한 대중의 인식은 예전과 사뭇 달라졌다. 주류 음악에서 볼 수 없던 새로움으

---

3 〈표1〉 국내 인디음악 시스템 (추승엽, 「인디음악 대중화를 위한 홍보방안에 대한 연구」, 중앙대학교 예술대학원 석사 학위논문, 2009, p.8)

4 한 예로 '허밍 어반 스테레오'의 '하와이언 커플'이 영화 '내 사랑'의 주제가와 MBC 예능프로그램 '우리 결혼했어요' 등에 쓰였다. 노브레인은 영화 '라디오 스타'에 출연하고, 주제가 '비와 당신'을 부르기도 했다.

로 어필한 것이다. 1세대 인디 밴드들과 달리 실험적이지만 과격하지 않은 점 때문에 대중에게 더 쉽게 다가갈 수 있었다. '장기하와 얼굴들'이 새 앨범을 준비하는 동안 다시 잠잠해질 것 같던 인디음악계는 '검정 치마'의 등장으로 관심을 이어갔다. 서구적 한국 인디 팝의 개척자라는 평을 들으며 대중과 평단의 관심을 이끌었다. 이 시기에 '10cm'도 '오늘밤은 어둠이 무서워요' 와 '아메리카노'로 주목받았다. 최근에는 MBC 예능프로그램 '무한 도전'의 서해안 고속도로 가요제에 참가하면서 보다 큰 인기를 얻게 되었다.

2000년대 중반이후부터 인디 씬에서 인디와 주류의 경계가 모호해지는 현상이 확연하게 나타난다. 이처럼 현재의 인디 음악은 대중적인 보급과 함께 대중과 언론의 재조명을 받고 있다.

2. 인디음악의 현황 및 분석

1) 대중 음악계에서의 위치 – 음악 시상식을 중심으로

한국 대중음악계에서 음악상은 대중과 평단의 인정을 받는다는 뜻으로 해석될 만큼, 큰 의미를 지닌다. 특히 한국의 그래미 시상식으로 불리는 한국 대중음악상은 지상파 3사에서 시행하는 시상식보다 그 범위가 넓고 전문가의 평가가 잘 반영된 시상을 한다. 범위가 넓은 만큼 대중과 평단의 호응을 얻었던 인디 뮤지션들도 자주 후보에 오른다. 수상자 수만 하더라도 메이저에 뒤처지지 않는다.

〈표 2〉 한국 대중음악상 수상자 중 인디 뮤지션[5]

회차 / 연도	수상 부문	수상자
제 1회/ 2004	올해의 음반	더더밴드
제 1회/ 2004	최우수 록 음반	코코어
제 1회/ 2004	최우수 힙합 음반	데프콘
제 1회/ 2004	올해의 신인	정재일
제 2회/ 2005	올해의 음반	마이 앤트 메리
제 2회/ 2005	올해의 음악인	이소라
제 2회/ 2005	올해의 신인	Mot
제 2회/ 2005	최우수 모던록 음반	마이 앤트 메리
제 2회/ 2005	최우수 록 음반	바세린
제 3회/ 2006	올해의 음반	두번째 달
제 3회/ 2006	올해의 음악인	W
제 3회/ 2006	올해의 신인	두번째 달
제 3회/ 2006	올해의 신인	소규모 아카시아밴드
제 3회/ 2006	최우수 모던록 음반	몽구스
제 3회/ 2006	최우수 모던록 노래	서울 전자 음악단
제 3회/ 2006	최우수 팝 음반	W
제 3회/ 2006	최우수 알앤비& 소울 음반	윈디시티
제 3회/ 2006	최우수 알앤비& 소울 노래	윈디시티
제 3회/ 2006	최우수 재즈 &크로스 오버 음반	두 번째 달
제 4회/ 2007	올해의 음반	스왈로우
제 4회/ 2007	올해의 음악인	노브레인
제 4회/ 2007	올해의 신인	머스탱스
제 4회/ 2007	최우수 모던록 음반	스왈로우
제 4회/ 2007	최우수 록 음반	머스탱스
제 4회/ 2007	최우수 댄스&일렉트로닉 노래	페퍼톤스
제 5회/ 2008	최우수 모던록 음반	Mot
제 5회/ 2008	최우수 모던록 음반	허클베리 핀
제 5회/ 2008	최우수 댄스&일렉트로닉 음반	하우스 룰즈
제 5회/ 2008	네티즌이 뽑은 올해의 음악인(모던록)	노브레인

5 〈표2〉 다음 뮤직 한국 대중 음악상 결과를 연구자가 정리한 표. 이 때 힙합과 재즈썬은 확실히 인디 뮤지션인
지 구분이 어려운 경우 표에서 제외했다.

제 5회/ 2008	네티즌이 뽑은 올해의 음악인 (록)	넬
제 6회/ 2009	올해의 음반	언니네 이발관
제 6회/ 2009	올해의 노래	장기하와 얼굴들
제 6회/ 2009	올해의 신인	로로스
제 6회/ 2009	최우수 모던록 음반	언니네 이발관
제 6회/ 2009	최우수 모던록 노래	언니네 이발관
제 6회/ 2009	최우수 록음반	갤럭시 익스프레스
제 6회/ 2009	최우수 록 노래	장기하와 얼굴들
제 6회/ 2009	최우수 힙합 음반	버벌진트
제 6회/ 2009	최우수 댄스&일렉트로닉 음반	W&Whale
제 6회/ 2009	최우수 댄스&일렉트로닉 노래	W&Whale
제 6회/ 2009	네티즌이 뽑은 올해의 음악인(남자)	장기하
제 7회/ 2010	올해의 음반	서울전자음악단
제 7회/ 2010	올해의 음악인	서울전자음악단
제 7회/ 2010	올해의 신인	국카스텐
제 7회/ 2010	올해의 신인	아폴로 18
제 7회/ 2010	최우수 모던록 음반	검정치마
제 7회/ 2010	최우수 모던록 노래	브로콜리 너마저
제 7회/ 2010	최우수 록 음반	서울전자 음악단
제 7회/ 2010	최우수 록 노래	국카스텐
제 7회/ 2010	최우수 팝 음반	이소라
제 7회/ 2010	최우수 팝 노래	이소라
제 8회/ 2011	올해의 음반	가리온
제 8회/ 2011	올해의 음악인	갤럭시 익스프레스
제 8회/ 2011	올해의 노래	뜨거운 감자
제 8회/ 2011	올해의 신인	게이트 플라워즈
제 8회/ 2011	네티즌이 뽑은 올해의 음악인	김윤아
제 8회/ 2011	최우수 모던록 음반	9와 숫자들
제 8회/ 2011	최우수 모던록 노래	브로콜리 너마저
제 8회/ 2011	최우수 록음반	크래쉬
제 8회/ 2011	최우수 록 노래	게이트 플라워즈
제 8회/ 2011	최우수 랩&힙합 음반	가리온
제 8회/ 2011	최우수 랩&힙합 노래	가리온
제 8회/ 2011	최우수 팝 노래	10cm

한국 대중음악 시상식 결과를 보면 전체의 약 3분의 1 이상이 인디 뮤지션이다. 특히 모던록과 록 부분에서 수상실적이 높은데, 이는 한국에서 록은 대부분 인디 씬에서 수혈받고 있다는 것을 보여준다. 올해의 신인 부분에서도 음악적 진정성을 기반으로 평가하기 때문에 상업적인 아이돌 가수는 거의 뽑히지 않는다. 전체적으로 작품성 면에서 평가한 부분에서 인디 뮤지션들의 수상 실적이 높은 편이다. 이로써 인디음악의 음악성은 주류에 뒤지지 않으며 상업성을 배제시켰기에 보다 손쉽게 진정성을 획득한다고 할 수 있다. 또한 제 5회부터 생긴 네티즌이 뽑은 아티스트 부문에서도 인디 뮤지션의 이름이 오른 것으로 보아 점차 대중성 또한 획득하고 있다는 것을 알 수 있다. 수상 부문으로 보면 2006년 이후 모던 록, 록 부문을 넘어 팝이나 재즈, 힙합, 댄스&일렉트로닉 부분에서도 수상했다. 그것으로 보아 인디 씬 내에서도 2000년대 중반부터 더 다양한 장르의 음악이 수용되어진 것을 알 수 있다. 결과적으로 〈표2〉를 통해 주류 음악의 중심을 이루는 댄스와 발라드가 아닌 장르에서 인디 뮤지션의 활약이 뛰어나고, 이를 대중과 평단 모두 인정한다는 것이 반영된 것으로 해석된다. 현재 인디 음악이 대중 음악계에서 다양한 장르의 보완을 담당하고 있으며 주류 음악의 대체적 성격을 넘어 그 자체에 대한 음악적 진정성이 인정받고 있다.

2) 대중의 인식과 인지도 조사 – 선행 연구에서 발췌

한국 대중음악상은 평단의 개입이 높은 편이기에 음악적 면에서 현황을 알아보는 척도가 될 수 있으나, 실질적이 대중성을 알아보기 위한 척도로는 무리가 있다. 그래서 선행 연구[6]의 설문 조사를 발췌해 인디음악의 대중성을 연구하기로 한다.

본 조사는 현 음악 시장의 주 소비층인 10, 20 대 중심의 일반인을 대상으로 인디 음악 전반에 대한 태도를 알아보기 한 설문조사이다. 이 조사는 무작위의 276명의 일반인을 대상으로 한다. 조사 내용만을 발췌한 것이므로 대부분 표로 조사 내용을 기재함을 밝힌다. 일반인 대상 설문조사 문항과 질의 내용에 대한 의도는 다음과 같다.

〈표 3〉 일반인 대상 설문조사 문항과 질의 내용에 대한 의도

질의 사항	질의 내용에 대한 내포된 의도
월평균 문화 소비 시간	인디음악 주요 소비층 분석
인디음악 공연경험 유무	
인디음악 최초 연상 이미지	인디음악에 대한 인식
알고 있는 인디뮤지션의 수	인디음악에 대한 관심도
인디뮤지션 웹 커뮤니티 방문정도	인디음악에 정보탐색에 대한 태도
인디음악 음원 및 음반 구매량	인디음악 구매에 대한 태도
인디음악이 어울리는 TV 프로그램	인디음악 방송 프로그램에 대한 인식과 실제 이용 현황 차이
응답자가 즐겨보는 TV 음악프로그램	
인디밴드가 잘 알려지지 않은 원인	인디음악 대중화에 미치는 요인에 대한 인식
유명 인디밴드 성공 원인	
응답자가 알고 있는 인디뮤지션	
인디음악 대중화 위한 지원 프로그램	인디음악 제도적 지원에 대한 인식
인디음악 홍보를 위한 최적 매체	일반인이 생각하는 인디음악 최적의 홍보 방안
인디음악 홍보를 위한 기타 방안	
총	14문항

---

6   조사를 발췌한 선행 연구 논문은 추승엽 저의「인디음악 대중화를 위한 홍보방안에 대한 연구」(2009) 이며, 중앙대학교 예술대학원 석사 논문이다. 〈표4〉부터 〈표15〉는 선행 연구 논문에서 발췌한 것이다.

조사대상자의 특성은 다음 표와 같다.

〈표 4〉 일반인 조사 응답자 현황

전체		사례수	%
		(276)	100.0
성별	남자	(115)	41.7
	여자	(160)	58.0
	무응답	(1)	0.4
연령	19세 이하	(71)	25.7
	20-24세	(143)	51.8
	25-29세	(46)	16.6
	30세 이상	(13)	4.7
	무응답	(3)	1.1
월평균 문화 소비 시간	없다	(33)	12.0
	월 5시간 이하	(133)	48.2
	월 10시간 이하	(62)	22.5
	월 10시간 이상	(46)	16.7
	무응답	(2)	0.7
인디음악 공연 관람 경험	있다	(105)	38.0
	없다	(169)	61.2
	무응답	(2)	0.7

조사 결과는 다음과 같다.

(1) 인디음악 주요 소비층 분석

〈표 5〉 인디음악 공연관람 경험자 프로파일

전체		경험자	비경험자
		38.0	68.2
성별	남자	39.1	60.0
	여자	37.5	61.9
연령	19세 이하	25.4	74.6
	20-24세	35.0	64.3
	25-29세	44.1	33.9
월평균 문화 소비 시간	월 5시간 이하	32.3	67.7
	월 10시간 이하	50.0	50.0
	월 10시간 이상	43.5	56.5
	없다	33.3	66.7

이 표에서 보면 인디음악 공연 관람 경험자의 비율이 38%이다. 성별에 의한 차는 적지만, 연령에 따른 차는 있었다. 25-29세에서 인디음악 소비가 다른 연령대에 비해 높은 것으로 나타났다. 또한 월평균 문화 소비 시간이 많을수록 인디음악을 소비하는 비율이 높은 것으로 나타났다.

(2) 인디 음악에 대한 인식

〈표 6〉 인디음악 연상 이미지

이미지	%	인디음악 공연관람 여부	
		있다	없다
언더그라운드	57.2	63.8	53.8
실력 있다	23.6	19.0	26.6
배고프다	13.8	11.4	15.4
락음악	4.7	5.7	4.1
모른다	0.7	0.0	0.0

  〈표6〉와 같이 인디 음악 하면 연상되는 이미지로 응답자의 57.2%가 언더그라운드라고 답했다. 이것으로 인디음악이 '실력 있다'와 '락 음악'과 같은 음악적 이미지보다 비주류 음악이라는 인식이 큰 것으로 해석할 수 있다. '배고프다'라는 응답이 13.8%에 달하는 것도 인식 상의 고정관념에 따른 것으로 볼 수 있다. 이는 왜곡된 고정관념이 인디음악에 대한 부정적 이미지를 가지게 하고 있다는 것을 의미한다. 또, 인디음악 경험률이 높은 사람일수록 과거 인디음악 1세대로부터 받은 '록 음악'의 이미지가 큰 것으로 나타났다.

(3) 인디음악 관련 정보탐색

〈표 7〉 인디음악 뮤지션 온라인 팬 커뮤티니 방문 경험

방문 횟수	%	인디음악 공연관람 여부	
		있다	없다
월 30회 이상	8.5	13.2	0.0
월 20회 이상	8.5	11.3	3.4
월 10회 이상	31.7	30.2	34.5
거의 찾지 않는다	50.0	43.4	62.1
무응답	1.2	1.9	0.0

〈표7〉에서 보이는 것과 같이 인디음악 공연 관람 경험층이 인디뮤지션 온라인 팬 커뮤니티 참여율이 그렇지 않은 층보다 훨씬 높다. 인디음악 공연 관람 비경험층은 인디 뮤지션의 온라인 커뮤니티에 거의 방문하지 않음을 알 수 있다.

(4) 인디음악 구매행태

〈표 8〉 최근 3개월간 음반 및 음원 구매량

구매량	%	연령			인디음악 공연관람 여부	
		19세 이하	20-24세	25세 이상	있다	없다
1장 이상의 음반	52.4	53.8	52.3	54.2	54.7	48.3
10곡미만의 음원	13.4	15.4	9.1	20.8	15.1	10.3
20곡미만의 음원	12.2	7.7	11.4	16.7	13.2	10.3
없다	22.0	23.1	27.3	8.3	17.0	31.0

연령대로 비교하면 음반의 경우에는 전 연령이 비슷한 비율이지만, 음원의 경우에는 25세 이상이 가장 높은 비율을 차지하고 있다. 인디 음악 공연 관람 여부로 비교하면 인디 음악 공연 경험층이 그렇지 않은 층보다 음반, 음원 모두 더 많은 비율을 차지하고 있다는 것을 알 수 있다.

(5) 인디음악 방송 프로그램에 대한 인식

〈표 9〉 인디음악이 어울리는 프로그램 vs 즐겨보는 음악 프로그램

인디음악이 어울리는 프로그램		순위	즐겨 보는 음악 프로그램	
유희열의 스케치북 (KBS)	37.3%	1	유희열의 스케치북 (KBS)	32.2%
스페이스 공감 (EBS)	36.2%	2	대중가요 순위 프로그램	26.8%
김정은의 초콜렛 (SBS)	8.0%	3	스페이스 공감 (EBS)	13.0%
음악여행 라라라 (MBC)	7.6%	4	김정은의 초콜렛 (SBS)	6.5%
대중가요 순위 프로그램	5.4%	5	음악여행 라라라 (MBC)	5.1%

위 〈표9〉는 대중가요 순위 프로그램에 인디음악이 어울리지 않는다고 생각하는 것과 인디음악이 어울리는 프로그램과 즐겨보는 프로그램 간에 확연한 차이가 있음을 보여준다. 참고로 보기에 있는 프로그램의 월 평균 시청률은 다음 〈표10〉 과 같다.

〈표 10〉 보기 내에 있는 프로그램의 월 평균 시청률

프로그램명	월 평균 시청률
유희열의 스케치북 (KBS)	5.30
스페이스 공감 (EBS)	0.39
김정은의 초콜렛 (SBS)	3.40
음악여행 라라라 (MBC)	2.29
대중가요 순위 프로그램	5.61

〈표 9〉와 〈표 10〉에서 주목하고 싶은 것은 '유희열의 스케치북(KBS)'이다. 다른 인디음악을 다루는 프로그램들과 같이 심야 시간에 편성되어 있고, 인디음악이 어울린다는 이미지를 가지고 있다. 그러나 시청률 면에서 비교적 유리한 시간대에 편성되어 있는 대중가요 순위 프로그램에 비해 그 격차가 다른 프로그램에 비해 확연하게 적다. '유희열의 스케치북'의 예로 인디음악이 어울린다고 생각되는 프로그램이 시청률이 대중가요 순위 프로그램보다 많이 낮고, 많은 사람들이 즐겨 보지 않는다고 단언할 수 없다.

(6) 인디음악 홍보 수단에 대한 인식

〈표 11〉 인디음악 홍보를 위한 최적의 수단

최적 수단	%	인디 음악 공연 관람 경험 여부	
		있다	없다
송 매체 홍보	64.1	66.7	63.3
라이브 클럽 공연	19.2	17.1	20.7
UCC 등 온라인	15.2	16.2	14.8

응답자의 64.1%가 인디음악 홍보에 최고로 적합한 수단으로 방송매체 홍보를 꼽았다. 이는 대중음악의 홍보 수단으로 높은 TV의 파급력을 바탕으로 비롯되었다고 생각된다. 그 다음을 잇는 라이브 클럽 공연은 인디음악이 가장 많이 점유하고 있는 곳으로서 기존 주류음악과 차별화되었다는 점에서 주목할 만하다. 온라인 매체를 통한 홍보에 대한 인식도 비교적 높은 수준이다. 현대 사회에서 인터넷의 파급력은 TV보다 강력하게 부상하고 있다. 그렇기 때문에 온라인 매체를 통한 홍보는 자본력이 약하고, 주류음악에 비해 방송매체에 비치기 어려운 인디음악에 적합한 홍보 수단이다.

(7) 인디음악 대중화에 미치는 요인에 대한 인식

〈표12〉 인디음악이 잘 알려지지 않은 원인

원인	%	인디음악 공연관람 경험 여부	
		있다	없다
낮은 방송 노출 횟수	58.5	58.2	58.6
대중가수 대비 약한 자본력	27.9	26.7	29.0
뮤지션의 외모나 이미지	5.4	2.9	7.1
대중적이지 않은 음악	3.3	4.9	1.2

위 〈표12〉에서 주목할 것은 인디음악이 잘 알려지지 않은 원인으로 '대중적이지 않은 음악'의 응답률이 가장 낮았다는 것이다. 이는 1세대 인디음악의 실험성 높은 음악, 마니아층만을 위한 음악이라는 편견을 벗어났다는 것을 해석할 수 있다.

〈표13〉 유명 인디 뮤지션이 성공할 수 있었던 원인

원인	%	인디음악 공연관람 경험 여부	
		있다	없다
잦은 방송 노출 횟수	42.0	49.5	37.9
음악 실력	39.5	31.4	45.0
외모나 이미지	8.0	5.7	9.5
시대 흐름과 운 좋게 맞아서	2.2	4.8	0.0

〈표14〉 알고 있는 인디뮤지션의 이름

원인	%	인디음악 공연관람 경험 여부	
		있다	없다
장기하와 얼굴들	47.5	45.7	47.9
요조	33.0	30.5	34.5
크라잉넛	23.2	17.1	27.2
노브레인	21.7	15.2	26.0

  알고 있는 인디 뮤지션에서 가장 많은 응답률을 기록한 '장기하와 얼굴들'은 비교적 잦은 방송 횟수와 인터넷에서 패러디 UCC가 화제를 모으며 유명세를 탄 밴드이다. 〈표13〉과 〈표14〉를 종합해 보면 '장기하와 얼굴들'이 인지도를 높인 원인으로 방송 노출 횟수가 중요한 역할을 했음을 알 수 있다. 또, 〈표14〉를 보면 인디밴드 1세대인 '크라잉넛'과 '노브레인'의 응답률이 최근 언론의 조명을 받고 있는 '장기하와 얼굴들'보다 적다. 그것으로 보아 대중적 인지도를 높이는데 방송과 언론 노출이 큰 역할을 한다는 것을 알 수 있다.

(8) 인디음악 대중화를 위한 제도적 지원에 대한 인식

〈표 15〉 인디음악의 대중화를 위해 제도적으로 지원해야 할 프로그램

원인	%	인디음악 공연관람 경험 여부	
		있다	없다
방송 노출 지원	42.0	39.0	44.4
각종 공연 및 페스티벌 지원	40.6	43.8	39.1
음반 발매 지원	12.0	11.4	12.4

〈표15〉에서 주목할 것은 '각종 공연 및 페스티벌 지원'의 응답률이 '방송 노출 지원'과 비슷한 수준으로 높다는 것이다. 이는 인디음악이 가지는 강점인 라이브 공연과 관련한 결과로 해석할 수 있다.

3) 인디음악의 대중성 확보

지금까지 살펴본 결과, 1세대 인디음악에 비해 현재 인디음악은 언론과 방송 노출로 대중적 인지도가 상승했다는 것을 알 수 있다. 특히 인디음악은 약 20년의 시간을 지나며 기대된 주류 음악의 장르적 한계를 극복하는 보완재로서 역할을 수행 해오고 있다는 것을 한국 대중 음악상 시상 결과를 통해 알 수 있었다.

최근 인터넷 음원 사이트에 인디 부문 차트가 생기고, 전체 차트에서도 50위 안에 인디 뮤지션들의 이름이 오르는 등의 현상으로 보아 인디음악이 초창기에 비해 대중적 인지도와 함께 대중성을 확보해가고 있다. 카우치 사건 이후로 확연히 줄어들었던 방송 노출 기회가 다시 증가함에 따라 대중화를 위한 기회가 증가하고 있기도 하다. 또, '유희열의 스케치북(KBS)'의 사례로 대중적인 음악과 인디음악의 조화와 주류 음악에 못지않은 대중

성을 획득할 수 있다는 가능성을 확인했다. 또한 인디 음악에 대한 대중의 인식이 음악적인 면이 적지 않은 비율을 차지하고 있다. 무엇보다도 인디 음악이 대중적이지 않은 음악이라는 인식이 굉장히 적다는 것으로 보아 음악적인 측면에서 대중화는 이미 많이 진행되었다고 평가할 수 있다.

3. 인디음악의 대중화 발전 방안

지금까지 인디음악이 대중음악계에서 어떤 위치에서 무슨 역할을 수행하고 있는지, 그에 대한 대중의 인식이 어떤지 알아보았다. 이제 현황을 인식하는데 그치지 않고 인디음악이 대중음악계에서 더 활성화 될 수 있는 방향을 모색하고자 한다. 특히 인식 조사에서 '인디음악에 적합한 홍보 수단'이라는 질문 결과를 적극 활용할 것이다. 대중의 의견이 대중화를 위한 가장 정확한 의견일 것이기 때문이다.

'인디음악에 적합한 홍보수단'이라는 질문의 응답 결과를 보면 방송 매체 홍보, 라이브 클럽 공연, UCC등 온라인 활용의 순이다. 방송 매체 홍보는 사실상 비교적 지상파 출연이 힘들고, 인디음악을 조금이라도 다루는 방송 프로그램의 수가 적기 때문에 어려운 부분이 많다. 또, TV프로그램에 순수하게 음악성만으로 출연하기는 어렵다. 대부분 기획사의 자본력에 따라 출연 기회가 주어지기 때문이다. 그렇기 때문에 주류 음악에 비해 자본력이 약한 인디 레이블에서 방송 매체를 이용한 홍보는 실행되기가 어려운 실정이다.

그렇다면 남은 선택지는 '라이브 클럽 공연'과 'UCC등의 온라인 활용'이다. 라이브 클럽 공연은 홍대를 중심으로 활동하고 있는 많은 인디 뮤지션의 오랜 활동 영역이다. 수많은 라이브 공연을 통해 인디음악의 가장 큰 장점을 드러내 왔지만 대중들에게 여전히 낯선 곳인 경우가 많다. 홍대에 대한 인기가 높아졌다고는 하지만 여전히 라이브 클럽 공연에 관객이 적다. 혹은 대중적 인지도가 높아진 몇몇 뮤지션들의 공연만 성황을 이루고 그 다음 차례인 뮤지션의 공연은 보지 않고 나가 버리는 경우도 많다. 대중에게 라이브 클럽은 여전히 마니아들의 공간으로 인식되어 있다.

그래서 대중들이 찾아오기 힘들다면 대중이 쉽게 찾는 곳에서 공연하면 되지 않는가라는 생각이 점차 늘어나고 있다. 그래서 자치단체의 문화회관이나 사람들이 많이 지나다니는 광장 등에서 인디 밴드 공연이 이루어지기도 한다. 한 예로 서울시 강남구에서는 2011년 8월 한 달간 매주 인디 밴드 4팀의 공연을 진행한다[7]. 강남구청 홈페이지에서 신청하면 누구나 갈 수 있기 때문에 많은 사람들이 손쉽게 인디 음악을 접할 수 있고, 인디 뮤지션들에게도 대중과 소통할 수 있는 기회를 얻게 되는 일석이조의 효과를 기대할 수 있다.

그렇지만 이 역시 기회가 많지 않고, 실제적인 수입을 가져오는 경우가 드물어 최적의 조건이라고 할 수는 없다. 라이브클럽 대신 최근 인기를 끌고 있으면서 대중적인 이벤트로 록 페스티벌 등의 음악 축제를 꼽을 수 있다. 라이브 클럽 공연과 일맥상통하는 수단으로서 록 페스티벌과 같은 음악 축제와 적은 자본에도 불구하고 하기 쉽고, 그 파급력 또한 엄청난 인터넷 활용을 좀 더 심도 있게 살펴보고자 한다.

---

7   본 예는 인터넷 기사('강남구, 한여름 밤 밴드 콘서트 열어', 아시아 경제, 박종일, 8월 3일)를 참조함.

1) 인터넷 매체 활용

인터넷은 현대 사회에서 가장 빠르고 큰 파급력이 있는 매체이다. TV 와 라디오를 능가하는 파급력을 가지고 있지만, 자본이 없어도, 특별한 자 격이 없어도 사용할 수 있다. 또, 국내에 국한되지 않고 전 세계적으로 퍼 져 나갈 수 있으며, 특히 한국과 같이 인터넷 보급률이 높고, 빠른 네트워 크를 구축하고 있다면 파급력은 물론이고, 빠른 시간에 높은 효과를 낼 수 있다. 그렇기 때문에 인터넷은 자본력이 약하고, 대중이 쉽게 접근할 수 있는 기회가 적은 인디 뮤지션들에게 가장 적합한 홍보 수단이다.

실제로 인터넷을 사용해서 대중과 소통하고, 대중적 인지도를 얻은 인 디 뮤지션들도 많은 편이다. 특히 '장기하와 얼굴들'은 UCC를 통해 대중 적 인지도를 높인 예 중 하나다. '달이 차오른다, 가자'라는 노래의 뮤직 비 디오는 연주 모습뿐만 아니라 노래하는 보컬 옆에서 무표정으로 독특한 춤을 추는 댄서 두 명의 모습이 화제가 되면서 인터넷에서 화제를 모았다. 그 이후로 이 뮤직 비디오를 패러디하는 UCC와 영화 '좋은 놈 나쁜 놈 이 상한 놈'의 O. S. T와 아이스크림 CM송과 리믹스한 영상이 계속해서 관 심을 불러 일으켰다.

이는 언론의 관심도 불러 모았고, 그로 인헤 '장기히와 얼굴들'의 대중적 인지도는 대폭 상승하게 되었다. 인지도의 상승은 곧 이들의 음악에 대한 관심으로 이어졌고, 실험적이지만 신선한 이들의 음악은 인디 뮤지션으로 서는 대성공을 거두게 되었다. 2년 4개월이 지난 후에 나온 2집도 그 성공 을 이어가고 있다.

이렇듯 대중화에 성공하고 음악적 진정성이 있는 음악을 한다면 그 관 심과 인기는 그대로 유지할 수 있다. 그렇기 때문에 인디 음악의 대중화는

[그림1] 〈장기하와 얼굴들〉 1집 『별 일 없이 산다』[8]

인디 음악의 부흥과 발전을 위해서 상당히 중요한 문제이다.

　최근에는 인터넷에 UCC를 올리거나 홈페이지를 통해 홍보를 하는 것 말고도 다른 방법도 생기는 추세이다. 인디음악 웹진과 커뮤니티는 물론, 유명 포털 사이트와 관련한 수단도 생기고 있다. 유명 포털 사이트, 다음과 네이버와 같은 사이트에서 운영하는 뮤직 홈이 있는데, 몇몇 코너를 통해 인디음악을 소개하는 역할을 하고 있다. 다음 뮤직은 인디 음악 전문 차트인 '인디고 차트'와 '다음 음원 차트'를 동시에 소개하는 코너를 다음 뮤직 BAR 스페셜에 개설했다. 이 코너를 통해 국내 인디음반 유통과 인디음원의 흐름을 보여주고 음반 시장의 부흥을 목표로 다양한 콘텐츠를 보여주는 순수 음반 음원 차트인 인디고 차트를 제공하고 새로운 인디음악을 소개받을 수 있는 기회를 제공한다.

　네이버 뮤직 홈에도 인디 음악을 다루는 코너가 있다. '이주의 발견-국내'는 네이버 뮤직 홈 내에서도 추천 음반 부분에 속해 있는 코너이다. 매주 한 뮤지션을 선발해 소개하는 형식인데 아무래도 '이주의 발견'이라는

8　이미지 출처 : 네이버 뮤직 (http://music.naver.com/album/index.nhn?albumId=153613)

이름답게 평소 대중화되어 있지 않은 장르의 뮤지션을 소개하는 경우가 많다. 때문에 많은 수의 인디 뮤지션들이 이 코너를 통해서 소개된다. 단순한 이력 소개보다는 앨범과 그에 대한 전문가, 네티즌 리뷰, 인터뷰로 구성되어 있는 것이 특징이다. 이렇게 네티즌이 많이 이용하는 포털 사이트에서 제공되는 서비스는 네티즌들이 접근하기 쉽고, 광고 효과가 큰 편이다. 코너가 메인 페이지에 링크로 등록되면 그 효과는 더욱 커진다.

이렇게 UCC, 블로그, SNS, 포털 사이트 뮤직 홈, 웹진 등 인터넷을 활용한 홍보는 대중이 인디음악을 좀 더 쉽게 접할 수 있는 수단이 될 것이다.

2) 음악 페스티벌 활성화

최근 한국에는 많은 음악 축제들이 해를 거듭해 갈수록 그 수가 많아지고, 자리 잡아 가고 있다. 2011년 8월을 기준으로 검색한 결과, 우리나라에서 행해지는 음악 축제의 수는 50여개에 달한다. 특히 펜타포트 록 페스티벌, 지산 록 페스티벌, 부산 국제 록 페스티벌은 음악 축제로서 확고한 입지를 다져 가고 있다. 2011년 펜타포트 록 페스티벌은 악천후와 미비한 시설에도 불구하고, 역대 최다인 5만 4천명의 관객을 동원했다. 지산 록 페스티빌은 개최한 역사가 짧지만 2011년 9만 2천명을 동원했다. 두 페스티벌 모두 동원한 관객 수가 전년 대비 20, 30 %정도 증가했다.

펜타포트, 지산 록 페스티벌을 비롯한 여름철에 열리는 음악 페스티벌은 독특한 휴가지로 각광받고 있기 때문이다. 록 페스티벌 등의 음악 축제에는 해외 인기 뮤지션은 물론이고, 국내 유명 뮤지션들이 공연한다. 국내 주류 음악에 밴드가 적기 때문에 인디 밴드가 이런 페스티벌에 많이 서게 되는데 이는 자연스럽게 대중과 소통할 수 있는 기회이다. 보통 음악 페스티벌은 한 팀의 공연만 보는 시스템이 아니라 페스티벌 기간 내 일일권을 사용해서 공연을 관람하는 방식이기 때문에 단순히 한 뮤지션의 공연을 보기 위해서 티켓을 구입했다 하더라도 자신이 모르는 뮤지션의 공연도 보는 경우가 많다. 그렇기 때문에 음악 페스티벌은 인디 뮤지션이 대중과 소통할 수 있는 절호의 기회이다.

인디밴드 '몽니'와 '디어 클라우드'는 라이브 공연과 각종 페스티벌을 통해 이름을 알린 경우다. 신인 시절부터 꾸준히 록 페스티벌에 참가했던 두 팀은 자신의 음악으로 대중들과 소통하는 기회가 점차 늘어가며 인지도를 높였다. 록 페스티벌은 여러 종류의 무대가 있고, 무대에 따라 크기가 다르기 때문에 사실상 인지도에 따라 무대와 시간대를 배정한다. 인지도가 낮을 경우 낮 시간, 작은 무대에 배치된다. 이들도 처음에는 작은 무대, 사람들이 잘 다니지 않는 시간대에 공연했지만 그런 공연으로 점차 인기를 얻기 시작했다. 이제 그들은 저녁 시간대에, 큰 무대에서 공연한다.

이처럼 음악 페스티벌은 라이브 연주에 강한 인디 뮤지션들이 가장 장점을 잘 나타낼 수 있는 곳이다. 음악 페스티벌 참가는 인디 밴드들이 메이저 가수들보다 많이 참여할 수 있고 관객과 직접적으로 소통할 수 있다는 점에서 인디 음악 대중화에 중요한 역할을 할 수 있다고 생각된다. 하지만 여전히 대부분의 페스티벌은 열악한 환경에 처해 있다. 이동이 어려운 지역이라 셔틀버스를 운행하지만 그마저 배차 간격이 너무 길어 편리하게 이용하기 힘들다. 또, 야외무대에서 진행되기 때문에 비가 오는 경우 배수가 잘 되어야 하지만 잔디밭과 운동장 바닥은 비가 오면 바로 진흙탕으로 변해 버린다.

어느 한 페스티벌은 한 대기업의 후원을 받으면서 페스티벌에 문을 여

는 상점에 모두 후원 그룹의 계열사만 입점하게 함으로써 공정성 문제에
도 시달리고 있다. 또, 이 상점들이 과점함에 따라 가격을 담합하고, 시중
에 비해 턱없이 높은 가격을 불러 관객들의 불만을 사기도 했다. 이런 문
제점들을 수정, 보완하고, 신인 뮤지션을 위한 무대를 따로 개설하는 노력
이 절실하다.

Ⅲ. 결론

1. 연구 결과 요약 및 연구 한계

　본 연구는 인디음악의 대중성을 확보하고, 더 많은 인디 뮤지션이 대중
에게 소개되는 방안을 찾는 것을 목적으로 이루어졌다. 더불어 전체적인
인디음악의 인지도를 향상시키고, 대중음악계에서 인디음악을 발전시키
는 방안을 알아보기 위해 진행되었다. 서론에서는 인디음악이 대중성을
확보해야 하는 이유와 연구 범위를 언급했다. Ⅱ에서는 먼저 한국 인디음
악은 어떤 것이며 어떻게 지금의 인디 씬을 형성하게 되었는지 알아보았
다. 그 다음 한국 인디음악이 대중음악계에서 차지하고 있는 위치와 대중
에게 어떻게 인식되고 있는지를 연구했다. 이를 통해 최종적으로 인디음
악 대중화를 위한 발전 방안으로서 인터넷 매체 활용과 음악 페스티벌의
활성화를 찾아냈다.
　장르의 문제를 안고 있는 주류음악을 보완해주는 역할을 톡톡히 하고 있

는 인디음악의 부흥은 한국의 대중음악을 위해 꼭 필요하다. 열악한 환경에서 활동하는 인디 뮤지션들의 작업 환경을 개선하는 데에도 핵심적인 문제이다. 최근 인디음악에 대한 관심이 높아지면서 조금씩 인디음악계가 성장하려는 움직임을 보이고 있다. 그러나 잠깐의 이슈로서 받는 관심이 아닌 인디음악 자체에 대한 꾸준한 관심으로 이어지게 하기 위해서는 좀 더 적극적인 대중화가 필요하다. 실현가능한 방안을 찾는 것은 분명 가장 선행되어야 한다. 그래서 현재 실행되고 있는 사례를 중심으로 다루었다. 그러나 이 생각이 새로운 아이디어를 창조하는데 가장 큰 방해물이 되었고, 결국 새로운 방안이 아닌 기존의 방법을 보완하는 것을 주장하는 데에서 연구를 중단하게 했다고 생각된다. 연구 주제와 관련한 선행 연구가 상당히 적어 문헌 조사로만 연구를 진행하는 것이 어려웠다. 그래서 선행 연구와 다른 현재 상황을 제대로 다루지 못한 것이 아쉽다. 또, 대중화를 위한 방안을 찾는데 대중과 소통할 기회만을 강조하고, 구체적인 방안은 내지 못한 것이 이 연구의 한계이다.

그러나 인디음악이 다시금 주목받고 있기 때문에 이 시점에서 이 관심을 유지해나가는 방안을 논의하는 것은 시기적절한 연구였다. 또, 이 연구가 인디음악 뿐만 아니라 전체적인 대중 음악계와 주류음악의 한계점인 장르의 다양성을 해결할 가장 기초적인 대안을 제시하는 점에서 가치가 있다. 연구를 진행하는 가운데 실재하는 사례를 많이 들었기 때문에 현실성을 획득했다. 그리고 앞으로 행해지는 연구에는 대중화에 대한 구체적 방안과 인디 음악계에서 실행할 수 있는 방법을 도출하고 산업적인 측면에서의 접근도 행해져야 할 것이다.

참고문헌

논문

추승엽, 인디음악 대중화를 위한 홍보방안에 대한 연구, 중앙대학교, 2009.

박준흠, 한국대중음악사에서 인디음악이 갖는 의미, 嶺南大學校 民族文化研究所, 2007.

김민규, 한국 인디문화(Indie culture)에 대한 사회학적 연구, 고려대학교, 2002.

이상희, 한국 인디 음반 제작 구조에 대한 연구, 漢陽大學校, 2002.

문서인, 한국 인디음악의 대중성 확보에 관한 연구 : 〈장기하와 얼굴들〉의 사례를 중심으로, 韓國外國語大學校, 2010.

단행본

대한인디만세 : 한국 인디 음악 10년사, 박준흠, 세미콜론, 2006

웹사이트

네이버 뮤직 (http://music.naver.com/)

다음 뮤직 (http://music.daum.net/)

신문 기사

'강남구, 한여름 밤 밴드 콘서트 열어', 아시아 경제, 박종일, 8월 3일

아스파탐의 유해성 연구

서울중앙고등학교 박하은 외4명

목차

Ⅰ. 서론

Ⅱ. 본론
  1. 아스파탐이란?
    1) 아스파탐의 발견
    2) 아스파탐의 성질

  2. 아스파탐의 위험성 평가와 관련된 논문
    1) 식품위해분석 교육교재 / FAO
    2) 식품 중 식품첨가물 유화제의 분석법 개발 및 인공감미량의 섭취량 평가
    3) 식품첨가물 섭취량에 따른 안전성 평가(감미료 7품목)

  3. 아스파탐 관련 연구 사례
    1) 국내사례
    2) 해외사례

  4. 아스파탐 현장조사
    1) 이마트, 코스트코 아스파탐 표기 제품 조사
    2) 길거리 설문조사

  5. 아스파탐 제브라피쉬 실험
    1) 제브라피쉬란?
    2) 제브라피쉬 간이실험
    3) 제브라피쉬 주실험

Ⅲ. 결론

I. 서론

마트나 음식점에서 파는 다이어트 콜라(제로 칼로리 콜라)나 어린이들이 좋아하는 요구르트 등에 칼로리가 높은 설탕 대신 강한 단맛을 내기 위해 아스파탐이라는 인공감미료가 들어간다고 한다. 아스파탐은 우리나라를 포함한 세계 각국 여러 나라들에서 널리 사용되고 있고 미국 식품의약국 FDA에서도 승인절차를 거친 대중적인 인공감미료로써, '신이 내린 설탕'이라고도 불린다. 하지만 아스파탐은 처음 만들어졌던 순간부터 과학자들 사이에서 많은 논란이 있어왔다. 과다 섭취 시 고혈압이나 뇌세포 파괴 등 각종 부작용이 있을 것이라는 주장과 함께 실제 피해 사례들도 적지 않게 나오고 있고, FDA승인 과정도 불법으로 이루어졌다는 증거들이 속속히 제시되고 있어 현재까지 시장에서 첨가제로 사용되고 있는 가장 위험한 물질이라는 평가도 받고 있다.

연구목적

1) 인공감미료 아스파탐이 어떤 물질인지에 대해 알아보고자 한다.

2) 아스파탐을 섭취했을 때 우리 몸에서 어떻게 분해되며 어떠한 영향을 미치는가에 대해 알아보고자 한다.

3) 일상생활에서 쉽게 접할 수 있는 다양한 식품들 중에 아스파탐이 들어있는 제품이 얼마나 되는지 알아보고자 한다.

4) 다양한 조사와 실험을 통해 아스파탐을 안심하고 섭취할 수 있는지, 위험하다면 어떠한 주의를 기울여야 하는지에 대해 알아보고자 한다.

연구방법

1. 아스파탐 관련 정보 수집

인터넷, 관련 논문, 식약청, FDA등이 발표한 자료들을 통해 아스파탐이 어떠한 물질인지에 대해 자세히 조사한다.

2. 간단한 실험 및 설문조사

과제연구의 주제와 내용, 결론을 뒷받침해줄 아스파탐 관련 작은 실험을 계획하고 시행한다. 또한 일반 대중들을 대상으로 아스파탐에 대한 인지도와 아스파탐이 함유된 제품들을 얼마나 자주 섭취하는지에 대한 설문조사를 실시하여 위험성 판단에 반영한다.

3. 아스파탐의 위험성 판단

조사한 자료들을 바탕으로 아스파탐 속 성분들이 우리 몸에서 어떠한 반응을 일으키고 어떻게 유해한지 분석한다. 또한 현재 시중에서 사용되는 아스파탐의 양과 일반적인 섭취량, 그에 따른 사태의 심각성을 판단한다.

Ⅱ. 본론

1. 아스파탐이란?

1) 아스파탐의 발견

설탕의 약 200배의 감미를 갖는 아미노산계 감미료로, 아스파르트산과 페닐알라닌으로 된 다이펩티드이며 섭취했을 때 소장에서 페닐알라닌 50%(질량비), 아스파르트산 40%, 메탄올 10%로 분해된다. 1965년 미국의 화학자 J.M슐레터에 의해 처음 발견되어 1973년 미국 서얼사가 식품 첨가물로서의 신청을 FDA에 제출, 1974년에 FDA가 이것을 인가하였다.

그 후, 다른 의약품에 관한 위 회사의 시험 데이터에 불비한 것이 있어, 아스파탐에 대해서도 일시 그 인가가 보류되었으나, 안전성에 문제가 없다는 결론에 도달, FDA는 1981년 건조식품, 분말식품에의 사용을 인정하였다. 이어서 1983년 탄산음료에의 사용을 추가 인정하고, 최종적으로는 1996년 6월에 모든 가공식품용도에의 사용을 인가하였다. 우리나라에서는 CJ(주) 연구진이 핵산 조미료를 개발하면서 축적한 발효기술을 바탕으로 1984년에 일본에 이어 세계에서 3번째로 개발에 성공, 1985년 2월부터 생산에 들어갔다. 이후 1986년 11월부터 청량음료수 등에 사용하게 되었다. 현재, 미국, 유럽, 아시아, 아프리카, 오세아니아 등 세계 200여 개국 이상의 국가에서 사용되고 있다.

2) 아스파탐의 성질

백색의 결정성 분말로, 감미는 상쾌하며 비교적 설탕의 단맛에 가깝다. 칼로리는 1g당 4Kcal로 설탕과 같으나 설탕의 1/200 만 넣어도 똑같은 단맛을 얻을 수 있다. 따라서 저칼로리의 감미료로서 다양한 식품에 첨가되며 특히 제로 칼로리 콜라 등에 주로 이용되고 그 외에 발효음료, 과자류, 절임식품, 주류, 유가공품 등 폭넓게 사용된다.

아스파탐은 섭취했을 경우 인체 내부에서 아스파르트산, 페닐알라닌, 메탄올로 분해되는데, 각각의 물질에 대한 설명은 다음과 같다.

Aspartame

HO — ... — NH — ... — O — CH₃

L-aspartyl-L-phenylalanine methyl ester

Aspartate   Phenylalanine   Methanol

(1) 아스파르트산

아미노산의 일종으로 이것이 자유로운 형태(프리 라디칼)가 되었을 때 신경전달물질인 아스파르트로 혈액속의 혈장레벨을 상승시킬 수 있다. 아스파르트(신경전달물질)의 과잉은 뇌 속의 주요 신경원을 파괴할 수 있다. 장기간 이 성분을 섭취하면 다발성 경화증, 간질, 알츠하이머(치매), 파킨슨병, 뇌손상 등을 유발한다.

(2) 페닐알라닌

아스파르트산처럼 뇌에 정상적인 아미노산으로 작용한다. 그러나 섭취량이 초과되면 뇌와 신경계 등에 영향을 주어 점점 파괴적인 성향을 가지게 된다. 페닐알라닌의 과잉섭취는 뇌의 세로토닌 수준을 낮추어 우울증이나 정서장애 등의 질환을 일으킬 수 있다.

- 세로토닌 : 뇌에서 분비되는 신경전달물질 중 하나로, 대뇌피질의 예민한 기능을 억제해 스트레스와 갈등을 줄이고 격한 마음을 차분하게 해준다.

(3) 메탄올

메탄올은 생체 내에서 알코올탈수소효소에 의해 포름알데히드(폼알데하이드)나 포름산이 된다. 이 중 포름알데히드는 인체에 대한 독성이 매우 강하여 사람이 높은 수치의 포름알데히드에 노출되면 질병 증상이 나타나기 시작한다. 강력한 단백질 응고작용으로 피부나 점막을 침해하고 가스로 흡입하면 인두염이나 기관지염 등을 일으키며, 다량복용 시 심장쇠약과 사망에 이를 수 있다.

2. 아스파탐의 위험성 평가와 관련된 논문

1) 식품위해분석 교육교재 / FAO

아스파탐의 본격적인 판매가 시작되고 얼마 지나지 않아, 아스파탐 함유 제품의 섭취가 건강에 미치는 영향에 대한 보고서가 다수 발표되었고, 이에 따라 FDA는 질병관리본부(CDC)에 이들 보고서를 자세히 검토하여 평가해줄 것을 요청했다. 그리고 전빈적으로 매우 다양함에도 불구하고, 보고된 증상 다수는 경미하고 일반 집단에서 흔히 발견되는 것이라는 결론이 내려졌다. 대개는 두통, 기분 변화, 불면증, 어지럼증이었다. FDA는 공중보건에 위해가 될 수 있다는 합리적인 증거가 없으며, 아스파탐의 섭취와 인과관계를 밝힐 수 있는 일관된 또는 독특한 증상 패턴도 발견할 수 없었다는 결론을 내렸다.

아스파탐과 뇌종양 발병률 증가 사이의 연관성을 제기한 보고서가 1996년에 미국에서 발표되었다. 그때 이후로 이 보고서를 FDA, SCF, 영국의 COC 등 여러 과학 위원회가 검토했으며, 이들은 이 보고서의 내용이 아스파탐과 뇌종양 사이의 연관 관계에 대한 과학적 증거를 제공하지 못했다는데 의견일치를 보았다.

현재 식품업계의 감미제 사용을 통해 많은 사람들이 혜택을 본다고 생각할 수 있다. 당뇨 환자는 설탕을 첨가한 전통적인 식품을 자유롭게 섭취할 수 없다. 감미는 사람이 추구하는 즐거움 가운데 하나지만, 탄수화물로 당을 섭취하면 칼로리 섭취 감소가 필요한 사람에게 부가적인 문제를 유발시킬 수 있다. 제로 칼로리, 다이어트 식품 및 음료는 당뇨 환자뿐만 아니라, 체중 감소, 체중 조절, 또는 단순히 취향 차원에서 아스파탐 같은 감미제를 섭취하는 많은 집단에게 도움이 될 수 있다. 아스파탐의 설탕 같은 맛은 식품업계에 새로운 제품을 개발할 수 있는 많은 기회를 제공했으며, 그에 따라 저칼로리 식품 분야가 크게 성장했다.

아스파탐과 관련된 세계 각지의 법률은, 이 첨가물을 함유한 식품 라벨에 페닐알라닌이 포함되어 있음을 명시하도록 요구하고 있다. 유전병인 페닐케톤뇨증 환자는 효소 결핍 때문에 아미노산인 페닐알라닌을 대사할 수 없으며, 혈중 아미노산 농도가 높아지면 뇌손상을 일으킬 위험성이 있다. 페닐알라닌은 아스파탐의 대사산물 가운데 하나이므로, 페닐케톤뇨증 환자는 이 감미제가 함유된 식품을 섭취하지 않도록 해야 한다.

식품 용도로 승인하기 위하여, 각종 과학위원회는 아스파탐에 대하여 시판 전 위해평가를 실시했으며, 이를 통해 아스파탐을 일일섭취허용량에 맞게 사용한다면 안전하다는 결론이 내려졌다.

(FDA는 아스파탐의 일일섭취허용량(ADI)을 체중 kg당 50mg으로 설정했으며 FAO/WHO합동 식품첨가물 전문위원회, 우리나라 식약청에서는 체중 kg당 40mg으로 설정하였다.)

2) 식품 중 식품첨가물 유화제의 분석법 개발 및 인공감미량의 섭취량 평가

식품첨가물공전 인공감미료의 사용기준에서 사용가능한 식품을 추출, 정제 후 액체크로마토그래피로 분석하여 현행사용기준의 대상 식품별 분류에 따른 평균 농도 및 일일추정섭취량(EDI)을 산출하였다.

아스파탐의 조사결과 중 검출된 검체의 평균농도가 가장 높은 식품은 사탕으로 평균농도 2.96g/kg 및 검출율은 10.9%(64건 중 7건 검출)이었으며, 검출율이 가장 높은 식품은 요구르트로서 평균농도 0.06g/kg 및 검출율은 27.3%(22건 중 6건 검출)으로 나타났다. 아이스크림의 평균농도는 0.66g/kg 및 검출율은 5.8%(171건 중 10건 검출)이었고 껌의 평균농도는 0.23g/kg 및 검출율은 9.4%(32건 중 3건 검출)로 나타났으며 과자, 비스킷, 사과잼, 우유, 초콜릿 등에서는 검출되지 않았다.

[연령별 아스파탐 일일추정섭취량]

나이	EDI (mg/man/day)
1~2	4.9686
3~6	6.8818
7~12	7.4898
13~19	7.4976
20~29	5.0364
30~49	2.1984
50~64	1.8848
65~	1.4835

[성별 아스파탐 일일추정섭취량]

성별	EDI (mg/man/day)
남성	3.8738
여성	3.5777

식품별 1인 1일당 섭취량과 아스파탐 평균 검출농도로부터 일일추정섭취량을 산출하였을 때, 3.75mg/person/day로 ADI(일일섭취허용량)를 국민평균체중 55kg으로 환산한 2,750mg/person/day와 비교하였을 때 매우 낮은 수치를 나타내었다. 따라서 아스파탐의 섭취량은 안정한 수준으로 판단된다.

3) 식품첨가물 섭취량에 따른 안전성 평가(감미료 7품목)

식품에 함유된 아스파탐 함량 분석을 위해 구입한 총 611건의 시료에 대하여 아스파탐 함량을 분석하였다.

[아스파탐의 함량 및 검출율]

대상식품유형		총/검출 (건수)	검출율 (%)	평균함량 (ppm)	검출평균함량 (ppm)
과자류	과자	13/48	27.1	18.0	66.4
	캔디	10/38	26.3	551.5	1943.6
	껌	12/38	31.6	546.8	1731.4
	빙과류	0/6	0.0	0.0	0.0
코코아가공품류 또는 초콜릿류	초콜릿가공품	0/10	0.0	0.0	0.0
당류가공품	시럽류	0/6	0.0	0.0	0.0
어육가공품	어묵	0/27	0.0	0.0	0.0
다류	다류	4/16	25.0	92.5	369.9
커피	커피	1/5	20.0	289.5	1447.6
음료류	과일,채소류음료	3/18	16.7	8.4	50.4
	탄산음료	3/7	42.9	67.2	156.7
	발효음료	13/19	68.4	59.0	86.2
	인산, 홍삼음료	0/6	0.0	0.0	0.0
	기타음료	6/51	11.8	80.5	683.3
특수용도식품	체중조절용 조제식품	0/5	0.0	0.0	0.0
장류	간장	0/24	0.0	0.0	0.0
	된장	0/15	0.0	0.0	0.0
	고추장	0/5	0.0	0.0	0.0
	혼합장	0/5	0.0	0.0	0.0
조미식품	드레싱류	0/6	0.0	0.0	0.0
	소스류	0/14	0.0	0.0	0.0
김치류	김치	0/27	0.0	0.0	0.0
젓갈류	젓갈류	0/10	0.0	0.0	0.0
절임식품	절임류	11/77	14.3	30.5	213.2

	탁주	8/11	72.7	70.7	97.2
주류	양주	4/9	44.4	29.4	66.2
	청주	0/3	0.0	0.0	0.0
	과실주	0/7	0.0	0.0	0.0
	소주	0/9	0.0	0.0	0.0
	일반증류주	0/2	0.0	0.0	0.0
건포류	조미건어포류	0/31	0.0	0.0	0.0
기타식품류	시리얼류	0/5	0.0	0.0	0.0
	찐옥수수	0/5	0.0	0.0	0.0
규격외일반가공식품	곡류가공품	0/2	0.0	0.0	0.0
유가공품	가공우유	0/10	0.0	0.0	0.0
	발효유	6/15	40.0	26.8	66.9
	아이스크림	0/5	0.0	0.0	0.0
건강기능식품	영양보충용제품	1/8	12.5	496.3	3970.2

[아스파탐 함유식품 섭취량 평균]   (단위 : g/day)

대상 식품	섭취자	성별		상위섭취군	
	평균	남	여	90th	95th
과자	57.69	61.24	54.57	109.00	142.51
캔디	21.06	24.20	18.86	56.37	67.59
껌	5.09	4.01	6.09	12.20	14.40
다류	48.87	54.73	44.31	181.50	250.00
커피	27.06	32.09	22.00	32.01	84.00
과일, 채소류 음료	248.74	279.72	222.84	408.00	513.50
탄산음료	283.56	336.36	223.37	494.60	650.61
기타음료	246.73	257.41	235.20	431.00	517.80

절임류	30.46	32.90	27.97	70.60	84.76
양주 및 탁주	710.30	831.61	288.37	1816.16	2358.00
발효유	118.37	114.92	121.35	202.70	235.20

[아스파탐 식품유형별 검출건수]

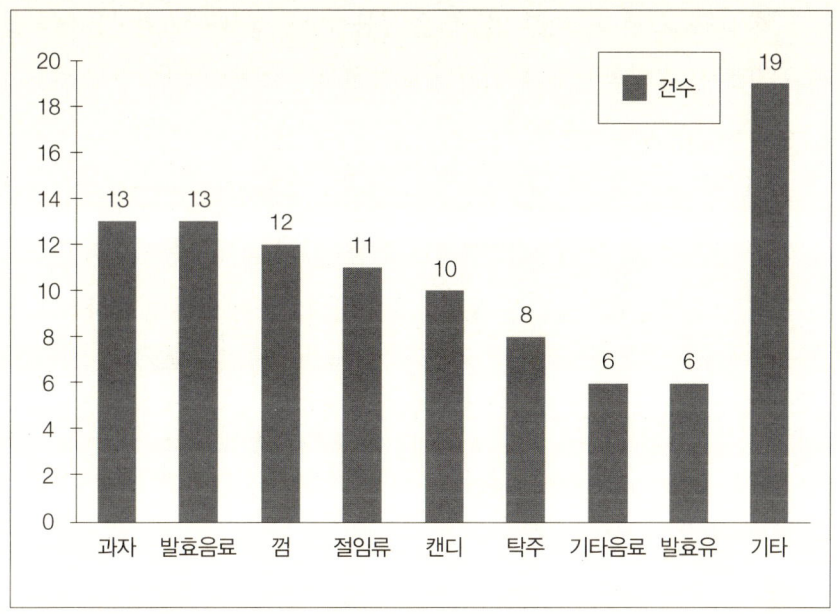

아스파탐의 경우 국민 총 인구수와 첨가물생산량으로 비교하는 poundage 자료에 근거한 노출량 평가 결과 ADI 대비 0.3%였다. 개인 식이조사에 의한 정밀평가 결과 아스파탐의 섭취량은 적용 시나리오에 따라 ADI 대비 0.2%~18.2%였으며, 섭취자의 상위섭취군(90, 95th)은 ADI대비 33.0%, 48.1%였다. 따라서 아스파탐의 섭취량은 대체로 안정한 수준으로 판단되었다.

3. 아스파탐 관련 사례

1) 국내사례

(1) 영남대학교 아스파탐 제브라피쉬(열대어) 실험

영남대학교 생명공학부 연구팀은 동물실험을 통해 아스파탐을 고지혈성 식사와 함께 섭취할 경우 뇌기능 장애 혹은 동맥경화 악화 발생 가능성이 크다는 것을 입증하였다.

영남대 생명공학부 연구팀은 아스파탐과 뇌기능의 영향관계를 분석한 결과 인공감미료인 아스파탐을 고지혈성식사와 함께 2주간 섭취한 제브라 피쉬들이 헤엄치는 능력을 상실하거나 고지혈증이 악화돼 폐사하는 실험 결과를 얻었다. 기존에 알려진 아스파탐의 두통 유발 부작용을 뒷받침하는 중요한 결과로, 고지혈증이 있는 환자가 콜라, 사탕, 커피(아스파탐 함유 제품 多) 등을 치킨, 피자와 같은 고지혈성식사와 함께 섭취할 경우 더욱 위험할 수 있음을 의미한다.

(2) MBC '소비자의 눈 블랙박스' 아스파탐관련 방송내용

2012년 7월 26일 방송된 MBC '소비자의 눈 블랙박스'에서 '소비자 보고, 소문의 진실' 이라는 코너 주제로 아스파탐이 다뤄졌다. 설탕보다 200배 이상의 단맛을 내는 인공감미료 아스파탐의 사용범위가 요구르트, 주류, 저지방 우유, 다이어트 콜라에서부터 온 가족이 챙겨 먹는 건강식품까지 늘어나고 있는 추세이다. 그런데 얼마 전부터 아스파탐을 장기 복용할 경우 뇌종양을 넘어 사망까지 이르게 한다며 유해성 논란에 휩싸이기 시작했다.

　물론 아직까진 일일 허용량 안에서는 크게 유해 작용이 있다는 보고는 없었지만 대부분의 소비자들은 아스파탐의 존재에 대해 무지했다. 다이어트 음료나 저지방 표시 제품은 열량을 낮추기 위해 대부분 설탕 대신 아스파탐을 사용하고 있지만 아스파탐 함량 표시조차 안돼있는 제품이 태반이라는 것이 문제였다.

　전문가들은 "비교적 위험성이 큰 물질로 분류된다. 문제는 흥분독소라는 점이다. 뇌세포나 신경세포를 흥분시켜 주의를 요한다.", "권장할 식품은 아니다.", "사람이 몇 달 이상 섭취하면 손상이 있을 가능성이 높다" 등이라는 주장을 내놓았다. 하지만 반대로 사람에게 큰 유해 작용을 미친다는 확실한 연구 결과가 나온 것은 아니라는 주장도 있었다.

　식약청 관계자는 "국제적으로 식품 첨가물의 안정성 평가 결과 우리나라에서 사용기준은 1일 섭취 허용 기준량 범위 내에서 사용기준을 정하고 있기 때문에 안심하고 먹어도 된다."고 밝혔다.

2) 해외사례

(1) 위험성 주장 사례

　인공감미료 아스파탐은 우리나라에서 CJ(주) 연구진이 핵산 조미료를 개발하면서 축적한 발효기술을 바탕으로 1984년에 일본에 이어 세계에서 3번째로 개발에 성공, 1985년 2월부터 생산에 들어갔다. 이후 1986년 11월부터 청량음료수 등에 사용하게 되었다. 이처럼 우리나라는 다른 나라들에 비해 비교적 일찍부터 아스파탐의 사용을 시작해 왔다. 그러나 이에 대한 논란과 피해사례 등은 해외에서 더 쉽게 찾아볼 수 있다.

각종 해외 전문가들은 아스파탐이 인간의 뇌에 치명적이라는 주장을 펴고 있다. 1997년 플로리다 웨스트팜비치의 의사이자 저술가 H. J. 로버츠 박사는 의학 잡지 '랜셋'에 수년 동안 실험해온 자신의 연구결과를 발표하며 두통에서 기억력 감퇴, 우울증, 간질발작, 시력장애 등에 이르기까지 1300건이 넘는 '아스파탐 질병'에 관한 사례를 보고했다.

그는 위 글의 결론에서 "나는 아스파탐 제품의 일반적인 사용이 즉시 중단되지 않는다면, 우리 사회는 피할 수 없는 학문적 재앙에 직면할 것이라고 생각한다."고 경고했다. 그는 또 2000년 6월 '팜비치 포스트'에서 "이 화학물질은 결코 허용되지 말았어야 한다."고 주장했다.

애틀랜타 소아과의 루이스 엘자스 교수는 미국 상원의 한 청문회에서 지금까지 아스파탐의 위험에 대한 체계적인 연구가 이루어진 것이 없다고 지적하며 "어느 정도의 농도에서 태아에게 뇌손상이 나타나는지 아무도 모른다."고 말했다. 그의 추산을 보면 규칙적으로 다이어트 음료나 감미료를 섭취한 여성의 혈중 페닐알라닌(아스파탐의 성분 중 하나) 농도는 보통 50~150마이크로몰 정도 증가하게 된다. 태반에서는 그 농도가 300마이크로몰로 배가되고, 태아의 뇌에서는 두 배에서 네 배까지 높아져 1200마이크로몰에 이른다. 엘자스 교수가 연구실험한 결과, 그러한 농도는 뇌세포를 죽일 수 있다고 밝혀졌다.

(2) 안전성 주장 사례

아스파탐 섭취와 백혈병 림프종 뇌종양과의 사이엔 전혀 상관성이 없다는 것을 미국 국립암연구소(NCI) 연구진이 최근 재확인하였다. NCI 연구진은 2005년에 발표된 림프종 및 혈액암 발병수와 아스파탐 소비에 관한 연구(Review of Lymphatic and Hematopoietic Cancer Incidence Trends & Consumption of Aspartame)'란 제목의 역학 연구 데이터들을 검토했다. 50세에서 69세까지의 남녀 50만 명을 대상으로 5년 동안 실시한 이 역학 연구는 아스파탐을 많이 섭취하는 것과 백혈병 또는 림프종의 발생 수 증가와 일관된 상관성이 없다는 결론을 내렸다. 이 연구 결과를 이번 NCI 연구가 뒷받침한 것이다.

NCI 연구는 최근 워싱턴에서 열린 미국 암연구학회(American Association of Cancer Research) 회의에서 발표됐다.

"이 역학 연구의 데이터들은 아스파탐이 들어 있는 음료를 마셔도 혈액암이나 뇌종양의 발병률을 높이지 않는다는 것을 시사한다."고 NCI 연구자들은 보고했다.

또한 NCI 연구진은 미 국립독물학프로그램(NTP)의 최근 동물 연구 보고도 검토했다. NTP 연구는 발암물질에 특별히 민감한 실험용 쥐(마우스)에게 아스파탐을 먹이고서 발암 여부를 조사했다. 그 결과 아스파탐에 발암활성이 있다는 증거를 발견하지 못했다. 칼로리통제평의회(Calorie Control Council)의 린 네보스 회장은 "비판자들의 주장에도 불구하고 이번 NCI 연구는 아스파탐이 발암성이 없을 뿐만 아니라 오히려 칼로리를 줄여 체중을 조절하는 데 유효하고 안전한 설탕 대체물이란 것을 분명하게 뒷받침해 준다."면서 "반면에 비만은 일부 암과 직접적인 상관성이 있는 것으로 밝혀져 있다"고 말했다.

4. 아스파탐 현장조사

1) 이마트, 코스트코 아스파탐 표기 제품 조사

이마트와 코스트코 매장 내부에 진열되어있는 식품들의 후면 원재료명을 일일이 확인하고 아스파탐이 함유되어있는 제품이 얼마나 다양하고 우리들에게 친숙한지에 대해 조사하였다.

조사 결과 과자에서는 포카×, 오감× 등 많은 사람들이 즐겨먹는 대중적인 제품들에 아스파탐이 함유되어 있었다. 음료에서는 주로 다이어트콜라나 제로 칼로리 탄산음료 등에 함유되어 있었고, 막걸리는 거의 모든 제품에 아스파탐이 적혀있었다. 껌 종류는 자일××등이 대표적이었고, 각종 사탕제품과 유제품들에서도 아스파탐을 찾을 수 있었다. 그리고 대다수의 아스파탐 함유 제품들은 누구나 몇 번씩 먹어봤을 법 한 굉장히 친숙한 제품들이었다.

2) 길거리 설문조사

(1) 인지도 설문조사 :

– 인공감미료 아스파탐에 대해서 얼마나 알고 있는지에 대한 설문조사 (80명)

'잘 모른다' – 60명 (75%)

'들어봤다' – 12명 (15%)

'잘 안다' – 8명 (10%)

(2) 반응 설문조사

- 만약 아스파탐이 몸에 해로운 인공감미료라면 더 이상 아스파탐이 함유된 식
  품을 먹지 않을 것인지에 대한 설문조사 (80명)

  '먹지 않겠다' – 59명 (73.75%)

  '먹겠다' – 21명 (26.25%)

길거리 설문조사를 실시한 결과 4명중 3명이 아스파탐에 대해 전혀 아는 것이 없었고 아스파탐이 몸에 해롭다면 더 이상 섭취하지 않겠다는 반응을 보였다.

5. 아스파탐 제브라피쉬 실험

1) 제브라피쉬란?

제브라피쉬(zebrafish)는 잉어과에 속하는 인도산 소형 어류로 이름에서 알 수 있듯이 얼룩말 줄무늬를 띄고 있으며 또한 열대어이지만 관리하기기 매우 쉬워서 관상용으로 널리 알려져 있어 수족관에 가면 쉽게 구할 수도 있다.

Human Genome Project의 결과, 대략 35,000개의 유전자가 인간의 생로병사와 희노애락을 조절하고 있는 것으로 밝혀지고 있다. 하지만 이들 대부분의 유전자는 아직 그 기능을 전혀 모르는 신규유전자들이며, 이들 유전자들의 생체 내 기능과 역할이 규명되어져야 만이 최종적으로 각종 질병에 대한 예측과 진단, 나아가 치료에 이용되어질 수 있으리라 본다.

유전자의 기능연구는 인간을 대상으로 직접 수행하기 힘들기 때문에 과거 초파리, 쥐 등 실험동물들이 주로 이용되어 왔다. 최근에는 획기적인 동물모델로서 많은 수의 유전자에 대한 기능해석을 단기간에 실시할 수 있는 제브라피쉬라는 소형어류가 세계적으로 급속히 도입되고 있다. 제브라피쉬는 척추동물로 유전자구성 면에서 인간과 매우 유사하여 인간이 가지고 있는 대부분의 유전자를 가지고 있다.

제브라피쉬를 이용한 주된 연구는 35,000개 인간유전자 각각에 해당되는 돌연변이체를 만들어 원인유전자를 밝히고 인간질환의 모델동물을 만들자는 것이고, 한편은 인간의 유전자를 직접 제브라피쉬에 도입, 발현시킴으로써 빠른 시간 내에 그 기능을 밝힐 수도 있다.

2) 제브라피쉬 간이실험

여름방학을 이용하여 아스파탐 간이실험을 실시하였다. 같은 환경의 두 수조에 사람의 DNA와 비슷해 실험용으로 사용하는 제브라피쉬를 각각 7마리씩 넣고 왼쪽은 아스파탐을 첨가하여 기르고 오른쪽은 아무것도 넣지 않고 자라게 했다.

- 간이실험 주제 : 아스파탐이 물고기의 활동성에 미치는 영향 알아보기.
- 간이실험 기간 : 7/25(수) ~ 8/8(수) (2주)
- 간이실험 계획

실험 결과 아스파탐을 넣은 파란색 수조의 제브라피쉬들은 2주간 서서히 활동성의 감소를 보이다가 끝내 모두 죽은 반면에 아스파탐을 넣지 않

재료	순수 아스파탐(분말), 물고기(제브라피쉬)14마리, 수조2, 어항자갈, 수질개선제, 박테리아 활성제, 물고기 사료, 뜰채
대상	제브라피쉬 : 영남대학교 생명공학부에서 아스파탐 관련 실험에 사용했던 물고기. (아스파탐이 고지혈증이나 비만이 있는 사람의 뇌와 신경을 손상시킬 수 있다는 연구 결과가 나왔다.)
방법	① 자갈색을 다르게 하여 구분한 수조 두 개에 각각 물을 1,500ml씩 붓고, 제브라피쉬 7마리를 넣어 2주간 기른다. ② 물의 양, 온도, 장소 등 모든 조건을 같게 한 후에 파란색 수조에는 분말 아스파탐을 3g 넣고 초록색 수조에는 아무것도 넣지 않는다. ③ 2주간 경과를 지켜보면서 두 수조 속 물고기들의 행동변화를 관찰한다.
예상 결과	초록색 수조의 물고기들은 2주간 아무런 변화가 일어나지 않으며, 파란색 수조의 물고기들은 활동성이 감소하거나 건강상 문제가 발생할 것이다.

은 초록색 수조의 제브라피쉬들은 모두 정상적으로 생존한 것을 확인할 수 있었다. 간이실험을 통해 3g의 아스파탐은 제브라피쉬에게 매우 치명적이며 아스파탐에 의해 물에 점성이 생겨 호흡곤란이 일어날 수 있으므로 기포기의 설치가 필수적이라는 결과를 얻었다. (아스파탐 간이실험 보고서.hwp 참고)

3) 제브라피쉬 주실험

(1) 주제

아스파탐이 물고기(제브라피쉬)에게 미치는 영향 관찰

(2) 목적

아스파탐을 ㅠ순히 섭취한 제브라피쉬가 어떤 행동변화를 보이는지에 대한 관찰을 통해 사람에게도 해가 있을 수 있음을 감안하여 아스파탐이 동물과 사람에게 해로운 인공감미료인지 알아본다.

(3) 기간

9/12(수) ~ 9/28(금)

(4) 재료

수조 6개, 비커6개, 제브라피쉬 60마리, 순수한 아스파탐 분말, 백설탕, 물, 바이오샌드, 기포발생기, 콩돌, 에어호스, 뜰채, 구피밀, 사진기, 라벨, 종이박스, 테이프, 멀티탭, 스탠드, 전자저울, 전자온도계, 피펫, 필러, 매스실린더, 유리막대

(5) 실험방법

6개의 수조에 물고기가 살 수 있는 환경을 조성하여 각각 제브라피쉬를 6마리씩 넣고 기른다. 각 수조마다 첨가하는 아스파탐의 양을 다르게 해주어 아스파탐의 양에 따라 제브라피쉬에게 어떠한 행동변화가 일어나는지 관찰한다.

(6) 조작변인

[A수조] 물의 양 1,500ml 에 아스파탐을 넣지 않은 일반적인 환경
[B수조] 물의 양 1,499.985ml 에 아스파탐을 0.015g 넣은 0.001% 농도의 환경
[C수조] 물의 양 1,499.925ml 에 아스파탐을 0.075g 넣은 0.005% 농도의 환경
[D수조] 물의 양 1,499.85ml 에 아스파탐을 0.15g 넣은 0.01% 농도의 환경

[E수조] 물의 양 1,499.85ml에 백설탕을 0.15g 넣은 D수조와 같은 농도의 환경

[F수조] 물의 양 1,447ml에 백설탕을 3g 넣은 B수조와 같은 당도의 환경

(7) 통제변인

물의 양과 아스파탐, 백설탕의 양을 제외한 모든 변인을 통제시키기 위해 같은 장소에서 실험을 진행하고 수조마다 라벨을 붙여 알아보기 쉽게 구분한다.

(8) 관찰

매일 눈의 색, 눈의 크기, 피부색(혈관 확장 여부 등 관찰), 활동도를 관찰하여 사진을 찍고 일지를 기록한다.

(9) 실험 결과

A수조 – 10마리 모두 정상적으로 생존

B수조 – 1마리 사망 외 9마리 모두 정상적으로 생존

C수조 – 10마리 모두 정상적으로 생존

D수조 – 전체적으로 활동성 감소, 2마리 사망 8마리 생존

E수조 – 전체적으로 활동성 감소, 4마리 사망 6마리 생존

F수조 – 전체적으로 급격한 활동성 감소, 4마리 사망 6마리 생존

아스파탐을 전혀 넣지 않은 수조(A)에서는 아무런 행동, 건강의 이상이 보이지 않았다. 소량의 아스파탐을 넣은 수조(B, C)에서는 B수조에서 적응하지 못한 한 마리가 사망한 것 외에는 전체적으로 대부분의 제브라피

쉬들이 별 문제 없이 자라주었다. 반면 다량의 아스파탐을 넣은 수조(D)에서는 2마리 사망, 전체적인 활동성의 감소가 관찰되었다. 설탕을 넣은 수조(E, F)에서는 제브라피쉬들의 활동성이 급격히 감소한 것으로 관찰되어 설탕물에서는 물고기가 살 수 없다는 것을 확인하였다. (아스파탐 주실험 보고서.hwp 참고)

Ⅲ. 결론

각종 논문과 국내, 해외사례를 통해 본 아스파탐의 위험성은 정확히 정의 내릴 수 없었다. 또한 두 번의 실험을 통해 간접적인 아스파탐의 영향을 확인했지만 사람을 대상으로 한 실험이 아니었으며 물고기가 섭취한 양을 정확히 알 수 없고, 실험상의 오차가 충분히 발생할 수 있었기 때문에 위험성을 섣불리 판단할 수 없었다. 현대의 과학자들이 아직 아스파탐의 위험성을 명확히 규명하고 있지 못하고 있기 때문에 학생으로서 할 수 있는 '최선'은 가능한 한 많은 논문 자료들을 검토하고 조사하는 것이라고 생각한다. 또한 그러한 목표를 갖고 과제연구를 시작하였다.

따라서 아스파탐 관련 찬성, 반대 의견을 내세우는 모든 과학자와 전문가들의 의견을 존중함과 동시에 현재 아스파탐의 사용을 통해 이익을 보는 사람들(당뇨병 환자, 인공감미료 기업 직원 등)이 많다는 것과 아직 아스파탐으로 인해 특별한 질병이 나타나고 있지 않다는 점에서 현재와 같은 수준의 아스파탐 섭취는 유지되어도 무방하다고 생각한다.

참고 문헌

『식품위해분석 교육교재/FAO』 p.5-7

『식품 중 식품첨가물 유화제의 분석법 개발 및 인공감미료의 섭취량 평가』 p.68, 74, 76, 85

『식품첨가물 섭취량에 따른 안정성 평가 : 감미료(7품목) / 식품의약품안』 p.199-203, 220, 225

참고 인터넷 사이트 및 홈페이지

네이버 소통블로그

http://blog.naver.com/yconan?Redirect=Log&logNo=110145921423

뉴스엔

http://www.newsen.com/news_view.php?uid=201207270036242510

달콤 살벌한 food story

http://blog.naver.com/eseungj2?Redirect=Log&logNo=150004402895

열대이 & 해수이

http://cafe.naver.com/gourami/40

MBC 뉴스

http://imnews.imbc.com/replay/nwdesk/article/2943173_5780.html

The Spirit Set Free

http://thespiritsetfree.blogspot.kr/2012/03/blog-post_4374.html

주 실험

1. 아스파탐 실험 준비

- 주제 : 아스파탐이 물고기(제브라다니오)에게 미치는 영향 관찰

- 목적 : 아스파탐을 꾸준히 섭취한 제브라다니오가 어떤 행동변화를 보이는지에 대한 관찰을 통해 사람에게도 해가 있을 수 있음을 감안하여 아스파탐이 동물과 사람에게 해로운 인공감미료인지 알아본다.

- 기간 : 9/12(수) ~ 9/28(금) [17일]

- 재료 : 수조 6개, 비커6개, 제브라다니오 60마리, 순수한 아스파탐 분말, 백설탕, 물, 바이오샌드, 기포발생기, 콩돌, 에어호스, 뜰채, 구피밀, 사진기, 라벨, 종이박스, 테이프, 멀티탭, 스탠드, 전자저울, 전자온도계, 피펫, 필러, 매스실린더, 유리막대

- 실험방법 : 6개의 수조에 물고기가 살 수 있는 환경을 조성하여 각각 제브라다니오를 6마리씩 넣고 기른다. 각 수조마다 첨가하는 아스파탐의 양을 다르게 해 주어 아스파탐의 양에 따라 제브라다니오에게 어떠한 행동변화가 일어나는지 관찰한다.

2. 아스파탐 실험

▶ 설치작업

장소 – 중앙고등학교 물리실/ 설치일 – 9월11일 (시험 하루 전)

수조	조작변인	통제변인
A	일반	장소
B	아스파탐 0.001%	온도
C	아스파탐 0.005%	물의 양
D	아스파탐 0.01%	빛의 양
E	백설탕 0.01%	먹이 양
F	백설탕 0.2%	기포 양

전체 사진

변인통제 (온도)

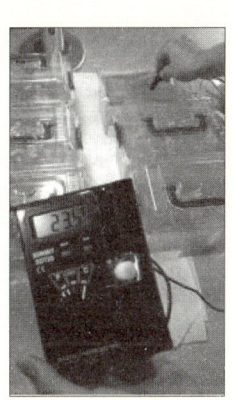

▶ 제브라다니오 관찰 기준 설정

	정상	비정상
줄무늬의 색	진하고 선명함	연하고 흐릿함
눈의 색	맑음	흐릿함

활동성 : 매우 활발 활발 보통 둔함 매우 둔함 사망
★★★★★ ★★★★☆ ★★★☆☆ ★★☆☆☆ ★☆☆☆☆ ☆☆☆☆☆
   5   4   3   2   1   0

▶ 수조별 아스파탐과 설탕 농도 세팅

[A수조]

물의 양 1,500ml 에 아스파탐을 넣지 않은 일반적인 환경

[B수조]

물의 양 1,499.985ml 에 아스파탐을 0.015g 넣은 0.001% 농도의 환경

[C수조]

물의 양 1,499.925ml 에 아스파탐을 0.075g 넣은 0.005% 농도의 환경

[D수조]

물의 양 1,499.85ml 에 아스파탐을 0.15g 넣은 0.01% 농도의 환경

[E수조]

물의 양 1,499.85ml 에 백설탕을 0.15g 넣은 D수조와 같은 농도의 환경

[F수조]

물의 양 1,447ml 에 백설탕을 3g 넣은 B수조와 같은 당도의 환경

(아스파탐의 당도는 설탕의 약 200배이다.)

수조별 실험세팅 예시

▶ **예상결과**

– A수조의 물고기들은 모두 생존할 것이다.

– B수조의 물고기들은 아스파탐의 영향을 조금 받아 활동성이 둔해질 것이다.

– C수조의 물고기들은 아스파탐의 영향을 받아 활동성이 둔해질 것이다.

– D수조의 물고기들은 아스파탐의 영향을 많이 받아 활동성이 둔해지거나 사망할 것이다.

– E수조의 물고기들은 설탕의 영향을 받아 활동성이 둔해질 것이다.

– F수조의 물고기들은 설탕의 영향을 많이 받아 활동성이 둔해지거나 사망할 것이다.

▶ **실험 통계**

– 중략 –

〈수조 E〉

날짜	9/12 (수)	9/13 (목)	9/14 (금)	9/15 (토)	9/17 (월)물갈이	9/18 (화)	9/19 (수)	9/20 (목)	9/21 (금)물갈이
줄무늬 색	○	○	△	△	△	△	△	△	△
눈의 색	○	○	○	○	○	○	○	○	○
물의 상태	맑음 (투명)	다소 불투명	불투명	불투명	변색 (옅은 주황) /맑음	불투명	불투명	불투명	변색 (옅은 주황) /맑음
활동성	5	5	4	3	3	2	3	3	4
사망 여부	×	×	×	1마리	1마리	1마리	×	1마리	×
남은 마리 수	10	10	10	9	8	7	7	6	6

날짜	9/22 (토)	9/24 (월)	9/25 (화)물갈이	9/26 (수)	9/27 (목)	9/28 (금)	실험 후
줄무늬 색	△	△	△	△	△	△	
눈의 색	○	○	○	○	○	○	
물의 색	불투명	불투명	변색 (옅은 주황) /맑음	불투명	불투명	변색 (옅은 주황)	
활동성	3	3	4	3	3	2	
사망 여부	×	×	×	×	×	×	1주일 후 모두 사망
남은 마리 수	6	6	6	6	6	6	

▶ **종합평가**

  급격한 물의 색 변화를 관찰할 수 있었다. 물을 갈아준 직후에는 다소 투명했으나 시간이 지날수록 뿌옇게 변함과 동시에 주황빛으로 변색이 일어났다. 적응하지 못한 4마리의 물고기들이 비슷한 시기에 사망한 이후로는 모두 생존하였으며 물의 색이 짙어짐과 동시에 급격한 활동성의 감소를 보였다. 눈의 색에는 변화가 없었다.

실험일지

- 실험 주제 : 아스파탐이 물고기의 활동성에 미치는 영향 알아보기.

- 실험 기간 : 7/25(수) ~ 8/8(수) (2주)

- 실험 계획

재료	순수 아스파탐(분말), 물고기(제브라피쉬)14마리, 수조2, 어항자갈, 수질개선제, 박테리아 활성제, 물고기 사료, 뜰채
대상	제브라피쉬 : 영남대학교 생명공학부에서 아스파탐 관련 실험에 사용했던 물고기. (아스파탐이 고지혈증이나 비만이 있는 사람의 뇌와 신경을 손상시킬 수 있다는 연구 결과가 나왔다.)
방법	① 자갈색을 다르게 하여 구분한 수조 두 개에 각각 제브라피쉬 7마리를 넣고 2주간 기른다. ② 물의 양, 온도, 장소 등 모든 조건을 같게 한 후에 파란색 수조에는 아스파탐을 한 숟가락을 넣고 초록색 수조에는 아무것도 넣지 않는다. ③ 2주간 경과를 지켜보면서 두 수조 속 물고기들의 행동변화를 관찰한다.
예상 결과	초록색 수조의 물고기들은 2주간 아무런 변화가 일어나지 않으며, 파란색 수조의 물고기들은 활동성이 감소하거나 건강상 문제가 발생할 것이다.
아스파탐이란?	설탕의 200배 단맛을 내는 인공감미료로써, 제로칼로리 음료, 과자 등에 단맛을 내는 용도로 사용된다.

관찰일지

7/25 (수)

　실험에 필요한 모든 준비물을 갖추고, 방학 때 학생들의 출입이 뜸한 2학년 10반 교실을 이용하여 실험을 시작하였다.

　각 수조에는 7마리의 제브라피쉬를 넣었고, 수질개선제와 박테리아 활성제를 첨가한 물을 사용하여 물고기가 자랄 수 있는 환경을 만들어주었다. 또한 아스파탐은 인터넷쇼핑에서 판매하는 제품을 구입하였으며 이는 실제 음료나 과자에 들어가는 아스파탐과 같은 인공감미료이다.

　2주간의 수조 관찰은 조원들이 모일 수 있는 월, 수 ,금요일에 하기로 하였으며 월, 금요일에는 관찰을 한 후에 물도 갈아주기로 하였다.

　어항설치를 마친 후에 파란색 자갈을 넣은 수조에 사진과 같이 아스파탐 한 숟가락을 넣었다. 설탕처럼 완전히 녹을 것이라는 기대와 달리 아스파탐이 물에 완전하게 녹지 않아 수조 내부가 뿌옇게 되었다.

7/27 (금)

　실험을 시작한지 이틀이 지난 후 관찰한 결과 양쪽 수조 물고기의 행동에 별다른 차이점을 발견할 수 없었으며 아스파탐을 넣은 수조와 넣지 않은 수조 모두 건강하고 활발한 모습을 보였다.

7/30 (월)

　실험을 시작한지 5일이 지난 후 관찰한 결과 커다란 차이가 발견되었다. 초록색 수조의 물고기들은 실험을 시작한 날과 다름없이 수조 전체를 활발하게 헤엄쳐 다니고 있었지만 아스파탐을 넣은 파란색 수조의 물고기들은 대체로 물 위쪽에서 활동하는 모습을 보여주었다.

8/1 (수)

실험을 시작한지 7일째 되는 날 물고기들의 활동성에 작은 변화가 관찰되기 시작하였다. 초록색 수조의 물고기들은 언제나 활발한 모습을 보였지만 아스파탐을 넣은 파란색 수조의 물고기들은 실험을 첫날 때 보다 조금 둔하게 움직였으며 헤엄을 치는 도중 잠시 멈추는 경우가 빈번하였다.

8/3 (금)

실험을 시작한지 9일째 되는 날 드디어 파란색 수조의 물고기 중 한 마리가 죽은 채 발견되었다. 다른 물고기들에게 영향을 주지 않게 하기 위해 발견한 즉시 물에서 건져냈으며, 외관상 상처나 피를 흘린 자국이 없었다. 반면 초록색 수조의 물고기들은 언제나 변함없는 활발함을 보여주었다.

8/6 (월)

시간이 경과할수록 파란색 수조의 물고기들은 조금씩 활동성을 잃어갔다. 12일째 되는 날 벌써 3마리가 죽었으며 남은 4마리조차도 예전과 같은 활발함을 보여주지 못하였다. 반면 초록색 수조의 물고기들에게서는 전혀 달라진 점을 찾을 수 없었다.

8/8 (수)

실험을 시작한지 14일지 지난날이자, 마지막 날인 8월 8일 파란색 수조의 관찰결과 모든 물고기가 죽어있는 것을 확인할 수 있었다. 반면 초록색 수조는 여전히 변함없는 활발한 모습을 보여주었다.

나의 적성과 꿈을 키우는
소논문쓰기 전개 과정

2 **"무엇을 쓸까?"**

어떤 주제로
나의 연구를
시작할지
고민하기

1 **소논문 도전!**

〈IR-Individual Research〉
〈R&E-Research & Education〉
〈학생과제연구 논문집〉
〈프로젝트 논문집〉
〈개인탐구과제보고서〉
〈과제연구 자료집〉

3 **"어떻게 찾을까?"**

필요한 자료를
적절한 방법으로
찾아보기

1
- 미래를 의욕적으로 설계하는 활동
- 다양한 분야를 접하는 활동
- 지적 호기심을 극대화하는 활동
- 자신의 창의성을 발견하는 활동

2
- 연구 제재 선정
- 연구 주제의 구체화
  (연관검색어, 브레인스토밍, 마인드맵)

3
- 정보 검색 기법
  (키워드, 구문, 불리언 검색)
- 정보원 검색
  (단행본, 사전, 연속간행물 등)

5 "어떻게 쓸까?"

소논문 작성을 위한 윤리적 글쓰기

4 "어떻게 분석할까?"

탄탄한 연구 준비를 위한 방법 알아보기

6 소논문 완성

자기주도학습의 또 따른 유형이고 문제해결 능력을 갖출 수 있는 소중한 과정

4
- 연구 가설 및 방법 설정 (질적, 양적연구)
- 연구 복자 구성 (문헌, 실험, 조사 연구)

5
- 소논문을 위한 형식 (글쓰기, 구성 및 참고 도구)
- 정보 윤리 (저작권 및 참고문헌인용)

6
- 관심과 적성과 끼의 발견
- 자기주도적인 문제해결능력
- 끈기아 인내, 협동과 조하능력
- 나도 할 수 있다는 자신감

참고문헌

___
2장
___

고영만(2010). 정보문해론. (개정판). 서울 : 한국도서관협회.

교육과학기술부(2009). 협동수업 장학자료집. 대구: 대구시교육청.

구자원(2012). 샐러던트를 위한 논문작성법. 서울: 한나래.

김성원 외(2012). 논문작성법. 서울: 이화여자대학교 출판부.

한국학교도서관협의회 교과서편찬위원회(2011). 도서관과 정보생활. 서울 : 미래엔컬처그룹.

___
3장
___

김석영, 남영준(2011). 과학기술 주제정보원. 서울: 한국도서관협회.

이경호, 정영미, 권도윤(2010). 정보검색의 이론과 실제. 대구: 인쇄마당.

이란주(2011). 인터넷과 디지털정보원 검색. 서울: 한국도서관협회.

최순희(2011). 정보검색과 학술정보의 활용. 서울: 에듀컨텐츠휴피아.

최은주, 배순자, 남영준(2011). 인문 사회과학 주제정보원. 서울: 한국도서관협회.

___
4장
___

김태수(2010). 연구논문 작성법. 서울: 연세대학교 출판부.

김혜숙, 공윤정, 여태철, 황매향(2013). 학위논문 작성법. 서울: 학지사.

미국심리학회(2013). APA 논문작성법. 서울: 학지사.

박창원, 김성원, 정연경(2012). 논문작성법. 서울: 이화여자대학교 출판부.

임인재, 김신영(2008). 논문작성법. 서울: 서울대학교출판문화원.

부스, 컬럼, 윌리엄스(2012). 학술논문작성법. 경기: 나남.

서대진, 김봉화(2011). 학위논문 조사연구방법 교과서. 서울: 일문사.

성태제(2011). 현대 기초통계학: 이해와 적용. 서울: 학지사.

5장

김남미(2013). 100명 중 98명이 틀리는 한글 맞춤법. 서울: 나무의 철학.

김태수(2010). 연구논문 작성법. 서울: 연세대학교 출판부.

남궁용권, 남궁지영(2008). 이해와 활용이 쉬운 논문작성의 이론과 실제. 경기: 양서원.

박창원, 김성원, 정연경(2012). 논문작성법. 서울: 이화여자대학교 출판부.

여문주(2013). 어이없이 틀리는 우리말 500. 서울: 안이레.

정제원(2013). 위풍당당 띄어쓰기. 서울: 몽트.

정희모, 이재성(2005). 글쓰기의 전략. 서울: 들녘.

조인숙, 서은경, 최석두(2013). 학위논문 작성 매뉴얼. 서울: 한성대학교 출판부.

진서, 윌리엄(2007). 글쓰기 생각쓰기. 서울: 돌베개.

홍재현(2011). 도서관과 저작권법. 고양: 조은글터.

1 1차 자료(primary material) 111
2차 자료(secondary material) 111

A APA(American Psychology Association) 296

D DBpia 121, 139, 195

K KISS 142
KRpia 68

R R&E(Research & Education) 23
RISS 134

ㄱ 각주 266, 293
간접인용(citation) 291, 297
개인과제연구(IR) 92
결론 198, 204
과학정보검색NDSL 128, 149
교보문고스콜라 143
구글 드라이브 276
구글 학술검색 146
구두점 270
구문 검색(phrases searching) 121
국가전자도서관 135
국립중앙도서관 디브러리 127
국회전자도서관 129

ㄴ 내용주 293
내주 294
네이버캐스트 65
논문작성도구 262

논문형식 246
논증적 글쓰기 원칙 253

ㄷ 단행본 111, 155, 299
도서관 온라인 목록 125
독립변수 209, 216
독서교육종합지원시스템 132, 238

ㄹ 로마 숫자 272

ㅁ 마인드맵(mind map) 77
목차 108, 190
목차 구성 191
목차별 기호 248

ㅂ 법률정보검색 국가법령정보센터 151
본론 250
부록 251
분류기호 116
불리언 검색(boolean searching) 121
브레인스토밍(brainstorming) 75, 86

ㅅ 서론 249
서지 111, 129, 293
선행연구 49, 99, 190, 249
설문지 273
순서기호 269
스타일 적용 263
신문기사검색KINDS 148
실험연구 216

◉ 양적연구(실증적연구방법, 연역적연구방법) 203, 221
연관검색어 70
연구가설 210
연구대상 213
연구도구 215, 222
연구문제 208, 210
연구방법 198, 211, 222
연구설계 222
연구절차 218, 220, 234
연구주제 46, 49, 50, 55, 80, 92, 190, 209
원문서비스 131, 136
원문정보서비스 68, 109, 137, 196
웹 데이터베이스 120, 139
위키피디아 63, 86
인용 266, 272, 290
인터넷 검색엔진 120
인터넷 백과사전 서비스 62
인터넷 포털 검색서비스 60

ㅈ 자료분석 213, 223, 235
자료처리 222, 240
재인용 297
저자기호 116, 118
저작권(copyright) 281
저작인격권 283
저작재산권(economicright) 283
전국공공도서관공동목록시스템(KOLIS-NET) 133
전자자료 301
전후검사 통제집단 설계 216
정보원 108, 110, 112, 153
제재(題材) 49

종속변수 209, 216

주(note) 292

직접인용(quotation) 290, 297

질적연구(해석적연구방법, 귀납적연구방법) 198, 200, 206, 234, 235

쪽번호 266

ㅊ 참고문헌 251, 271, 281, 292

참고문헌 기술방식 296

참조주 292

청구기호 116, 119

초록(abstract) 194, 195, 249

ㅋ 키워드 검색(Keyword searching) 120, 136

ㅌ 통계정보검색국가통계포털 KOSIS 151

특허정보검색KIPRIS 150

ㅍ 표제 항목 63

ㅎ 학교도서관업무지원시스템(DLS) 132

학술DB 143

학술지 111, 147, 251, 299

학위논문 99, 111, 129, 131, 251, 264, 299

한국십진분류법(KDC:KoreanDecimalClassification) 112, 132

후주 294

고등학생 소논문쓰기
어떻게 시작할까?

초판 발행 2014년 03월 03일
초판 7쇄 2017년 10월 31일

지은이 소병문·백제헌·유은혜·이승민

발행인 이진곤
발행처 씨앤톡

　　　　　출판등록 제 313-2003-00192호(2003년 5월 22일)
　　　　　주소　　　 경기도 파주시 문발로 405 제2출판단지 씨앤톡사옥 3층
　　　　　전화　　　 02-338-0092
　　　　　팩스　　　 02-338-0097
　　　　　홈페이지　 www.seentalk.co.kr
　　　　　E-mail　　 seentalk@naver.com

ISBN 978-89-6098-204-8 13020

ⓒ2014, 소병문 백제헌 유은혜 이승민